卓越管理论丛
国家自然科学基金项目(71171131,71001038,71371005,71471064)和国家自然科学基金委创新研究群体(71421002)研究专著

群体研讨支持系统及其文本分析方法

李 嘉 张朋柱 著

上海交通大學出版社

内容提要

群体研讨支持系统是一种支持群体研讨的信息系统，对于节约会议成本、缩短会议时间和提高决策效果具有重要意义。全书分上下两部分，上半部分重点介绍了群体研讨支持系统研究的最新进展，主要涉及群体决策中相关的任务类型，群体支持系统的设计，外部信息刺激对群体创新绩效的影响，以及在线群体研讨的信息组织结构设计。下半部分重点介绍了以言语行为分析为代表的群体研讨文本分析方法，主要涉及言语行为自动分类研究综述，言语行为分类体系设计框架，网络舆情冲突类言语行为分析，以及基于多阶段和分层方法的言语行为分类方法。

本书对于高等学校和科研机构从事群体研讨、群决策支持系统和研讨文本分析的研究人员具有理论参考价值，也可作为开发群件的系统分析员和软件工程师的参考书。

图书在版编目(CIP)数据

群体研讨支持系统及其文本分析方法/李嘉，张朋柱著. —上海：上海交通大学出版社，2015

ISBN 978-7-313-14290-0

Ⅰ.①群… Ⅱ.①李…②张… Ⅲ.①言语行为—决策支持系统 Ⅳ.①H0-39

中国版本图书馆CIP数据核字(2015)第309337号

群体研讨支持系统及其文本分析方法

著　　者：李　嘉　张朋柱
出版发行：上海交通大学出版社
邮政编码：200030
出 版 人：韩建民
印　　制：上海颛辉印刷厂
开　　本：787mm×960mm　1/16
字　　数：254千字
版　　次：2015年12月第1版
书　　号：ISBN 978-7-313-14290-0/H
定　　价：45.00元

地　　址：上海市番禺路951号
电　　话：021-64071208
经　　销：全国新华书店
印　　张：14.5
印　　次：2015年12月第1次印刷

前 言

随着信息化的发展和互联网的普及，在线研讨已经成为一种普遍现象，并且正在变得越来越流行。人们通过在线平台进行沟通，协作完成各种各样的群体任务。这些典型的在线研讨平台包括网络论坛、在线社区、BBS、即时通讯工具、邮件列表、新闻组、微博、Mooc等。这些不同形式的在线研讨平台，已经渗入了社会的方方面面，极大地改变了传统的工作模式。因此针对在线群体研讨的研究，具有重要的应用价值。

群体研讨支持系统是一种特殊的群体支持系统(GSS)，重点支持与群体研讨相关的活动。在信息系统领域，关于群体支持系统的研究已经持续了30余年，并且在超过15年的时间内成为信息系统领域的研究热点。直到21世纪的第2个10年，群体研讨的相关研究仍然吸引了信息系统领域大量的学者，并得到国家自然科学基金委的持续资助。在国家自然科学基金项目(71171131，71001038，7137105，71471064)和国家自然科学基金委创新研究群体(71421002)的支持下，本书的作者对群体研讨支持系统及其文本分析方法进行了一系列较为深入的研究。本书的内容正是最近5年来相关研究的最新进展。

本书收录的研究大致遵循设计科学的思路展开，试图通过设计新的群体研讨支持系统或文本分析方法，实现系统的自动化和智能化。当然，这些研究在评估所设计的人造物时，也采用了一些行为研究的方法，如测量用户对系统的感知有用性、感知易用性、满意度等。

项目的研究凝聚了许多人的劳动和智慧。除了本书的著作者外，还有很多科研人员参与了课题的讨论和研究。其中，上海万慧科技有限公司的夏侯锋负责了Web 2.0环境下一种新型群体支持系统的开发工作。硕士生蒋御柱同学与作者一起开发了GASS 3原型系统，在研究思路上给予作者很大帮助，并完成了第12章的研究内容。因篇幅有限，恕不一一赘述。

我们感谢美国南加州大学信息科学研究所高级教育技术研究中心的 Jihie

Kim 博士为本研究提供的语料和相应支持。

本著作的出版得到了国家自然科学基金项目(71171131,71001038,71371005,71471064)和国家自然科学基金委创新研究群体(71421002)的资助,在此表示衷心的感谢。

李　嘉　张朋柱

2015 年 11 月于上海

目　录

第1章

绪 论

1.1 背景

群体支持系统(Group Support Systems, GSS)是用以支持智力型协作活动的计算机系统[1]。例如,群体决策支持系统(GDSS)、电子会议系统(EMS)、计算机支持的协作活动(CSCW)等均属GSS的研究范畴。群体支持系统的诞生和发展是组织变化和技术进步的结果。电子会议室、局域网络、电话会议及决策支持软件等促进了对该领域的研究。此外,组织外部环境的根本变化也促进了群体支持系统的研究和应用。GSS的研究和应用从20世纪70年代末至今先后经历了奠基阶段、探索阶段、实验研究阶段、实地研究阶段及目前正在开展的深入研究阶段。GSS支持的群体活动包括:群体沟通、计划、主意产生、问题求解、论点讨论、谈判、冲突解决、系统分析与设计及协作的群体活动(如文稿准备)等。

群体研讨支持系统(Group Argumentation Support System, GASS)是一种特殊的群体支持系统(GSS),重点支持与群体研讨相关的活动。GASS的概念提出和系统实现主要是在上海交通大学管理信息系统研究中心完成的。在过去10年的时间内,上海交通大学管理系统研究中心先后设计、开发、部署和实验了3个版本的GASS,试图让GASS有更完善的功能和更广泛的应用领域。GASS 3的基础功能开发在2006年9月完成,以国际主流群体支持系统GroupSystems为主要参考,同时其设计思路也受到了国内的综合集成研讨厅体系[12-18]、基于互联网的开放式群体决策研讨过程[19, 20]、研讨任务分解、电子公共大脑[21, 22]、研讨信息组织模型[23]、研讨分析中的共识与评价[24]、研讨意见可视化分布与智能可视化[25, 26]等理论的影响。

关于群体研讨的相关研究,从大的方面可以分成行为研究和设计科学两种。

行为研究关注在群体研讨、协作或决策过程中体现出来的个体或群体行为，或者在某种技术环境下用户体现出来的行为规律。设计科学关注如何设计一种人造物（系统、流程或算法），来更好地支持群体研讨、协作或决策。本书收录的研究大致遵循设计科学的思路展开，试图通过设计新的群体研讨支持系统或文本分析方法，实现系统的自动化和智能化。当然，这些研究在评估所设计的人造物时，也采用了一些行为研究的方法，如测量用户对系统的感知有用性、感知易用性、满意度等。

1.2 本书主要内容

本书可以分为上下两个部分。其中上半部分主要介绍群体研讨支持系统的最新进展，主要涉及群体决策中相关的任务类型，群体支持系统的设计，外部信息刺激对群体创新绩效的影响，以及在线群体研讨的信息组织结构设计。本书的下半部分重点介绍了以言语行为分析和聚类分析为代表的群体研讨文本分析方法，主要涉及言语行为自动分类研究综述，言语行为分类体系设计框架，网络舆情冲突类言语行为分析，基于多阶段和分层方法的言语行为分类方法，以及研讨主题自动聚类和可视化方法。

第 2 章介绍了群体决策中的任务类型。任务类型是群体决策中一个非常重要的变量，往往可以解释多达 50%的群体绩效。然而，缺乏关于群体任务类型的相关综述，在一定程度上妨碍了国内学者理解群体任务的本质，并以此来解释群体绩效的变异或设计新的过程和技术来支持群体活动。为了填补这一空白，本章综述了与群体决策任务相关的几个问题:群体决策任务的分类体系，群体决策任务的实现，每类决策任务的绩效指标和测量方法，以及与群体任务类型相关的理论。

第 3 章介绍了 Web 2.0 环境下一种新型群体支持系统的设计研究。传统的群体支持系统都是在 Web 1.0 时代开发的，无法满足 Web 2.0 环境的需求。本研究分析了 Web 2.0 的特点，将 Web 2.0 环境下群体支持系统的新需求归纳为 4 个方面:适合海量数据的信息组织结构、提供研讨统计分析和摘要的工具、支持多平台多应用访问和增强的用户体验。本章按照设计科学的方法，研究设计了一种新型群体支持系统，来满足这 4 个方面的需求。实验结果表明，用户对其中 3 项功能（信息组织结构、方案气泡图和研讨报告）都给予了较高的有用性评价。同时，与传统群体支持系统 GASS 相比，使用新型群体支持系统可以提高感知的决策效果。

第 4 章介绍了外部信息刺激对群体创新绩效的影响研究。外部信息刺激对群体创新造成的影响，既包括内容干涉的作用，也包括过程干涉的作用。这是因为向群体提供外部信息的时候，必然会影响群体正常的研讨过程。但是，过去关于群体研讨外部信息支持的研究，只关注了内容干涉的影响，忽略了过程干涉的影响。本章以认知网络理论和解释水平理论为基础，提出了外部信息刺激的相关性(内容干涉)和刺激时机(过程干涉)如何影响群体研讨气氛、主意创新性以及感知易用性的研究模型。实验结果表明，提供相关刺激比提供无关刺激更能活跃研讨气氛，也更有利于提高用户的感知易用性。但是主意的创新性与外部刺激的相关性无关，只与外部刺激的提供方式有关。研讨过程中的任何刺激，不管刺激的相关性如何，对于提高群体的创新性都有正向作用。

第 5 章介绍了在线群体研讨的信息组织结构研究。虽然在线研讨平台已经广泛应用并受到学术界的大量关注，它的信息组织结构却还是停留在非常原始的阶段。关于哪一类信息组织结构更适合在线研讨的研究一直很少，仅有的一些研究也很零散，并且研究结果难以统一，因此迫切需要一个可以系统化地解释在线群体研讨中最优信息组织结构的理论。本研究从任务—技术匹配的观点出发，从沟通、协调组织和信息处理三个维度阐述了任务和信息组织结构之间的匹配关系，并将其用于预测不同任务—技术匹配环境下的研讨绩效。我们设计了一个实验来验证这种匹配关系与研讨绩效之间的关系。实验结果表明，对主意产生型任务，采用线性结构的研讨平台比采用树状结构的研讨平台具有更高的研讨绩效；对于决策型任务，采用树状结构的研讨平台比采用线性结构的研讨平台具有更高的研讨绩效。本章所展示的匹配分析的理论和方法具有一定的扩展性，当有新类型任务到来或新技术被发明时，我们就可以用这种方法去分析新任务和新技术的匹配性，进而预测群体的绩效。

第 6 章对第 5 章的研究结果进行了拓展，介绍了一种支持模糊型任务的信息组织结构设计研究。模糊型任务虽然在组织中广泛存在，但是在线研讨环境下支持模糊型任务的信息组织结构研究还很少。本章从任务—技术匹配的角度分析，发现模糊型任务不能被现有的线性或树状信息组织结构有效支持，因此研究提出了一种新型线性+树状信息组织结构。这种新型结构能够在沟通、协调组织和信息处理三个维度上提供高水平的支持，从而满足模糊型任务的需求。本研究设计了一个实验来检验线性+树状结构的有效性。实验结果表明，对于模糊型任务，采用线性+树状结构的研讨平台比采用线性结构或树状结构的研讨平台具有更高的决策效率、更好的决策效果和更高的决策过程满意度。

第 7 章对言语行为自动分类研究进行了系统性的综述。言语行为自动分类对于对话系统、机器翻译和自动问答系统中问题理解和意图判断具有重要的意义，近年来已经成为信息检索和自然语言处理领域的一个研究热点。本章较为系统地介绍了言语行为的基本理论、经典分类体系、分类特征、分类算法和评价方法。最后讨论了言语行为自动分类研究未来的研究方向。

第 8 章介绍了一种面向在线群体研讨的言语行为分类体系设计框架。言语行为分类对于大规模自动化处理研讨文本,实现面向群体研讨平台的自动化辅助具有至关重要的意义。缺乏言语行为分类体系及其构造方法论,已经成为国内言语行为自动化分析研究的一个主要障碍。本章以信息系统设计理论为指导,研究提出言语行为分类体系的设计需求,并以流程为人造物的观点,研究设计出一个包含五个关键步骤的迭代流程来满足设计需求。进一步地,以本章所提方法论为指导,以 E-learning 环境语料为案例,本章研究提出了一个适合在线问答研讨的言语行为分类体系,并验证了该体系的辨别能力和泛化能力。E-learning 语料环境的应用结果表明,本章所提的言语行为分类体系构造方法论具有较好的效果。

第 9 章介绍了网络舆情冲突场景下的言语行为分析方法。言语行为分析是网络舆情分析中一个重要的环节,对于机器大规模自动分析、识别和刻画网络舆情具有重要意义。国外言语行为分类体系和自动识别研究是基于英语使用规律的,以汉语为主要对象的研究尚未见报道,而中英文语言之间又存在着较大的差异,因此直接套用外语的言语行为分类研究将很难解决中国和中文环境下的问题。矛盾冲突则是网络舆情监管需要重点关注的一类任务,因此本章以网络舆情的冲突类言语行为分析为例,首先初步尝试建立了一个适合中文网络论坛环境的冲突类言语行为分类体系。紧接着研究提出了相应的自动化分类算法,并比较了不同特征集(提示词、n-grams、句法特征和结构特征)解决分类问题时的效果。实验结果表明,本章所提方法可以获得一个较为满意的分类效果,同时也证实新引入的句法特征和结构特征在解决言语行为分类问题上具有积极效果。

第 10 章介绍了一种基于多阶段转换学习的群体研讨文本言语行为分类方法。在群体支持系统(Group Support Systems)的环境下,群体能够在很短时间内产生大量研讨文本,远远超过了人们对信息处理的能力。因此,迫切需要一种能够自动分析和处理群体研讨文本的方法,言语行为分类就是这类方法中有可能实现并且具有应用价值的一个。本章在分析 Zeno 研讨模型的基础上,提出了适合群体研讨语料的言语行为分类体系。接着采用基于转换学习的办法,通过引入多阶段转换学习的概念,初步解决了群体研讨文本言语行为分类的问题,并且在议题类别和一些表达主张的类别(如支持和反对)上取得了较好的识别效果。研究群体研讨文本的言语行为分类对于拓展群体支持系统,进而研究和开发自动主持人系统具有重要意义。同时，本研究也为在中文环境下解决其他类型研讨（如网络聊天室、即时聊天工具等）文本的言语行为分类问题提供了参考依据。

第 11 章对第 10 章的研究结果进行了拓展，介绍了一种基于多阶段和分层方法的言语行为分类方法。在面向在线研讨的言语行为分类研究中，前指发言类型（即与当前发言形成回复关系的前一条发言的言语行为类别）是一个非常重要的特征。但是由于在测试集上前指发言类型是未知的，因此如何合理利用前指发言的类型信息就成为一个非常关键的问题。本章以 E-learning 语料为例，证实了发言类型的高低层次和分类器的运行顺序对分类效果都有较为显著的影响，并提出了一个基于多阶段分层的分类方法，可以给出一个合理的前指发言层次和分类器运行顺序。在盲测集上的运行结果证实了这组优选的参数能够稳定一致地提高 E-learning 语料上各言语行为类别的分类效果。

第 12 章介绍了群体研讨支持系统中研讨主题自动聚类及其可视化方法。群体研讨支持系统（Group Argument Support Systems，GASS）的匿名、并行输入及自动化记录群体发言的特征，在辅助群体产生大量有价值观点的同时，也常常导致“信息过载”和“知识断层”。本章介绍了一个自动化聚类工具来增强群体的认知能力并提高电子会议的效率。首先识别了 GASS 环境下自动化主题聚类的一些挑战并回顾了相关研究，结合 GASS 的研讨模式、研讨文本特征及中文文本分析的要求，给出了中文分词、停词表处理以及有效词语识别的文本分析技术；提出基于主题分析的特征向量选择方法，并基于自组织映射的神经网络（Self-Organization Map，SOM）思想，用 Java 语言设计并开发了一个自动聚类工具。实验表明，该工具可以达到 0.28 的聚类准确率和 0.35 的聚类全面率，产生 0.83 的聚类错误率。

参考文献

[1] 王刊良，席酉民，汪应洛. 群体支持系统理论基础[J]. 管理科学学报，1994(4)：1－6.

[2] DeSANCTIS G，Sambamurthy V，Watson R T. COMPUTER-SUPPORTED MEETINGS-BUILDING A RESEARCH ENVIRONMENT [J]. Large Scale Systems in Information and Decision Technologies，1987，13(1)：43－59.

[3] Banker R D，Kauffman R J. 50th anniversary article：the evolution of research on information systems：a fiftieth-year survey of the literature in management science [J]. Management Science，2004，50(3)：281－298.

[4] Bajwa D S，Lewis L F，Pervan G，Lai V S，Munkvold B E，Schwabe G. Factors in the global assimilation of collaborative information technologies：an exploratory investigation in five regions [J]. Journal of Management Information Systems，2008，25(1)：131－166.

[5] Brown S A, Dennis A R, Venkatesh V. Predicting collaboration technology use: Integrating technology adoption and collaboration research [J]. Journal of Management Information Systems, 2010,27(2):9-54.

[6] Kolfschoten G L, Niederman F, Briggs R O, De Vreede G-J. Facilitation roles and responsibilities for sustained collaboration support in organizations [J]. Journal of Management Information Systems, 2012,28(4):129-162.

[7] Kolfschoten G L, De Vreede G-J. A design approach for collaboration processes: A multimethod design science study in collaboration engineering [J]. Journal of Management Information Systems, 2009,26(1):225-256.

[8] Reinig B A, Briggs R O, Nunamaker J F. On the measurement of ideation quality [J]. Journal of Management Information Systems, 2007,23(4):143-161.

[9] Knoll S W, Horton G. Changing the Perspective: Using a Cognitive Model to Improve thinkLets for Ideation [J]. Journal of Management Information Systems, 2011,28(1):85-114.

[10] Zhang D, Lowry P B, Zhou L, Fu X. The impact of individualism-Collectivism, social presence, and group diversity on group decision making under majority influence [J]. Journal of Management Information Systems, 2007,23(4):53-80.

[11] Bittner E A C, Leimeister J M. Creating Shared Understanding in Heterogeneous Work Groups: Why It Matters and How to Achieve It [J]. Journal of Management Information Systems, 2014,31(1):111-144.

[12] 钱学森,于景元,戴汝为.一个科学的新领域——开放的复杂巨系统及其方法论[J].自然杂志,1990,13(1):3-10.

[13] 钱学森.再谈开放的复杂巨系统[J].模式识别与人工智能,1991,4(1):1-4.

[14] 钱学森.创建系统学[M].太原:山西科技出版社,2001.

[15] 戴汝为,操龙兵.综合集成研讨厅的研制[J].管理科学学报,2002,5(3):10-12.

[16] 戴汝为,李耀东.基于综合集成的研讨厅体系与系统复杂性[J].复杂系统与复杂性科学,2004,1(4):1-24.

[17] 操龙兵,戴汝为.综合集成研讨厅的软件体系结构[J].软件学报,2002,13(8):1430-1435.

[18] 李耀东,崔霞,戴汝为.综合集成研讨厅的理论框架、设计与实现[J].复杂系统与复杂性科学,2004,1(1):27-32.

[19] 黄丽宁,张朋柱.任务导向的群体决策研讨环节探讨[J].山西高等学校社会科学学报,2004,16(2):46-48.

[20] 黄丽宁,张鹏翥.网络环境下开放式群体决策的研讨过程[J].西安工程科技学院学报,2003,17(3):265-268.

[21] 程少川,张朋柱.电子公共大脑设计的信息组织研究[J].西安交通大学学报(社会科学版),2001.

[22] 程少川,程前向,李霆.电子公共大脑本体系统设计[J].管理工程学报,2004(01).

[23] 谭俊峰,张朋柱,黄丽宁.综合集成研讨厅中的研讨信息组织模型[J].系统工程理论与实践,2005:86-92.

[24] 谭俊峰,张朋柱,程少川,孔彬. 群体研讨中的共识分析和评价技术[J]. 系统工程理论方法应用,2005,14(1):55 - 61.
[25] 张兴学,张朋柱. 群体决策研讨意见分布可视化研究——电子公共大脑视听室(ECBAR)的设计与实现[J]. 管理科学学报,2005,8(4):15 - 27.
[26] 蒋御柱,张朋柱,张兴学. 群体研讨支持系统中的智能可视化研究[J]. 管理科学学报,2009,12(3):1 - 11+43.

第 2 章

群体决策中任务类型的相关综述

决策是管理面临的一个永恒主题，按照西蒙的观点，管理就是在做决策。群体决策是相对于个人决策而言的，是由多人共同参与决策分析并制定决策的过程。群体决策有利于集中不同领域专家的智慧，利用更多的知识优势，借助于更多的信息，因此能形成更多的可行性方案，考虑问题更加全面，作出的决策更容易执行，所以组织里越来越多的决策依靠群体来完成。

任务类型是群体决策中一个非常重要的变量，绝大多数从事群体研究的学者认为，如果不考虑群体任务类型的本质，就不能很好地理解群体绩效[1, 2]。正如 Poole[3]指出的，群体决策任务往往可以解释 50%的群体绩效。然而，缺乏关于群体任务类型的相关综述，在一定程度上妨碍了国内学者理解群体任务的本质，并以此来解释群体绩效的变异或设计新的过程和技术来支持群体活动。为了填补这一空白，本章综述了与群体决策任务相关的几个问题：群体决策任务的分类体系，群体决策任务的实现，每类决策任务的绩效指标和测量方法，以及与群体决策任务类型相关的理论。

2.1 群体决策任务的分类体系

有很多学者对群体决策任务进行了分类。在这些分类体系中，影响较大的是 McGrath 的分类体系和 Campbell 的分类体系。

2.1.1 McGrath 的分类体系

McGrath 认为群体任务可以按照产生、选择、协商和执行 4 个基本过程进行分类。McGrath 的环形任务分类体系（见图 2－1）包含了 2 个维度，其中水平维度反映了任务需要认知还是行为，垂直维度反映了群体成员之间的相互依赖性（合作的、协调的和冲突解决的[4]）。McGrath 的环形任务分类体系提供了 4 个象限，分别是产生型、选择型、协商型和执行型。与群体决策相关的任务集中在左半球（强调认知），因此对应的是产生型任务（产生主意的任务）、智力型任务（解答有正确答案的选择任务）、决策型任务（解决涉及主观偏好而没有正确答案的判断任务）和认知冲突型任务（解决冲突和矛盾观点的任务）[5]。

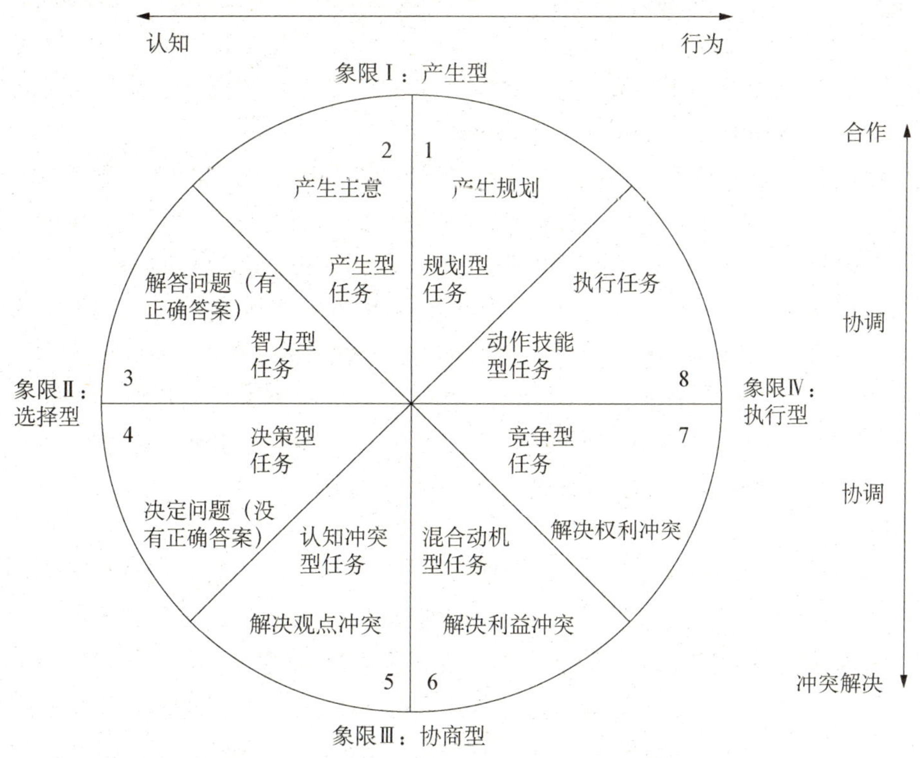

图 2－1　McGrath 的环形任务分类体系（改编自参考文献[5]）

图 2－1 中每一个象限又被分为 2 个子类型。象限Ⅰ产生型被分为规划型任务和产生型任务，前者强调行为方面，后者强调认知方面。

象限Ⅱ选择型也包括 2 个子类型：智力型任务和决策型任务。智力型任务用于解决有正确答案的问题，因此群体的任务是发现、选择或计算出这个正确答案。决策型任务用于解决没有正确答案的问题，因此群体的任务是在一定共识基础上根据偏好对方案进行选择。基于对正确不同的定义，智力型任务至少可以分为 3 类：第一类的正确答案一旦被提出，就是直观且有说服力的（所谓的 Eureka 任务，有一种“找到了！”的感觉）。这种直观的有说服力的正确答案通常基于非常广泛的文化习惯和信念。第二类的正确答案根据“事实”、逻辑和一些技术领域的准则，但是相对难以用一种直观和有说服力的方式向群体里的其他成员证明其中的逻辑。第三类的正确答案是基于专家共识。这三类代表了一个关于正确答案的渐变过程：从完全按照认知想法来定义，到完全按照群体共识来定义。

决策型任务也可以进一步分成若干子类，但是其分类不如智力型任务清晰。对智力型任务而言，正确答案是基于文化规范、逻辑、人所周知的事实或者专家共识；对决策型任务而言，正确答案主要是基于道义（在道义上什么是正确的）和偏好（什么是被偏好的）。对于有些决策型任务，正确答案还可能由基于共享的文化价值观或者共同的相关信息而获得的共识来决定。

第三象限协商型是第二象限选择型的延伸，但是有了内部冲突。协商型的要点不再是找到正确答案（solve），而是解决问题和做出决定（resolve）。协商型可以进一步分为 2 种：解决观点的冲突和解决利益的冲突。对于观点冲突类型，群体内成员可能会用不同的方式来解释信息，为不同的维度赋予不同的权重，用不同的方式将这些维度与偏好联系起来。观点冲突的一个例子就是陪审团，对于某些案子在陪审员之间可能存在观点上的冲突。Brehmer[6]在提出社会判断理论（Social Judgment Theory）时，研究了不同“审判政策”对群体决策的效果。他坚持认为，这种认知冲突远远比我们想象的要更广泛，因为平时冲突常常被解释为利益或动机的冲突。

协商型象限的另一类是利益冲突型，它有几种子类型：①既有观点冲突又有利益冲突，并且在多个维度上存在意见分歧，典型的例子是劳资谈判；②要求在某个单一的维度上就数量问题进行协商，如讨价还价；③双方或多方的联合选择来决定各自的支付（payoff），如囚徒困境游戏和其他社会困境问题；④持相反意见的用户努力建立可以控制支付分配的同盟。这 4 个子类型从强调解决（妥协和协议）逐渐过渡到强调权利。

产生型任务、智力型任务和决策型任务是合作型任务，最后一种认知冲突型任务既有竞争又有合作：群体成员必须将竞争的个人目标同合作的群体目标进行妥协。这 4 种任务类型体现了一种递进的群体内成员相互依赖关系，因此形成群体共识越来越困难。例如，产生型任务完全不需要在组内成员间达成共识，因为任务的目标是产生尽可能多的方案。智力型任务需要群体成员找到一个可证明为正确的答案[7]。如果任务有一个可证明为正确的答案，那么任何知道这个正确答案的群体成员应该很容易说服其他成员采用这个正确的方案。决策型任务要达成共识就会更难一些，因此没有可证明为正确的答案。群体成员必须在他们不同的信息、态度、观点等方面进行妥协，才能达成共识。协商型任务（认知冲突型任务和混合动机型任务）要达成共识最难，因为协商型任务是混合动机/两难的任务。群体成员不仅要在他们的利益上进行妥协，还要在他们的信息、态度和观点上进行妥协。环形任务分类的象限、任务类型和关键概念如表 2－1 所示。

表 2－1　环形任务分类的象限、任务类型和关键概念

象限	任务类型	关键概念
象限Ⅰ：产生型	类型 1：规划型任务	产生规划。
	类型 2：主意产生型任务	产生主意（“头脑风暴”型任务），关键是创新。
象限Ⅱ：选择型	类型 3：智力型任务	解决一个有正确答案的问题，可以分为三类：①答案直观且有说服力；②根据“事实”、逻辑和一些技术领域的准则获得正确答案，但是并非显而易见；③专家共识定义的正确答案。关键是有正确答案。
	类型 4：决策型任务	基于道义或偏好的正确答案，如风险转移、抉择偏移和极化研究中用到的一些任务（陪审团）。关键是答案基于偏好。
象限Ⅲ：协商型	类型 5：认知冲突型任务	解决由于观点（而不是利益）的冲突，如社会审判理论中的认知冲突任务以及一些陪审团任务。关键是解决政策上的冲突。
	类型 6：混合动机型任务	解决动机和利益的冲突，如协商和讨价还价任务、混合动机困境问题、联盟形成/奖励分配任务等。关键是解决支付冲突。
象限Ⅳ：执行型	类型 7：竞争型任务	解决权利冲突，为胜利而竞争（如战争、体育竞赛等）。胜利者决定所有冲突的解决方法。关键是获胜。
	类型 8：动作技能型任务	一些有客观或确定标准的动作技能任务，如许多体力任务、一些体育事件等。关键是擅长。

2.1.2　Campbell 的分类体系

Campbell 对群体任务的分类是基于复杂性这一概念的。复杂性是一个被大量研究的任务特性。许多前人关于任务分类的研究要么直接关注复杂性，要么把它作为几个重要的任务特征之一（如参考文献[8—10]）。任务复杂性也已经成为群体支持系统文献分析的一个重要部分[11-14]。此外，复杂性与任务绩效的过程和结果都有关系。因此，复杂性在任务分类中扮演了重要角色。

Campbell 在 4 个维度上定义了任务复杂性[9]，这 4 个维度的组合用来定义不同的任务环境。第一个维度是结果多样性。结果多样性意味着一个任务有超过一个的期望结果。结果多样性很重要，因为它增加了信息负载和信息多样性。每一个结果都需要一个单独的信息处理流，并且需要一个标准来评估每一个潜在的方案。例如，从一系列备选房子中选择一个安家，选择的因素包括价格、大小、与工作地点的距离、与好学校的距离，等等，以及一些特殊因素（例如为家里的一个残疾人居住考虑）。这里有多个需要考虑的因素，任务目标对每一个因素都有不同的期望。需要注意的是，这与谁来完成这个任务无关，结果多样性不受决策者的影响。

第二个维度叫做路径多样性。路径多样性意味着达成某个目标可以通过多条路径（多个动作系列）来实现。路径多样性增加了信息负载，因为一个人必须考虑多个因素以及它们的最佳配置。国际象棋、拼图玩具，以及员工的日程安排都是具有路径多样性的任务。同样地，这与谁来完成任务无关，因为多种解决路径的存在是任务内在的。

第三个维度叫冲突的相互依赖性。冲突的相互依赖性存在于可能的解决模式中，采用一种模式和采用另一种可能的模式之间相互冲突。在这种情况下，采用任何一种模式都会潜在地改变局势，从而使得决策者们不能简单地改变他们的想法，放弃某个已经采用的行为，或退回到原始任务的状态来做一个新的决策。冲突的相互依赖性也存在于结果相互冲突的情况，例如经典的数量对质量的问题。最后，冲突的相互依赖性也存在于信息互相冲突的情况，例如来自各种渠道的情报。

第四个维度叫做解决方案/结果不确定性，定义为一个给定的解决方案导致一个想要结果的不确定性程度。解决方案/结果不确定性高意味着一个解决方案和想要的结果之间的关系是不确定的[9]。许多因素可能决定解决方案/结果不确定性。例如问题的范围变大，关于解决一个特定问题有用的历史信息变少，或者结果难以测量，都会提高这种不确定性。

反映复杂性的这 4 个基本维度的不同组合会导致 16 种不同的任务环境，基于出现或缺失 4 个属性的相似性，这 16 种环境可以被聚集为 5 类任务[9]（见表 2-2）。每一个类别根据体现其复杂性的主要属性来命名。

表 2-2 根据 4 个分类维度得到的典型任务类型(改编自[9])

	简单任务	问题任务	决策任务	判断任务	模糊任务
结果多样性	否	否	是	否	是
路径多样性	否	是	否	否	是

（续表）

	简单任务	问题任务	决策任务	判断任务	模糊任务
冲突的相互依赖性	否	是或否	是或否	是或否	是或否
解决方案/结果不确定性	不适用	从低到高	从低到高	从低到高	从低到高

(1) 简单任务。这种任务不包含任何任务复杂度维度的属性，因此可以被认为是简单任务。典型的例子是头脑风暴任务。

(2) 问题任务。问题任务的特点是实现某一结果具有多条路径。这类任务被称为问题任务，因为它们要求找到实现结果的最佳路径。问题任务的例子包括 anagrams[15]、国际象棋问题[16]，以及拼板智力玩具问题[17]。更进一步地，复杂性不仅来自可选路径的多样性，还来自路径的相互冲突或不确定性。Campbell[18]用到的雇员安排问题就是一个很好的例子。因为对工作量的预测不会很准确，因此任何工作安排和最优工作安排之间的关系就会是一个概率事件。

(3) 决策任务。决策任务强调选择或发现一个能够最优地实现多个目标的方案。这类问题中不存在路径多样性，但是可能存在冲突的相互依赖性和不确定性。这些任务被称为决策任务，因为通常它们都涉及从许多可能的方案里选择一个最佳方案。例如，要求根据许多指标（如大小、价格、邻居等）来评估一系列候选房屋，然后选择一个最合适的进行购买。在这个例子中，复杂性是方案个数和相关评估指标的函数。然而，如果有方案在所有的评估指标上都最优，就会降低任务的复杂性。因此，更典型的任务是在评估指标上包含了冲突的相互依赖性，其中的方案在某些指标上得分高，但是在另一些指标上得分低。

(4) 判断任务。判断任务强调的重点是与任务相关的冲突和不确定性因素。这类问题不存在结构多样性和路径多样性，通常要求决策者首先考虑和集成各种不同来源的信息，然后判断或预测未来某个事件发生的可能性，因此被称为判断任务。在很多判断任务里，信息来源是不一致或相互矛盾的。因此，要做一个精确的判断或预测，需要决策者：①确定哪些信息应该被关注；②正确地给这些信息赋予权重；③结合赋了权重的信息来形成一个总体的评价。这类任务的例子包括情报分析和库存分析。

(5) 模糊任务。模糊任务的特点是既有结果多样性，又有路径多样性。这些任务被称为模糊任务，因此对决策者来说大部分内容都是不清晰的。商务领域遇到的很多问题都是模糊问题。例如，一个公司可能希望生产一个包含几项革新技术和新特性(即结果多样性)的产品，而每一种特性可以通过几种不同的生产方法实现(即路径多样性)。如果多个结果维度是相互独立的，而且生产过程是确定性的，那么这是一种较为简单的模糊任务；如果结果维度中存在冲突的相互依赖性(如更大的车内空间和更省油)，或者生产过程与结果维度只是以一种概率连接，那么这是一种较为复杂的模糊任务；如果不确定性和冲突性同时存在，那么这是一种最复杂的模糊任务，它包含了所有 4 个维度的复杂性。

除了 McGrath 和 Compell 的分类体系，还有一些其他的分类方法[2, 19, 20]。但是由于这些分类体系都不流行，因此我们不再进行综述。McGrath 和 Compell 的分类体系大体上是重合的，如 Compell 的简单任务对应 McGrath 的产生型任务，Compell 的问题任务对应 McGrath 的智力型任务，Compell 的决策任务、判断任务和模糊任务对应 McGrath 的决策型任务和认知冲突型任务。由于 McGrath 的分类体系影响最大，在下面的篇幅里本书按照 McGrath 的分类体系(即产生型任务、智力型任务、决策型任务和认知冲突型任务)对任务的实现和决策绩效进行综述。

2.2 群体决策任务的实现

上一节关于群体任务类型的定义和分类是抽象的，它们在用于研究时必须有一个实现。按照产生型任务、智力型任务、决策型任务和认知冲突型任务的分类，每种类型任务的实现、说明和使用过该任务的引文如表 2－3。

表 2－3　群体决策任务的常见实现

任务类型	实现	说明	引文
产生型任务	Tea-bag Problem	袋泡茶除了喝还有什么用途?	[21, 22]
	Parking Problem	如何解决校园里停车难的问题?	[23, 24]
	Bonanza Business Forms	确定利润下降的原因	[25, 26]
	Microcomputer Policy	识别新的微型计算机政策可能影响的利益相关者	[27, 28]
	Thumbs	如果有 2 个多余的手指，会有什么好处和坏处?	[29]
智力型任务	Desert Survival Problem	在沙漠求生环境下，从 15 项物品中挑选 5 项最利于沙漠求生的物品	[30—32]

（续表）

任务类型	实现	说明	引文
	Lost at sea	根据大海求生的需要对一组物品的重要性进行排序	[33]
	Parasol Assembly	发现生产率下降的原因，并给出解决方案	[34]
	R&D Project Planning	找到一系列管理活动的正确次序	[35]
	Parkway Drug	选择关于指派销售区域的最佳方案	[36]
	International Studies	为一个国际研究项目选择若干名学生	[37]
决策型任务	Foundation	为一个慈善基金分配资助	[38，39]
	Tidewater College	为某大学制定战略规划	[40]
	Choice dilemma problem	两难选择问题	[41]
	Mock Jury	判决如何进行补偿性赔偿	[42]
	PVVI cases	跨国公司 PVVI 的战略决策问题	[43，44]
	University Financial	选择一个最优方案来帮助某大学解决面临的财务问题	[45]
	In-Basket	对 9 个要处理的公文进行优先级排序	[35]
认知冲突型任务	Growth of Tucson	图森市的发展战略	[46]
	Investment decision task	具有多目标的银行投资决策问题	[47]
	Job negotiation task	劳方和资方的劳动谈判	[48]
	Average teachers salary	教师平均工资的设定	[49]
	Job applicant screening	对某职位的应征者进行筛选	[50]
	Controversial policy issue	关于有争议政策的制定	[51]

根据 Fjermestad 和 Hiltz 的统计，在所有的任务中，决策型任务是被研究得最多的，因此决策型任务的实现也是最多的。其次对产生型任务和智力型任务的研究和实现也较多，对混合动机型任务的研究和实现最少。需要注意的是，除了重用前人研究中出现过的任务实现，用户还可以创造新的任务实现。重用前人任务的好处是有助于比较不同研究的结果，创造新任务的好处是可以拓展研究覆盖的范围。因此，无论是重用还是创新，都是应该被鼓励的。

2.3 群体决策任务的绩效指标及测量方法

群体任务的绩效涉及很多方面，但是决策效率、决策效果和主观感受是最常见的绩效指标。对于不同的群体任务，决策效率和决策效果有不同的解释（见表2-4）。

表2-4 群体决策任务的效率和效果

任务类型	决策绩效	说明	测量方法
产生型任务	效率	平均每人的发言条数	小组所有发言条数除以小组人数
	效果	①平均每人产生的（不同）主意个数；②产生主意的质量	专家共识
智力型任务	效率	找到答案所需时间	从讨论的第一条发言到最后一条发言所经历的时间
	效果	答案的正确率	①解答正确的题目占所有题目的比率；②和正确答案的距离
决策型/认知冲突型任务	效率	解决问题所需时间	从讨论的第一条发言到最后一条发言所经历的时间
	效果	感知的决策质量	调查问卷
	会后群体共识	研讨结束后个人决策和会上群体决策之间的差异程度	个人排序和群体排序的差异，并在所有成员上对这种差异进行平均
	群体共识变化	研讨前后群体共识的变化	研讨后群体共识与研讨前群体共识之间的差异

对于产生型任务，目的是尽可能产生更多和更好的主意，因此决策效率用平均每人的发言条数来测量，决策效果用平均每人产生的（不同）主意个数以及这些主意的质量来测量[52]。对于智力型任务，目的是找到正确答案，因此决策效率用找到答案所需时间来测量，决策效果用答案的正确率来测量。对于选择型（要求从一组候选中选择一个）的智力问题，答案正确率是解答正确的题目占所有题目的比率。对于排序型（给定一组物品按照某个要求排序）的智力问题，答案正确率是与正确排序之间距离的倒数（即与正确排序的距离越大，正确率越低）。

对于决策型和认知冲突型任务，目的是在群体内达成一致意见，因此决策效率用解决问题(决定一个选择、解决观点或利益的冲突)所需时间来衡量。由于这些类型的任务没有正确答案，因此其决策效果只能通过感知的决策质量(问卷方式)来测量。除了效率和效果以外，这些类型的任务还有2个关于群体共识的重要指标。第一个指标是会后群体共识，可以用研讨结束后个人决策和会上群体决策之间的差异程度来测量。第二个指标是群体共识变化，可以用研讨前后群体共识的变化情况来测量。

除了决策效果、效率和群体共识，成员的主观感知也是决策绩效的一个重要方面。与群体决策相关的主观感知总结在表2-5中，主要包含感知的决策效果、群体凝聚力、决策结果满意度和决策过程满意度。所有的这些指标都是用问卷的方法来测量的，因此表2-5也包含了常用的量表。这些主观感知指标中，群体凝聚力、决策结果满意度和决策过程满意度适用于所有类型的任务；感知的决策效果主要适用于决策型和认知冲突型任务。

表2-5　群体决策任务的主观感知

决策绩效	测量方法	量表(1～7分李克特量表，1表示强烈不同意，7表示强烈同意)
感知的决策质量	Gouran等的量表[53]	1. The overall quality of the discussion was: Poor/Good 2. The discussion, on the whole, was: Ineffective/Effective 3. The outcome of the discussion was: Unsatisfactory/Satisfactory 4. The discussion was: Incompetently Executed/Competently Executed 5. The issues explored in the discussion were: Trivial/Substantial 6. The content of the discussion was: Carelessly Developed/Carefully Developed 7. The manner in which the participants examined issues was: Non-constructive/Constructive 8. The group's movement toward reaching a conclusion on the discussion question, under the circumstances, was: Insignificant/Significant
群体凝聚力	Seashore的量表[54]测量	1. Do you feel that you are really a part of your work group? 2. If you had a chance to do the same kind of work for the same pay, in another work group, how would you feel about moving? How does your work group compare the other work group on each of the following points? 3. The way men get along together 4. The way men stick together 5. The way men help each other on the job

(续表)

决策绩效	测量方法	量表(1～7 分李克特量表,1 表示强烈不同意,7 表示强烈同意)
结果满意度	Green 和 Taber 量表[55] 测量	1. How satisfied or dissatisfied are you with the quality of the solution (or outcome) which you and the other party reached? 2. To what extent does the final solution (or outcome) reflect your inputs? 3. To what extent do you feel committed to the solution (or outcome)? 4. To what extent are you confident that the solution (or outcome) is optimal? 5. To what extent do you feel personally responsible for the solution (or outcome) which you and the other party reached? 6. How would you describe the problem solving (or negotiation) process you and the other party used? Efficient or inefficient?
过程满意度	Green 和 Taber 量表[55] 测量	How would you describe the problem solving (or negotiation) process you and the other party used? 1. efficient/inefficient 2. uncoordinated/coordinated 3. fair/unfair 4. understandable/confusing 5. dissatisfying/satisfying

2.4 与群体任务类型相关的理论

与群体任务类型有关的理论主要有:任务—媒介匹配理论和任务—技术匹配理论,这 2 个理论都遵从了"匹配"的观点。

2.4.1 任务—媒介匹配理论

McGrath 的任务—媒介匹配理论(Task-Media Fit)[56]认为,一类任务如果与一种信息丰富度水平的媒介达到良好匹配,就可以获得最佳效率。McGrath 等将目标导向团队的任务归纳为 4 种基本类型[5]:产生型任务(generate task),即产生观点或计划的任务;选择型任务(choose task/intellective task),即有正确答案的选择任务;偏好型任务(preference task),即涉及主观偏好的判断任务,以及谈判型任务(negotiate task),即解决冲突和矛盾观点的任务,并提出 4 种任务类型在何种信息丰富度水平上可达到良好匹配,从而获得最佳绩效。例如,该理论认为对于产生型任务而言，只需要传递相关观点就可以了，对发言进行评价和包含个体情绪是不需要的甚至是有害的[56]。

任务—媒介匹配理论在某种程度上可以看作是对媒介丰富度理论（Media-Richness Theory，MRT）的一种扩展。该模型对媒介丰富度的划分与 MRT 是一致的（将 e-mail、计算机为媒介的交流、视频会议和面对面交流分别对应从低到高的不同丰富度水平）。任务—媒介匹配理论认为，只有在特定的匹配下绩效才达到最佳，若对某项任务使用高于或低于其最优匹配丰富度的媒介都不会达到同样的绩效。任务—媒介匹配理论已经被一些实证研究所证实[5, 57, 58]。

2.4.2　任务—技术匹配理论

任务—技术匹配理论（Task-Technology Fit，TTF）认为，一项信息技术如果越是匹配一项任务，那么它就越可能对用户的工作表现有一个正向的影响[59]。换句话说，如果要一个信息系统对工作表现有正向影响，所采用的技术必须与它所支持的任务很好地匹配。Goodhue 和 Thompson 在 Delone 和 McLean 提出的 IS 评价框架[60]的基础上，于 1995 年提出了技术—绩效链模型（technology-to-performance chain，TPC）[59]，首次正式给出了 TTF 的概念化表达。Goodhue 和 Thompson 将 TTF 定义为一种技术辅助个人执行任务的程度，即 TTF 的前提是任务、技术以及人三者之间的交互作用[61]。Goodhue 对 TTF 的定义和测量都基于一种个人对信息系统评价的视角[61]，其中技术采用一般意义上的定义，而不是特指某一类技术；任务也是广泛含义上的行动—产出描述，不采用以往的某种任务分类体系。因此 Goodhue 的 TTF 是一个适用于多种技术和多种任务情境下的理论模型。

1998 年 Zigurs 和 Buckland 提出了群体支持系统环境下的 TTF 理论[37]，讨论不同任务类型在何种 GSS 技术特征支持下能够获得最好的团队绩效，从而将 TTF 理论从个体层次扩展到了群体层次。他们采用了 Campbell 以任务复杂度的 4 个维度为依据的五任务分类体系（简单任务、问题任务、决策任务、判断任务和模糊任务），结合 GSS 技术的 3 个维度（通讯、过程组织和信息访问），为各类型任务定义了理想的匹配描述文件，即各类任务在何种 GSS 技术支持下能取得最好的团队绩效。Zigurs 和 Buckland 将匹配定义为一种理想的匹配描述文件，在操作时首先要识别任务环境，然后为每种任务定义详细的理想化技术支持，最后检验 TTF 的绩效影响[37]。

任务—技术匹配理论提供了一个解释任务的本质如何影响个人和组织绩效的概念基础。图 2-2 显示了任务—技术匹配的一般模型。这里的群体绩效是一个

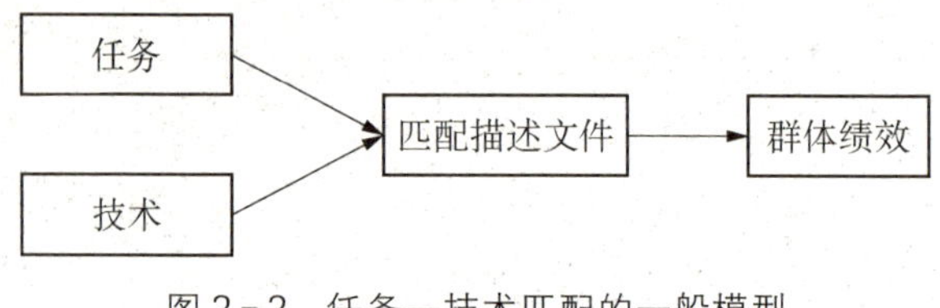

图 2-2 任务—技术匹配的一般模型

多方面的概念，被定义为效率、结果质量、过程质量、满意度和共识等多种概念[62,63]。根据不同的任务类型，群体绩效可以被可操作化为多种不同方式。TTF被大量应用于信息系统领域的研究，如消费者对电子商务应用系统的评价[64]、移动商务应用[65]，以及用户对信息系统的持续使用等[66,67]。

2.5 总结与讨论

本章对群体决策中与任务类型相关的几部分内容进行了综述。首先介绍了群体决策任务的分类体系，以及每类任务的实现。然后总结了每一种群体任务的决策绩效指标及测量方法。最后综述了与群体任务类型相关的 2 个理论。

关于如何有效支持群体决策，吸引了管理信息系统学科的很多研究。仅以群体支持系统为例，在过去 30 年时间里发表的论文就超过了 5 000 篇[68]。由于组织中的决策越来越依靠群体来完成，并且过去的研究并没有彻底改变群体决策过程中存在的问题[69]，因此如何有效支持群体决策将仍然是管理学研究的一个重要问题。当然，随着社会和技术的进步，新的社会技术现象会随之出现，支持群体决策的研究热点也会随之发生变化。传统的群体支持系统的研究热潮已经过去，但是很多新媒体（如在线社区、网络论坛、微博等）也具有支持群体决策任务的潜力，而且我们看到了一些这方面的尝试[70,71]。当人们试图用这些新型社会技术系统来支持群体任务时，也必须对群体任务的分类、实现、绩效测量和相关理论有一个清楚的了解。从这个意义上说，本章不仅对群体决策中与任务类型相关的知识进行了总结，而且为将来研究利用新媒体支持群体活动的学者提供了一个理解任务本质的快捷指南。

参考文献

[1] Hackman J R. Effects of task characteristics on group products [J]. Journal of Experimental Social Psychology, 1968,4(2):162-187.

[2] Hackman J R, Morris C G. Group tasks, group interaction process, and group performance effectiveness: A review and proposed integration, Advances in Experimental Social Psychology, Berkowitz L, Editor [M]. 1974, Academic Press: New York.
[3] Poole M S, Seibold D R, McPhee R D. Group decision-making as a structurational process [J]. Quarterly Journal of Speech, 1985.
[4] Argote L, McGrath J E. Group processes in organizations: Continuity and change, International review of industrial and organizational psychology, Cooper C L, Robertson I T, Editors [M]. 1993, Wiley: New York. 333 - 389.
[5] McGrath J E. Groups: Interaction and Performance [M]. Englewood Cliffs, NJ: Prentice-Hall, 1984.
[6] Brehmer B. Social judgment theory and the analysis of interpersonal conflict [J]. Psychological bulletin, 1976,83(6):985.
[7] Laughlin P R, Ellis A L. Demonstrability and social combination processes on mathematical intellective tasks [J]. Journal of Experimental Social Psychology, 1986,22(3):177 - 189.
[8] Bass B M, Pryer M W, Gaier E L, Flint A W. Interacting effects of control, motivation, group practice, and problem difficulty on attempted leadership [J]. The Journal of Abnormal and Social Psychology, 1958,56(3):352.
[9] Campbell D J. Task complexity: A review and analysis [J]. Academy of Management Review, 1988,13(1):40 - 52.
[10] Herold D M. Improving the performance effectiveness of groups through a task-contingent selection of intervention strategies [J]. Academy of Management Review, 1978:315 - 325.
[11] Dennis A R, Gallupe R B. A history of group support systems empirical research: Lessons learned and future directions, Group Support Systems: New Perspectives [M]. 1993, Macmillan Publishing Company: New York. 59 - 77.
[12] Dennis A R, Nunamaker Jr J F, Vogel D R. A comparison of laboratory and field research in the study of electronic meeting systems [J]. Journal of Management Information Systems, 1990:107 - 135.
[13] Gray P, Vogel D, Beauclair R. Assessing GDSS empirical research [J]. European Journal of Operational Research, 1990,46(2):162 - 176.
[14] Pinsonneault A, Kraemer K L. The impact of technological support on groups: An assessment of the empirical research [J]. Decision Support Systems, 1989,5(2):197 - 216.
[15] Taylor M S. The motivational effects of task challenge: A laboratory investigation [J]. Organizational Behavior and Human Performance, 1981,27(2):255 - 278.
[16] Campbell D J, Ilgen D R. Additive effects of task difficulty and goal setting on subsequent task performance [J]. Journal of Applied Psychology, 1976,61(3):319.
[17] Frost P J, Mahoney T A. Goal setting and the task process: An interactive influence on individual performance [J]. Organizational Behavior and Human Performance, 1976,17(2):328 - 350.

[18] Campbell D J. The effects of goal-contingent payment on the performance of a complex task [J]. Personnel Psychology, 1984,37(1):23 - 40.

[19] McGrath J E, Altman I. Small group research: A synthesis and critique of the field [M]. New York: Holt, Rinehart and Winston, 1966.

[20] Shaw M E. Scaling group tasks: A method for dimensional analysis [J]. JSAS Catalog of Selected Documents in Psychology, 1963,3(8).

[21] Fellers J W. The effect of group size and computer support on group idea generation for creativity tasks: an experimental evaluation using a repeated measures design [D]. 1989, Indiana University: Bloomington, Indiana. 390.

[22] Li J, Zhang P Z, Cao J W. External concept support for Group Support Systems through Web mining [J]. Journal of the American Society for Information Science and Technology, 2009,60(5):1057 - 1070.

[23] Connolly T, Jessup L M, Valacich J S. Effects of anonymity and evaluative tone on idea generation in computer-mediated groups [J]. Management Science, 1990,36(6):689 - 703.

[24] Jessup L M, Connolly T, Galegher J. The effects of anonymity on GDSS group process with an idea-generating task [J]. MIS Quarterly, 1990:313 - 321.

[25] Gallupe R B, DeSanctis G. Computer-based support for group problem-finding: an experimental investigation [J]. MIS Quarterly, 1988,12(2):277 - 296.

[26] Gallupe R B. Suppressing the contribution of the group's best member: is GDSS use appropriate for all group tasks? [C]. Proceedings of the Twenty-Third Hawaii International Conference on Systems Sciences. Hawaii, IEEE Press, 1990.

[27] Dennis A R, Valacich J S, Nunamaker Jr J F. An experimental investigation of the effects of group size in an electronic meeting environment [J]. IEEE Transactions on Systems, Man and Cybernetics, 1990,20(5):1049 - 1057.

[28] Valacich J S, Dennis A R, Nunamaker J F. Group size and anonymity effects on computer-mediated idea generation [J]. Small Group Research, 1992,23(1):49 - 73.

[29] Gallupe R B, Bastianutti L M, Cooper W H. Unblocking brainstorms [J]. Journal of Applied Psychology, 1991,76(1):137 - 142.

[30] Lafferty J C, Eady P M, Elmers J. The desert survival problem, Experimental Learning Methods [M]. 1974: Plymouth, Michigan.

[31] Zhou L, Burgoon J K, Twitchell D P, Qin T, Nunamaker Jr J F. A comparison of classification methods for predicting deception in computer-mediated communication [J]. Journal of Management Information Systems, 2004,20(4):139 - 166.

[32] Zhang D, Lowry P B, Zhou L, Fu X. The impact of individualism-Collectivism, social presence, and group diversity on group decision making under majority influence [J]. Journal of Management Information Systems, 2007,23(4):53 - 80.

[33] Herschel R T. The impact of varying gender composition on group brainstorming performance in a GSS environment [J]. Computers in Human Behavior, 1994,10(2):209 - 222.

[34] Venkatesh M, Wynne B E. Effects of problem formulation and process structures on performance and perceptions in a GDSS environment: an experiment [C]. Proceedings of the Twenty-Fourth Annual Hawaii International Conference on System Sciences. Hawaii, IEEE Press, 1991.

[35] McLeod P L, Liker J K. Electronic meeting systems: Evidence from a low structure environment [J]. Information Systems Research, 1992,3(3):195－223.

[36] George J F, Easton G K, Nunamaker Jr J F, Northcraft G B. A study of collaborative group work with and without computer-based support [J]. Information Systems Research, 1990,1(4):394－415.

[37] Zigurs I, Buckland B K. A theory of task/technology fit and group support systems effectiveness [J]. MIS Quarterly, 1998,22(3):313－325.

[38] Watson R T, DeSanctis G, Poole M S. Using a GDSS to facilitate group consensus: some intended and unintended consequences [J]. MIS Quarterly, 1988,12(3):463－480.

[39] Dickson G W, Partridge J L, Robinson L H. Exploring modes of facilitative support for GDSS technology [J]. MIS Quarterly, 1993,17(2):173－194.

[40] Sambamurthy V, Poole M S. The effects of variations in capabilities of GDSS designs on management of cognitive conflict in groups [J]. Information Systems Research, 1992,3(3):224.

[41] Siegel J, Dubrovsky V, Kiesler S, McGuire T W. Group processes in computer-mediated communication [J]. Organizational Behavior and Human Decision Processes, 1986,37(2):157－187.

[42] Clapper D L, McLean E R, Watson R T. An experimental investigation of the effect of a group decision support system on normative influence in small groups [C]. Proceedings of the Twelfth International Conference on Information System. Minneapolis, MN, University of Minnesota Press, 1991.

[43] Chidambaram L. Relational development in computer-supported groups [J]. MIS Quarterly, 1996:143－165.

[44] Chidambaram L, Bostrom R P, Wynne B E. A longitudinal study of the impact of group decision support systems on group development [J]. Journal of Management Information Systems, 1990:7－25.

[45] Lewis L F. A decision support system for face-to-face groups [J]. Journal of Information Science, 1987,13(4):211－219.

[46] Briggs R O, Balthazard P A, Dennis A R. Graduate business students as surrogates for executives in the evaluation of technology [J]. Journal of Organizational and End User Computing (JOEUC), 1996,8(4):11－19.

[47] Davey A, Olson D. Multiple criteria decision making models in group decision support [J]. Group Decision and Negotiation, 1998,7(1):55－75.

[48] Griffith T L, Northcraft G B. Distinguishing between the forest and the trees: Media, features, and methodology in electronic communication research [J]. Organization science,

1994:272 - 285.

[49] Reagan-Cirincione P. Improving the accuracy of group judgment: A process intervention combining group facilitation, social judgment analysis, and information technology [J]. Organizational Behavior and Human Decision Processes, 1994.

[50] Sengupta K, Te'eni D. Cognitive feedback in GDSS: improving control and convergence [J]. MIS Quarterly, 1993:87 - 113.

[51] Spears R, Lea M, Lee S. De-individuation and group polarization in computer-mediated communication [J]. British Journal of Social Psychology, 1990,29(2):121 - 134.

[52] Nunamaker J F, Dennis A R, Valacich J S, Vogel D R. Information technology for negotiating groups: generating options for mutual gain [J]. Management Science, 1991,37 (10):1325 - 1346.

[53] Gouran D S, Brown C, Henry D R. Behavioral correlates of perceptions of quality in decision-making discussions [J]. Communications Monographs, 1978,45(1):51 - 63.

[54] Seashore S E. Group cohesiveness in the industrial work group [M]. Ann Arbor, MI: Ayer Co Pub, 1954.

[55] Green S G, Taber T D. The effects of three social decision schemes on decision group process [J]. Organizational Behavior and Human Performance, 1980,25(1):97 - 106.

[56] McGrath J E, Hollingshead A B. Putting the "Group" back in group support systems: some theoretical issues about dynamic processes in groups with technological enhancements, Group Support Systems: New Perspectives, Jessup L M, Valacich J S, Editors [A]. 1993, Macmillan Publishing Co. : New York. 78 - 96.

[57] Mennecke B E, Valacich J S, Wheeler B C. The effects of media and task on user performance: A test of the task-media fit hypothesis [J]. Group Decision and Negotiation, 2000,9(6):507 - 529.

[58] Tan B C Y, Wei K, Sia C L, Raman K S. A partial test of the task-medium fit proposition in a group support system environment [J]. ACM Transactions on Computer-Human Interaction (TOCHI), 1999,6(1):47 - 66.

[59] Goodhue D L, Thompson R L. Task-technology fit and individual performance [J]. MIS Quarterly, 1995:213 - 236.

[60] DeLone W H, McLean E R. Information systems success: The quest for the dependent variable [J]. Information Systems Research, 1992,3(1):60 - 95.

[61] Goodhue D L. Understanding user evaluations of information systems [J]. Management Science, 1995:1827 - 1844.

[62] Fjermestad J, Hiltz S R. Experiment studies of group decesion support systems: an assessment of variables studied and methodology [C]. Thirtieth Hawaii International Conference on System Sciences, IEEE Computer Society Press, 1997.

[63] Hollingshead A B, McGrath J E. Computer-assisted groups: A critical review of the empirical research, Team effectiveness and decision making in organizations [A]. 1995, Jossey-Bass Press: San Francisco. 46 - 78.

[64] Wells J D, Sarker S, Urbaczewski A. Studying customer evaluations of electronic commerce applications: a review and adaptation of the task-technology fit perspective [C]. Proceedings of the 36th Hawaii International Conference on System Sciences. Hawaii, IEEE Press, 2003.

[65] Lee C C, Cheng H K, Cheng H H. An empirical study of mobile commerce in insurance industry: Task-technology fit and individual differences [J]. Decision Support Systems, 2007,43(1):95 - 110.

[66] Larsen T J, Sørebø A M, Sørebø Ø. The role of task-technology fit as users' motivation to continue information system use [J]. Computers in Human Behavior, 2009,25(3):778 - 784.

[67] Dishaw M T, Strong D M. Supporting software maintenance with software engineering tools: A computed task-technology fit analysis [J]. Journal of Systems and Software, 1998,44(2):107 - 120.

[68] Pervan G P. A review of research in group support systems: leaders, approaches and directions [J]. Decision Support Systems, 1998,23(2):149 - 159.

[69] Nunamaker J F, Briggs R O, Mittleman D D, Vogel D R, Balthazard P A. Lessons from a dozen years of group support systems research: a discussion of lab and field findings [J]. Journal of Management Information Systems, 1997,13(3):163 - 207.

[70] Honey C, Herring S C. Beyond microblogging: Conversation and collaboration via Twitter [C]. The 42nd Hawaii International Conference on System Sciences. Hawaii, IEEE Press, 2009.

[71] Turban E, Liang T P, Wu S P J. A framework for adopting collaboration 2.0 tools for virtual group decision making [J]. Group Decision and Negotiation, 2011,20(2):137 - 154.

第 3 章

Web 2.0 环境下一种新型群体支持系统的设计研究

3.1 引言

最近 10 年，互联网无论在技术还是应用模式上都发生了巨大的变革。在这些变革中，从 Web 1.0 向 Web 2.0 的转变无疑是其中最深刻的一点。Web 2.0 的基本特点是鼓励用户参与和用户生成内容，其后果是海量的用户研讨数据。这意味着在线研讨面临的参与人数和发言条数比以前任何时候都要多，发言之间的关系也比以前任何时候都要复杂，这是传统的群体支持系统从未面临过的。Web 2.0 时代用户拥有更加多样化（多平台、多应用）的访问手段，同时要求更加丰富的用户体验，这些也是传统的群体支持系统难以做到的。因此，本研究试图设计和实现一个新型的群体支持系统，来满足 Web 2.0 环境下的新需求。

本研究遵循设计科学[1, 2]的方法进行，有以下几个人造物被创造出来。首先，设计了一种新型的信息组织结构。其次，设计了 2 种新型的研讨分析和统计工具：方案研讨气泡图和发言关系图。这 2 个工具用可视化的方法分别从不同方面展现了方案的研讨态势。最后，提出了一种研讨报告自动生成的方法，可以缓解海量信息造成的信息过载。

本研究有以下 2 个贡献：首先，传统的群体支持系统都注重对通讯和过程组织维度的支持，对信息处理维度的支持则不够。在 Web 2.0 时代面临海量数据的环境下，本研究提出的设计可以缓解信息过载的问题，因此本研究是群体支持系统研究领域提高信息处理能力、应对海量信息的一次尝试。其次，设计科学这一研究方法的重要性在管理信息系统学科中多次被提及，但国内相关的研究一直较少。本研究针对 Web 2.0 环境的特点进行分析，归纳出新型研讨平台的需求，并通过设计满足了这些需求。本研究对于促进国内设计科学的发展具有积极的学术意义。

3.2　文献综述

现有的群体支持系统中，国外的主要有亚利桑那大学的 GroupSystems[3] 和明尼苏达大学的 SAMM[4]；国内的主要有上海交通大学的 GASS[5-8] 和中国科学院数学与系统科学研究所的 GAE[9-11]。GroupSystems 最早出现在 20 世纪 80 年代末期[12]，面向的是传统的小规模群体协作，因此是一种电子会议系统（Electronic Meeting Systems）。SAMM 出现的时间比 GroupSystems 更早[4]，是美国明尼苏达大学的学者在研究群体支持系统的过程中开发的，也是一种在信息系统领域有重要影响的群体支持系统。GASS 最早出现在 2001 年[13]，是上海交通大学管理信息系统研究中心和西安交通大学管理学院开发的一种群体支持系统，其最新版本为 GASS 3[14]。GAE 则是中国科学院数学与系统科学研究所研究开发的一个辅助群体思考的分布式计算机平台[9-11]，最早出现在 2001 年[15]。

随着互联网的普及和 Web 2.0 的流行，虚拟社区（如网络论坛、USENET、MUD 等）开始盛行，吸引了很多学者的研究兴趣。根据 Rheingold 的定义，虚拟社区是一群主要借由计算机网络彼此沟通的人们，他们彼此有某种程度的认识，分享某种程度的知识和信息，在很大程度上如同对待朋友般彼此关怀，从而形成的团体。虚拟社区提供的基本功能包括社区通信、聊天服务、张贴讨论以及投票等。关于虚拟社区设计方面的研究，可以分为以下 4 类：第一类研究关注如何吸引新的用户加入社区。主要采用的方法是降低进入门槛，提供新手区，让用户在发帖前了解社区的规范，鼓励新用户参与研讨并对他们的发言提供反馈，显示经常问到的问题（FAQ）等[16, 17]。这些措施都有助于新手克服恐惧感和沮丧感[18]。第二类研究关注如何克服离题讨论。使用主持人是最常见的做法，每当有用户发表离题的消息时，主持人就会提醒发言者讨论与主题相关的内容。还有一些系统允许用户对离题发言进行标注，这样大家就可以很容易区分那些离题发言[19]。还有研究使用信息检索技术[20]，自动检测一条发言与最近的若干条发言之间的相似程度，从而判断离题发言。第三类研究关注如何将社区限制在合理的大小。一个针对 Usenet 新闻组的研究表明，某个月发表的帖子数越多，下个月回来继续发帖的用户就越少[21]，这是因为太多的用户会导致信息过载和主题混乱。解决群体过大的一个方法是设计子讨论区或者根据用户的兴趣和爱好进行分类，这样相似的用户可以更加紧密地协作。第四类研究关注如何激励核心成员（即一小部分贡献非常突出的成员)继续在社区中发挥领导作用,如提高用户行为的可见程度,促进核心成员之间的相互了解等[22]。

社交网络(Social Network Services, SNS)是另一种流行的在线研讨平台。根据 Boyd 和 Ellison 的定义,社交网络是一种基于 Web 的服务,允许用户:①在系统内构建一个公开或半公开的个人主页;②连接一系列其他用户;③查看和访问自己的朋友以及朋友的朋友[23]。社交网络真正的特点不在于允许用户接触陌生人,而是允许用户相互建立连接并且让他们的社会化网络可视化[24]。当新用户加入一个社交网络时,就会被要求填写自己的个人主页。主页上一般会包含姓名、性别、年龄、兴趣爱好等个人信息,有的还会要求上传照片。在加入社交网络后,用户就被鼓励与其他的用户建立联系,成为朋友。一个用户不仅可以查看自己朋友的个人主页,还可以查看朋友的朋友的主页。大部分社交网络允许用户在他们朋友的个人主页上留言,或者私聊(类似于 Webmail)。还有一些社交网络提供了照片分享或视频分享的功能,并且提供了内置的网络日志和即时通讯。最近的趋势是社交网络移动化,不仅出现了移动社交网络(如 Dodgeball),一些主流的基于 Web 的社交网络(如 Facebook、MySpace、Cyworld 等)也出现了一些支持移动终端的功能(如移动终端登录、浏览、留言等)[23]。

现有的群体支持系统都是在 Web 1.0 时代开发的。如亚利桑那大学的 GroupSystems[3] 和明尼苏达大学的 SAMM[4] 等都是在 20 年多前开发的,国内上海交通大学的 GASS[5-8] 和中国科学院数学与系统科学研究所的 GAE[9-11] 也有 10 余年的历史。这些现有群体支持系统的典型应用模式是小规模群体(如不超过 10 个人的专家),在安装了特定客户端的 PC 上进行群体决策。由于没有考虑到应对海量研讨信息,以及 Web 2.0 环境下多样化的接入手段和软硬件平台,这些传统的群体支持系统很难满足 Web 2.0 时代对在线群体研讨的要求。随着 Web 2.0 的流行,用户对体验的要求也越来越高。这意味着 10 年前用 DHTML 技术建造的群体支持系统与现有 Web 2.0 网站在用户体验上的巨大差距,可能会妨碍用户在 Web 2.0 时代继续使用这些系统。虚拟社区和社交网络虽然为支持群体协作提供了新的途径,但是这些平台不是用于面向特定决策任务的。当面临海量的研讨信息和复杂的研讨关系(不同的方案、观点、发言人以及观点的转变)时,虚拟社区和社交网络往往难以有效支持。因此,本研究试图设计和实现一个新型的群体支持系统,来满足 Web 2.0 环境下的新需求,从而弥合这一研究空缺。

3.3　Web 2.0 环境下群体支持系统的新需求

通过分析 Web 2.0 的特点，本章将 Web 2.0 环境下群体支持系统的新需求归纳为以下 4 个方面。

1) 适合海量数据的信息组织结构

传统群体支持系统面向的都是小群体（通常不超过 10 人）研讨，但是 Web 2.0 环境下成千上万用户同时参与一个议题的研讨已经成为常态[25]。传统群体支持系统的信息组织要么使用线性结构，要么使用树状结构，但是这 2 种结构在 Web 2.0 海量信息环境下都面临巨大挑战。以线性结构的典型代表 QQ 群为例，当研讨参与者增多、研讨时间变长、发言数量急剧增长时，线性结构变成一种很差的知识存储方式，用户很难从线性结构的研讨记录里迅速读出有用知识[26]。以树状结构的典型代表 GASS 为例，由于缺乏一个焦点区，最新的发言不容易立刻被其他用户觉察到，并且用户在发言时需要首先选择目标节点，因此发言的效率较低[26]。为了缓解这一问题，本章采用了一种新型的线性＋树状信息组织结构。这种组织结构兼具线性结构和树状结构的优点，既能够有效支持沟通，又能够有效支持信息组织和访问。

2) 提供研讨统计分析和摘要工具

Web 2.0 环境下的海量信息很容易造成用户信息过载，使用户难以有效认知研讨过程和结果[27]。解决信息过载问题的一个重要手段是提供统计分析工具，并配合可视化的方法，将分析的结果直观地展现出来。可视化充分利用人们对可视模式快速识别的自然能力，将人脑与计算机这 2 个最强大的信息处理系统联系在一起，是缓解信息过载的一种有效方法[28, 29]。另外，由于发言信息过多，手工生成一份摘要报告是一件费时费力的事情。因此，研讨统计分析和自动摘要工具将被包含在新型群体支持系统中。

3) 支持多平台多应用的访问

Web 2.0 环境下用户不仅从传统的 PC 上参与研讨，还可能从笔记本、平板电脑、手机和 PDA 上参与研讨[30]。传统的基于 C/S 结构的群体支持系统（如 GroupSystems）必须编译成对应不同操作系统和不同硬件环境的版本，才能在这些不同的硬件和软件环境下使用。并且，由于不同的网络环境可能面临不同的防火墙设置，传统的基于 C/S 的群体支持系统（如 GAE）很可能在缺省情况下不能穿透这些防火墙的设置，造成软件配置上的麻烦。鉴于此，新型群体支持系统采用

B/S的系统架构，来应对多样化访问的问题。在不同的设备上，系统会自动变形适配对应的设备屏幕。

4）增强用户体验

由于技术的限制，Web 1.0环境下建造的群体支持系统（如GASS）无法实现数据的自动推送和界面的局部刷新，因此普遍采用了定时整体刷新的方法来更新数据[8,13]。这一做法的后果是用户界面会有闪烁感，用户还可能因此而在浏览中迷失。Flash是Web 2.0环境下一项重要的增加用户体验的技术，可以获得和桌面应用相当的流畅性，并且有比传统桌面应用更多的特效（如淡入淡出等）。因此，新型群体支持系统将使用Flex技术（Flash的编程语言）来实现在线群体支持系统主程序的构建。

3.4 一种新型群体支持系统的设计

本研究的目的是设计、实现和评估一个适合Web 2.0环境需求的新型群体支持系统。在本研究中，设计科学[1,2]的方法被作为研究方法。Hevner等[2]提供了一个在信息系统学科里进行设计科学研究应该遵循的框架，因此新系统的设计和开发遵循这一框架进行。

3.4.1 系统概述和用户界面

本研究设计的新型群体支持系统称为万慧在线决策研讨平台，任何用户在免费注册后都可以使用该系统。该平台基于B/S结构，采用MVC的模式进行开发，整体的系统架构如图3-1所示。表现层用Flex技术和JSP技术开发。其中Flex用来构造研讨工作区，JSP用来构造其余的页面（如登录页面、个人主页、热点讨论列表等）。选择Flex/Flash是因为它不仅界面友好，表现能力强大，可以嵌入任何一款支持Flash技术的浏览器（如IE、Firefox、Chrome等）中使用，而且具有一定的数据缓存能力，可以减少服务器请求次数，节约不必要的网络传输。通信层采用开源库BlazDS，从而简化了Flex和Java之间的通信操作并提高了通信效率。控制层采用开源库Spring，主要负责对表现层或逻辑层的处理转发。逻辑层用JavaBean写成，每个主要业务逻辑都会对应一个JavaBean。最后，数据持久层采用Ibatis，从而简化了数据库操作，并提高了数据库操作的效率。系统重用了成熟的Flex框架Cairngorm中的很多组件，从而提高了开发效率，同时也提高了代码质量。

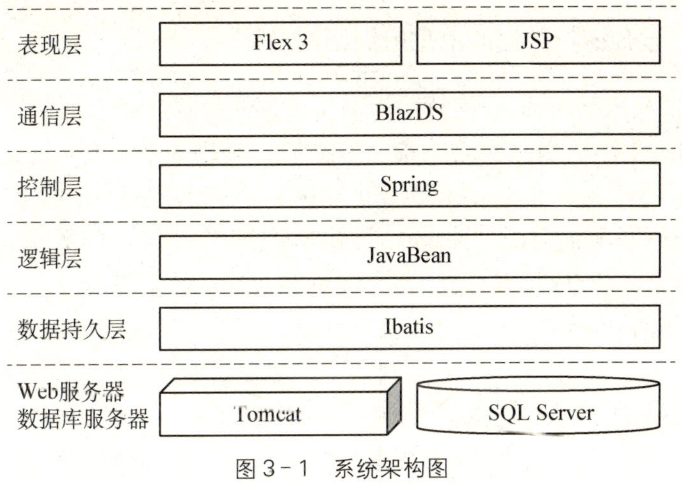

图 3－1　系统架构图

万慧在线决策平台的用户界面如图 3－2 所示。最上端是菜单区，包括研讨设置、声音设置、共享白板、研讨分析等基本功能。菜单区的最右边会显示会议的剩余时间，如果会议已结束，会显示会议已过期。用户主界面由 4 个面板组成：左边面板是树状结构，回复关系组织排列用户发言；中间上半面板是线性结构，按照发言的时间先后顺序排列用户发言；中间下半面板是用户发言区；右边面板是显示在线用户的区域。

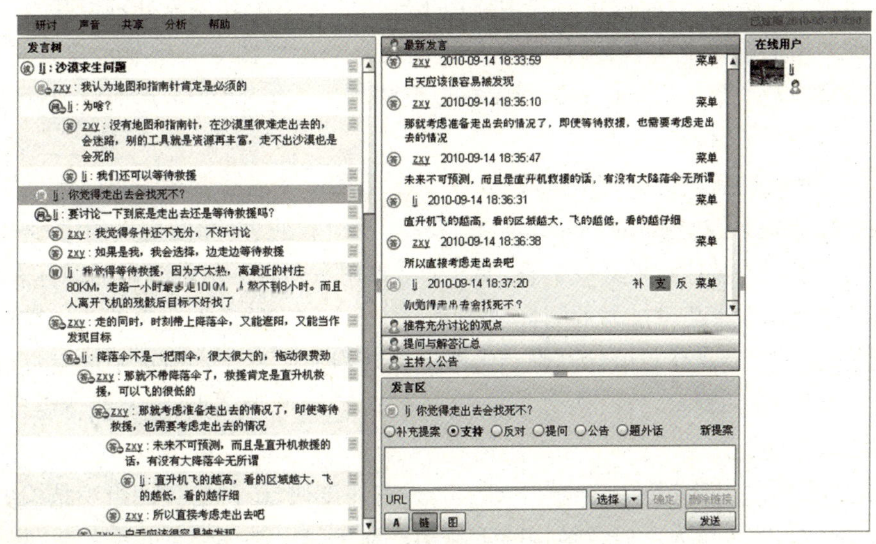

图 3－2　万慧在线决策研讨平台的主用户界面

3.4.2 适合海量数据的信息组织结构设计

不同的信息组织结构,在支持不同类型的群体研讨时各有所长。评价一种信息组织结构的能力,一般从沟通、协调组织和信息处理 3 个维度来定义[31,32]。这 3 个维度最初由于 Clark 在 Grounding in Communication 中总结提出[31],后来被广泛用来对比 CMC 和面对面 2 种媒介对群体沟通的影响[33]。在 Web 2.0 的海量数据环境下,信息负载、信息多样性、冲突和不确定性的特点都存在[34],因此对应的信息组织结构应该在沟通、过程组织和信息处理 3 个维度上都提供高水平的支持[32]。

但是无论是线性结构还是树状结构都无法在沟通、协调组织和信息处理 3 个维度上提供高水平的支持[26],因此无法适应 Web 2.0 的海量数据环境。线性结构能够对沟通维度提供高水平的支持,而树状结构能够提供对协调组织和信息处理维度高水平的支持。这说明线性结构和树状结构本身存在互补关系。如果有一种结构能够有效整合线性结构和树状结构,那么从理论上说将在沟通、协调组织和信息处理 3 个维度上提供高水平的支持。

因此,本章设计了一种适合海量数据的新型线性+树状信息组织结构,这种新的信息组织结构将树状结构和线性结构左—右分立,并且分别占据屏幕一半的面积(见图 3-2)。这是因为线性结构和树状结构大致占据同样重要的地位,线性结构主要用于支持通讯,而树状结构主要用于支持协调组织和信息处理。每当用户在一个结构中选择一条发言时,另一个结构会自动将视图更新到显示这条发言。这使得用户在一个结构里探索的结果可以反映到另一个结构上,从而将线性结构和树状结构有效整合起来。

在左边的树状研讨结构中(如图 3-3 所示),每一个发言都被设计标有发言的类型(议题、提案、补充提案、提问、回答、支持、反对和通告)和发言人的 ID。树状结构的节点可以被任意展开或折叠,展开的节点用一个右下角带减号的图标表示,收起的节点用右下角带加号的图标来表示。每一个发言的最右边都有一个操作按钮(鼠标经过时会高亮),鼠标左键点击时会出现当前用户对当前选中的发言可以做的所有操作(如删除发言、移动发言、展开子节点、收起子节点、打开关注窗口、进入发言人空间等)。

在 Web 2.0 环境下,由于参与人数多,发言速度快,研讨信息的组织结构更容易无序化,因此主持人对研讨结构的重新构造和条理化对一个有效率的研讨就非常重要。新系统为树状结构还提供了移动发言的功能,即将一个发言从树状结构

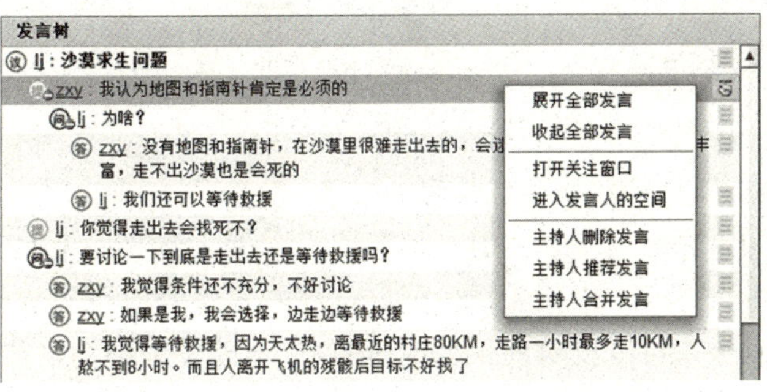

议题　提案　补充提案　提问　回答　支持　反对　通告

图 3-3　万慧在线决策研讨平台的树状结构面板

的一个位置移动到另一个位置。如果一个要被移动的节点包含子节点，那么连同子节点都会被移动到新的位置。在树状结构中移动一个节点需要 3 个步骤：首先选择要移动的节点，然后选择要移动到的目的位置，最后确认拖动（确认时还可以修改发言的内容和语义关系）。据我们所知，这是群体支持系统中第一次在树状结构中引入移动发言节点的功能。通过移动发言节点，主持人可以合并类似观点，从而简化研讨空间，降低用户的认知成本。

为了进一步缓解信息过载的问题，新系统中提供了若干个并行的线性结构（见图 3-4），用于对发言信息的分类展现（如最新发言、推荐充分讨论的观点、提问与

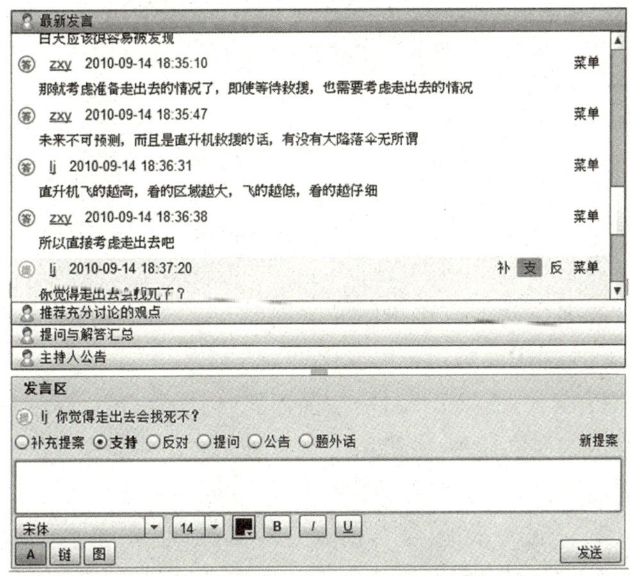

图 3-4　万慧在线决策研讨平台的线性结构面板

解答汇总、主持人公告等)。这种分类处理的思想,一定程度上缓解了传统线性结构信息混乱、可读性差的问题。若干个并行的线性结构在同一时间只能打开并查看其中一个,其余没有被打开的线性结构只能显示其标题,并且当有一个线性结构被打开时,其他的线性结构自动被收起。

线性结构的下方是发言区。用户要发言,必须首先选择一个发言的目标节点,并从候选列表中选择一个语义关系。能够选择的发言类型和父节点的类型相关,例如父节点是一个支持或反对的评论时,用户就不能发表新提案或补充提案。如果用户不选择发言的目标节点,系统默认的回复节点是最近的一个发言。发言人不仅可以输入文字,还可以调整文字格式(如字号、字体、颜色等),并具有发表链接和图片的功能。允许用户调整文字格式可以让用户更加方便地区分发言的用户,允许发表链接和图片,为研讨提供了更多的外部信息来源和媒体支持。

3.4.3 统计分析和自动摘要工具的设计

研讨态势感知是有效群体决策的基础。缺乏正确的研讨态势感知,会严重影响群体研讨的效率和效果。例如,群体成员可能会过于关注某些方案而忽略了另一些方案,新来的用户可能对整个研讨的来龙去脉缺乏了解而断章取义,最终决策可能在没有充分评估每个方案的基础上就做出。然而,在 Web 2.0 信息过载和面对面线索(如语调、面部表情、身体姿态)丢失的情况下,群体成员迅速、正确、一致地感知研讨态势并不是一件容易的事情[36]。可视化和信息摘要是缓解信息过载的重要方法。因此,本研究提供了 2 个统计分析工具(方案研讨气泡图和方案关系图)和 1 个自动摘要工具。这些工具不仅使得用户更容易认知研讨内容和研讨态势,而且还提高了研讨信息的处理效率。

1) 方案研讨气泡图

由于方案是最重要的研讨要素,因此本系统提供了方案研讨气泡图(见图 3-5)。气泡图是散点图的变种,在气泡图中,使用气泡代替了数据点,并且用气泡的大小表示另一个数据维度。气泡图作为一种展现三维数据的方法常用于财务分析[37],但是据我们所知还没有用于可视化研讨方案。

人的视觉系统有一个重要的特性,叫前注意(pre-attentiveness)[38]。凡是可以在 200 毫秒内完成的视觉任务,都被认为是通过前注意功能完成的,因为这个时间内大脑来不及思考[39]。颜色、密度、纹理、长度、宽度、位置等都属于人类视觉系统的前注意特征[40, 41]。进一步地,很多前注意特征(如形状、颜色、大小、位置)相互不干涉,因此可以被同时正确地识别出来[41]。在方案研讨气泡图的设计中,我们

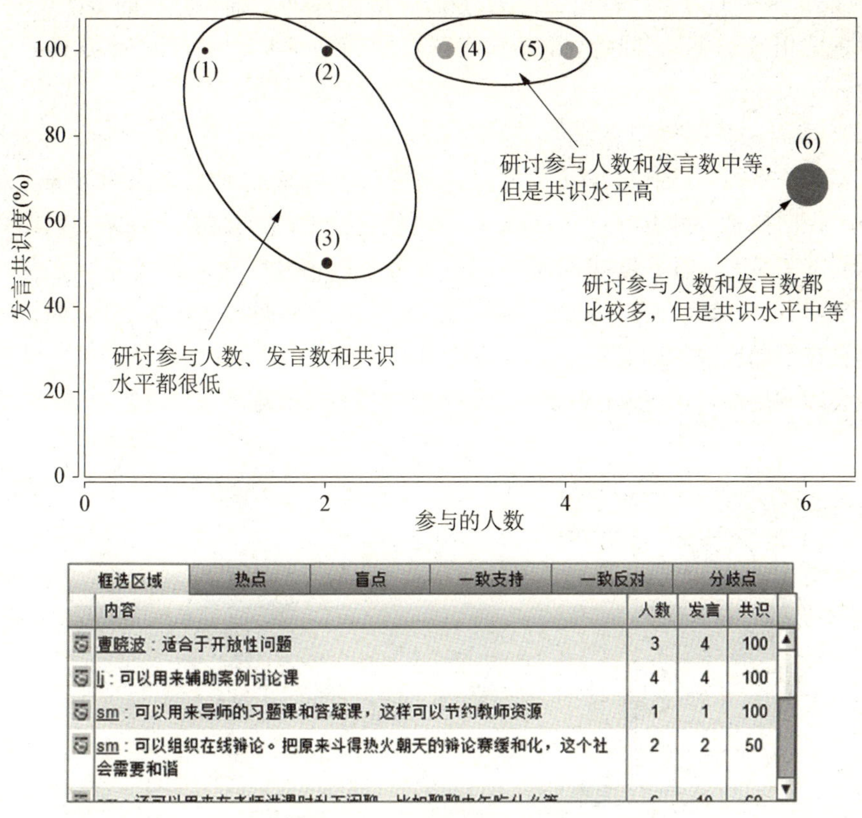

内容	人数	发言	共识
曹晓波：适合于开放性问题	3	4	100
lj：可以用来辅助案例讨论课	4	4	100
sm：可以用来导师的习题课和答疑课，这样可以节约教师资源	1	1	100
sm：可以组织在线辩论。把原来斗得热火朝天的辩论赛缓和化，这个社会需要和谐	2	2	50

图 3-5　方案研讨气泡图

利用了位置和大小这 2 项前注意特征，横向坐标代表参与人数，纵向坐标代表共识程度，气泡大小代表发言热烈程度。右上角或右下角气泡多且大，表示研讨充分且达成了共识；右边居中的气泡多且大，表示研讨充分，但大多存在分歧；左上角气泡多，表明研讨不理想，基本无人回应。在图 3-5 所示的气泡图中，(1)、(2)和(3)号方案的研讨参与人数、发言数和共识水平都很低；(4)和(5)号方案的研讨参与人数和发言人数中等，但是共识水平较高；方案(6)的研讨参与人数和发言数都比较多，说明讨论比较热烈，但是共识水平中等。

气泡图的下方是详细的列表(如图 3-5 所示)。用户可以在气泡图中通过画框的方式选择方案，被选中的方案连同它们的研讨人数、发言条数和共识水平 3 项信息会显示在详细列表的“框选区域”。其中共识水平是采用文献[42]的方法计算的。同时，气泡统计表格还会显示当前研讨的热点(讨论发言很多的方案)、盲点

(讨论发言很少的方案)、一致支持的方案、一致反对的方案和分歧的方案(支持和反对意见相持不下)。因此,方案气泡图对于辅助用户判断研讨态势具有重要作用。

2) 发言关系图

发言关系图(见图 3-6)主要通过径向树(radial tree)结构来展示方案之间的关系。径向树是一种 focus + context 的可视化技术,常常被社交网络的网站用来显示朋友关系[23],但是据我们所知还没有用于展示发言之间的关系。在径向树上,聚焦节点被放置在显示器的中央,而其他的节点根据与聚焦节点的远近关系,被放置在不同层次的同心圆上。径向树的好处是它很容易扩展,添加新的节点和边只会影响局部显示,因此适合有大量数据的动态研讨环境。

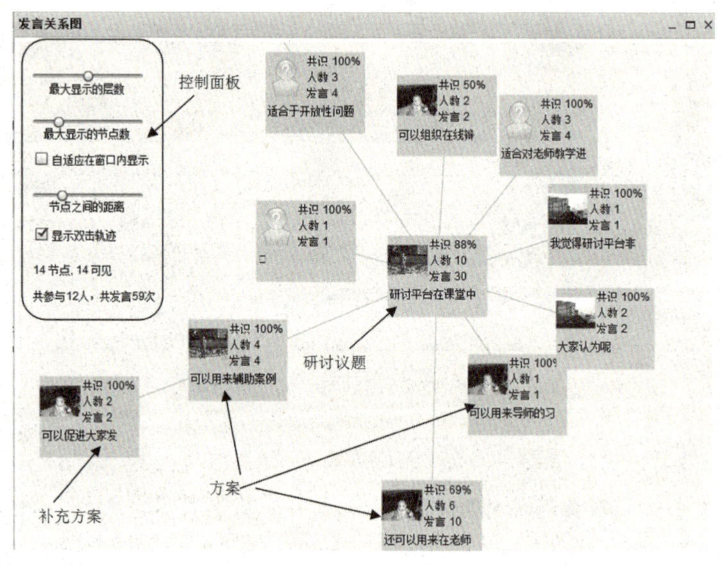

图 3-6 发言关系图

在本研究的设计中,发言关系图的中心是研讨的议题,围绕议题的是若干方案,因此形成了径向树的结构。由于方案的下级还可以有子方案,因此发言关系图可以一直向下延伸。图中的每一个节点显示该发言的基本属性(如内容、评论人数、评论条数、共识水平,以及发言人等)。发言关系图还提供了控制面板供用户调节设置关系图的最大显示的层数,最大显示的节点数,以及节点之间的距离,以满足用户的个性化决策需求。发言关系图可以帮助用户用一种直观的方法来理解研讨方案之间的关系,如拓扑结构、层次关系、方案提出人的比例等。

3）自动研讨报告生成

新系统还提供了自动生成研讨报告的功能，可以有效帮助用户减轻信息过载。新系统生成的研讨报告包括以下几部分内容：

(1) 研讨的标题、目的、参与人、研讨时间等基本信息。

(2) 研讨中提出的所有方案，以及这些方案研讨的充分程度和共识水平。所有的方案按照研讨的充分程度和共识水平进行排序。

(3) 重要的观点。研讨过程中出现被大量关注(评论)的观点。这些重要的观点也按照研讨的充分程度和共识水平进行排序。

(4) 用户贡献。包括每个用户提出的方案数量、评论数和所有发言数，并且按照发言贡献对用户进行排序。

研讨报告可以在研讨结束后生成，也可以在研讨过程中被实时查看。在研讨结束后生成的报告是对研讨的一个全面摘要，可以用于向管理者汇报研讨成果。在研讨过程中生成的报告是对研讨现状的一个快照，对于刚刚参与研讨的新用户了解研讨态势(已经讨论了什么，在什么问题上有共识，在什么问题上有争议等)具有重要作用。

3.5 系统评估

为了对系统进行评估，我们一共招募了 64 名大三的本科生参与实验。被试按照随机原则 4 人一组，一共被分为 16 个小组。每一个小组的成员被要求一起合作，完成一个基金分配问题[4]的决策。该任务要求被试扮演一个基金委员会的委员，来决定如何为本社区一些竞争性的申请项目(如为本地区的图书馆购买更多图书，购买用于陈列在社区美术馆的艺术品，为本地区无家可归者建立更多的庇护所等)分配资金。这一决策任务没有正确答案，完全取决于个人的偏好和价值观，因此达成群体共识的时间和决策满意度是衡量决策绩效的重要指标。在所有的 16 个小组中，一半的小组使用 GASS[5-8] 来进行研讨，另一半用户使用本研究设计的新型系统进行研讨。基准系统 GASS 的用户界面主要由 2 个面板组成：左边的面板是一个树状信息结构，右边的面板是一个详细面板(用来显示左边选中节点的详细信息)。用户在使用 GASS 进行发言时，需要先选择一个目标节点，然后点击右键，利用弹出的对话框进行发言。实验结束后，所有的被试都被要求填写一份问卷。

我们从系统功能的有用性和系统使用效果两部分进行评估。其中系统使用效果包括决策效率和决策效果，这与大多数群体支持系统的研究相一致[43]。感知有用性是用户采纳一个系统最重要的影响因素之一[44]，因此也被纳入评估。评估指标的测量方法如下：

(1) 系统功能的感知有用性。对于使用了新系统的用户，本研究测试了感知有用性。对于每一项功能(信息组织结构、方案气泡图、发言关系图和研讨报告)，用户被要求用 1～7 分来评价该功能是否有效。

(2) 决策效率。决策效率用完成决策(达成组内共识)所需的时间来衡量[4, 45]。

(3) 决策效果。决策效果用感知决策质量来衡量[4, 45]。本研究采用 Gouran 等提出的量表[46]来测量感知决策质量。该量表一共包含 8 个问题，但是最后 2 个问题因为与本研究环境不符合被舍弃，因此测量感知决策质量的量表一共包含 6 个问题(总体研讨质量、研讨有效性、方案满意度、可执行性、价值和讨论仔细程度)。每一个问题都用 1～7 分的李克特量表来测量，其中 1 表示强烈不同意，7 表示强烈同意。

3.5.1 系统功能有用性评价

用户对系统各项功能的有用性评价如表 3 - 1 所示，其中的评分是所有用户评价的平均值。

表 3 - 1　系统功能的有用性评价

系统功能	有用性评价(7 分为满分)	系统功能	有用性评价(7 分为满分)
信息组织结构	6.32	发言关系图	3.51
方案气泡图	5.82	研讨报告	5.35

从用户评价的结果来看，用户对信息组织结构、方案气泡图和研讨报告的有用性评分都比较高，认为这 3 项功能能够在研讨时带给他们帮助。而发言关系图的有用性评分较低，这可能是因为该功能与信息组织结构的功能部分重叠，用户界面较为复杂，并且用户在研讨过程中忙于发言而疏于查看造成的。

3.5.2 决策效率

决策效率的描述性统计如表 3 - 2 所示。独立样本 t 检验的结果表明，与基准系统相比，使用新系统并不能显著提高决策效率 ($t = 1.288$, $p > 0.05$)。

表 3-2　决策效率的描述性统计

系统	均值(分钟)	方差
基准系统	18.30	4.26
新系统	15.60	2.64

3.5.3　决策效果

决策效果的描述性统计如表 3-3 所示。独立样本 t 检验的结果表明，与基准系统相比，使用新系统可以显著提高感知的决策效果（$t=-2.340$，$p<0.05$）。

表 3-3　决策效果的描述性统计

系统	均值	方差
基准系统	5.50	0.44
新系统	6.13	0.45

3.6　结论

本章研究了 Web 2.0 环境下一种新型群体支持系统的设计问题，从 4 个方面归纳出群体支持系统的新需求，并据此研究设计了一种新型群体支持系统。实验结果表明，用户信息组织结构、方案气泡图和研讨报告生成功能都被给予了较高的有用性评价。同时，与传统群体支持系统 GASS 相比，使用新型群体支持系统可以提高感知的决策效果。

当然，本研究也存在一些缺陷。首先，为了控制实验中的被试人数，降低招募难度，本研究中一个小组的人数被限制为 4 人，难以模拟 Web2.0 环境下海量用户的情景。其次，本研究只设计了几种针对研讨方案的统计分析工具，其他的统计分析工具，如帮助认识研讨参与者以及研讨过程的工具，也具有重要的意义。这些工具可以在后续研究中加到我们的研讨平台中来。

参考文献

[1] March S T, Smith G F. Design and natural science research on information technology [J]. Decision Support Systems, 1995,15(4):251-266.

[2] Hevner A R, March S T, Park J, Ram S. Design science in information systems research [J]. MIS Quarterly, 2004,28(1):75-105.

[3] Nunamaker J F, Briggs R O, Mittleman D D, Vogel D R, Balthazard P A. Lessons from a dozen years of group support systems research: a discussion of lab and field findings [J]. Journal of Management Information Systems, 1997,13(3):163-207.

[4] Watson R T, DeSanctis G, Poole M S. Using a GDSS to facilitate group consensus: some intended and unintended consequences [J]. MIS Quarterly, 1988,12(3):463-480.

[5] 李嘉,张朋柱,邓莎莎,原海英. 群体支持系统中的自动主持人研究[J]. 管理科学学报,2010,13(12):34-45.

[6] 张兴学,张朋柱. 群体决策研讨意见分布可视化研究——电子公共大脑视听室(ECBAR)的设计与实现[J]. 管理科学学报,2005,8(4):15-27.

[7] 蒋御柱,张朋柱,张兴学. 群体研讨支持系统中的智能可视化研究[J]. 管理科学学报,2009,12(3):1-11+43.

[8] 张志强,张朋柱. 面向复杂决策任务的综合集成决策研讨总体框架设计[J]. 系统工程理论与实践,2006,26(1):9-17.

[9] 唐锡晋,刘怡君. 从群体支持系统到创造力支持系统[J]. 系统工程理论与实践,2006,26(5):63-71.

[10] 刘怡君,唐锡晋. 一种支持协作与知识创造的"场"[J]. 管理科学学报,2006,9(1):79-85.

[11] 唐锡晋,刘怡君. 有关社会焦点问题的群体研讨实验——定性综合集成的一种实践[J]. 系统工程理论与实践,2007,27(3):42-49.

[12] Vogel D R, Nunamaker J F, Martz W B, Grohowski R, McGoff C. Electronic meeting system experience at IBM [J]. Journal of Management Information Systems, 1989,6(3):25-43.

[13] 孙景乐,张朋柱. 一种互补的研讨框架的设计与实现[J]. 系统工程学报,2001,16(5):360-365.

[14] 李嘉,刘璇,张朋柱. 面向在线群体研讨的自动化辅助方法及其应用[M]. 上海:上海交通大学出版社,2012.

[15] 唐锡晋. 模型集成[J]. 系统工程学报,2001,16(5):322-329.

[16] Arguello J, Butler B S, Joyce E, Kraut R, Ling K S, Rosé C, Wang X. Talk to me: Foundations for successful individual-group interactions in online communities [C]. Proceedings of the SIGCHI conference on Human Factors in Computing Systems. Montreal, Canada, ACM Press, 2006.

[17] Lampe C, Johnston E. Follow the (slash) dot: effects of feedback on new members in an online community [C]. Proceedings of the 2005 international ACM SIGGROUP conference on Supporting Group Work. Sanibel Island, Florida, ACM Press, 2005.

[18] Honeycutt C. Hazing as a process of boundary maintenance in an online community [J]. Journal of Computer—Mediated Communication, 2005,10(2).

[19] Baym N K. Interpreting soap operas and creating community: Inside an electronic fan culture [A]. Kiesler S, Culture of the Internet, Mahwah, NJ: Lawrence Erlbaum, 1997:

103 - 120.

[20] Landauer T K, Foltz P Q, Laham D. An introduction to latent semantic analysis [J]. Discourse Processes, 1998,25(2 - 3):259 - 284.

[21] Jones Q, Ravid G, Rafaeli S. Information overload and the message dynamics of online interaction spaces: A theoretical model and empirical exploration [J]. Information Systems Research, 2004,15(2):194 - 210.

[22] Milgram S. The Familiar Stranger: An Aspect of Urban Anonymity [A]. Milgram S, The individual in a social world: Essays and experiments, Reading, MA: Addison-Wesley, 1977:51 - 53.

[23] Ellison N B. Social network sites: Definition, history, and scholarship [J]. Journal of Computer—Mediated Communication, 2007,13(1):210 - 230.

[24] Haythornthwaite C. Social networks and Internet connectivity effects [J]. Information, Community & Society, 2005,8(2):125 - 147.

[25] Wattal S, Schuff D, Mandviwalla M, Williams C B. Web 2.0 and politics: the 2008 US presidential election and an e-politics research agenda [J]. MIS Quarterly, 2010,34(4): 669 - 688.

[26] 李嘉,张朋柱,刘景方,吕英杰,张晓燕.在线群体研讨的信息组织结构研究:基于任务—技术匹配的观点[J].管理科学学报,2014,17(9):1 - 16.

[27] Park J, Lee J-N. The Impact of Information Overload on Decision Quality in the Web 2.0 Environment: A Cognitive-Emotional Dichotomy Perspective [C]. The 2011 International Conference on Information Resources Management (CONF-IRM 2011). Seoul, South Korea, 2011.

[28] Zhu B, Chen H. Information visualization for decision support [A]. Burstein F, Holsapple C W, Handbook on Decision Support Systems 2: Springer, 2008: 699 - 722.

[29] Zhu B, Watts S A. Visualization of network concepts: The impact of working memory capacity differences [J]. Information Systems Research, 2010,21(2):327 - 344.

[30] OReilly T. What is Web 2.0: Design patterns and business models for the next generation of software [J]. Communications & strategies, 2007(1):17.

[31] Clark H H, Brennan S E. Grounding in communication [J]. Perspectives on socially shared cognition, 1991,13(1991):127 - 149.

[32] Zigurs I, Buckland B K. A theory of task/technology fit and group support systems effectiveness [J]. MIS Quarterly, 1998,22(3):313 - 325.

[33] Herring S C. Interactional coherence in CMC [C]. Proceedings of the Thirty-Second Annual Hawaii International Conference on System Sciences. Maui, HI, IEEE Computer Society, 1999.

[34] Campbell D J. Task complexity: A review and analysis [J]. Academy of Management Review, 1988,13(1):40 - 52.

[35] Li J, Zhang D, Zhang P. Supporting dynamic situation awareness in online group discussion: A visualization approach [C]. The 46th Hawaii International Conference on

System Sciences (HICSS-46). Maui, Hawaii, IEEE Press, 2013.
[36] 王志权.散点图和气泡图在建造合同财务分析的应用[J].新会计,2012(10):25-26.
[37] Treisman A. Preattentive processing in vision [J]. Computer vision, graphics, and image processing, 1985,31(2):156-177.
[38] Ware C. Information visualization: perception for design [M]. San Francisco: Morgan Kaufmann Publishers, 2004.
[39] Callaghan T C. Dimensional interaction of hue and brightness in preattentive field segregation [J]. Attention, Perception, & Psychophysics, 1984,36(1):25-34.
[40] Callaghan T C. Interference and dominance in texture segregation: Hue, geometric form, and line orientation [J]. Attention, Perception, & Psychophysics, 1989,46(4):299-311.
[41] 谭俊峰,张朋柱,程少川,孔彬.群体研讨中的共识分析和评价技术[J].系统工程理论方法应用,2005,14(1):55-61.
[42] Fjermestad J, Hiltz S R. An assessment of group support systems experimental research: methodology and results [J]. Journal of Management Information Systems, 1999,15(3): 7-149.
[43] Davis F D. Perceived usefulness, perceived ease of use, and user acceptance of information technology [J]. MIS Quarterly, 1989,13(3):319-340.
[44] Lam S S. The effects of group decision support systems and task structures on group communication and decision quality [J]. Journal of Management Information Systems, 1997,13(4):193-215.
[45] Gouran D S, Brown C, Henry D R. Behavioral correlates of perceptions of quality in decision-making discussions [J]. Communications Monographs, 1978,45(1):51-63.

第 4 章

外部信息刺激对群体创新绩效的影响研究

4.1 引言

对于今天的企业而言,创新已经成为一项至关重要的能力。虽然创新如此重要,很多时候人们在面对创新任务时仍然乏术。有研究表明,当面对一个巨大而复杂的问题时,人们的思路常常局限到很窄的一个区域,而不是创造性地探索整个方案空间[1-4]。当面临复杂问题时,人们常常会忽略掉 80%的方案空间,并且很多人根本没有意识到被忽略掉的方案[5]。因此,通过群体完成创新任务就变得流行,因为群体可以提供比个体更多的思路,并且通过思想的碰撞,群体成员可以互相启发,从而产出比个体更多更好的主意。

然而,群体同质性是限制群体创造力的一个重要因素[6]。当群体中的用户(例如来自同一组织的群体成员)具有相似的知识背景和经历时,常常产生相似的主意,难以跳出固定思维框架的限制。这种群体成员的同质性可以通过引入外部信息来缓解,因为外部的刺激(例如来自主持人的提示)可以帮助用户想到那些不能自动激活的概念,探索认知网络中完全不同的部分,从而避免陷入局部思维[7]。外部信息支持对于提升群体创造力的积极作用,已经被很多研究所证实[8-10]。

根据 Eden 的定义[11],存在 2 种基本的决策引导方式:过程引导和内容引导。过程引导只干涉会议的过程,而内容引导只干涉会议的内容。外部信息对群体创新造成的影响,既包括内容干涉,又包括过程干涉。这是因为向群体提供外部信息的时候,必然会影响群体正常的研讨过程。但是,过去关于群体研讨外部信息支持的研究,都只关注了内容干涉的影响,却忽略了过程干涉的影响。换句话说,前人关于外部信息支持作用机理的研究,都假设内容干涉是唯一的作用途径。然而,外部信息支持对群体创新绩效的影响，有没有可能部分是因为过程干涉造成的？内容干涉和过程干涉对群体创新绩效的影响各有多大？这些我们都不得而知。而回答这些问题，对于我们深入理解外部信息支持的作用机理，帮助主持人选择合适的刺激内容和刺激方式进行外部信息支持具有重要意义。

为了回答这些问题，本研究以认知网络理论和解释水平理论为基础，从内容干涉和过程干涉的视角，对外部信息刺激影响群体创新绩效的机理进行了研究。就外部刺激的内容而言，可以是与研讨主题相关的刺激，也可以是与研讨主题无关的刺激。前人关于外部信息支持的研究，大多采用提供相关刺激的方式[8, 9]。提供无关刺激的外部信息支持，还很少被研究。就外部刺激的时机而言，可以在研讨前刺激，也可以在研讨的过程中刺激。前人关于外部信息支持的研究，大多采用研讨过程中刺激的方式。在研讨前提供刺激的方式，还很少被研究。为了弥合这一空缺，本章将研究外部信息的刺激相关性和刺激时机对群体创新任务绩效的影响，从而在同一框架下讨论内容干涉和过程干涉的作用效果，并将外部信息支持的作用途径从单一的内容干涉，拓展为既有内容干涉又有过程干涉。

4.2 文献综述

4.2.1 GSS 环境下刺激群体创新的技术

创新型任务或主意产生型任务是 GSS(Group Support Systems，群体支持系统)环境下很重要的一类任务。因此，产生了很多 GSS 环境下刺激群体创新的技术。那些有意将用户的注意力引向方案空间不同部分的刺激，可以显著提高群体的创造力。例如，Santanen 等[12]发现与传统的电子会议系统相比，提供口头和视觉的线索可以让群体产生更多的主意，并且更加关注那些不同的主意。Dennis 等[13]发现将一个原始的问题分成 3 个子问题展示给用户，可以提高群体产生的主意数量以及高质量主意的个数。

有学者认为[14, 15]，通过提供不同类型的外部刺激，可以进一步提高群体的创新性。Satzingeret 等[16]研究了不同类型的刺激对创新任务的效果。他们让用户在一个模拟的头脑风暴环境中工作，由一个软件周期性地插入发言，从而模拟群体中其他的成员。软件插入的发言分为两类：一类是“模式保持(paradigm preserving)”的刺激，另一类是“模式修改(paradigm modifying)”的刺激。模式保持刺激会保持商务问题的现有模式，而模式修改刺激会改变商务问题的现有模式。研究结果表明，暴露在模式保持刺激下的用户，倾向于产生更多模式保持的主意；而暴露在模式修改刺激下的用户，倾向于产生更多模式修改的主意。然而，作者不知道这一发现是社会力量（例如 Lamm 和 Trommsdorff[17]所指出的“不愿意更换主题”）影响的结果，还是认知过程操纵的结果。

Hender 等[18]调查了如何使用认知的方法来支持群体创新任务。他们比较了 3 种主意生成技术：头脑风暴、假设逆转和类比。头脑风暴是 3 种技术中最基本的，用户只接收一种类型的刺激，即组内其他成员发表的意见。假设逆转技术采用了一种比单纯的头脑风暴更加结构化的方法，要求用户首先给出要解决问题的基本假设，然后讨论当这些基本假设被推翻时能产生哪些主意。这种逆转引入了非传统的假设，因此可以提高创造力。类比技术中主持人提供了与问题无关的刺激，并强制用户将外部刺激与要解决的问题联系起来。根据认知网络理论[12]，强制将认知网络中较远的概念联系起来，会帮助群体产生非常有创造性的主意。实验结果表明，与使用假设逆转（使用相关刺激）或传统的头脑风暴（没有外部刺激）相比，使用类比技术（使用无关刺激）产生的主意更具有创造性。

4.2.2　决策引导

在 GSS 研究中，群体常常被提供了一定层次的决策引导支持[19]。决策引导就是为了提高群体绩效而在决策会议前、会议中和会议后所做的一系列活动[20]。决策引导在 GSS 环境中的作用已经被很多研究所证实。例如，Kwok 等[21]的研究证实了 GSS 环境下决策引导的重要性。Limayam 和 Chelbi[22]发现引入决策引导对增强群体共识有正向作用，同时也有利于提高群体成员感知的决策过程满意度和决策结果满意度。

根据 Eden 的定义[11]，存在 2 种形式的决策引导：过程引导和内容引导。过程引导只干涉会议的过程，不干涉会议的内容。例如把会议分成几个阶段，严格地把认识问题同产生方案区分开来，把方案产生同方案评价区分开来等都属于过程干涉的范畴。与之相反，内容引导则直接涉及群体研讨的具体内容，主持人需要关心群体的目标和所需信息，例如主持人会直接提供和研讨相关的外部信息，甚至直接帮助群体成员提出方案等。

在 GSS 关于决策引导的研究中，采用过程引导方式的研究较多。过程引导又可以进一步分为对过程结构的引导和对群体交互的引导。对过程结构的引导，努力确保会议按照设计的议程和步骤进行。例如，确保一个多目标决策任务严格按照以下步骤执行：①列举解决问题的所有方案；②定义评价解决方案的准则；③对评价准则赋予权重；④根据准则评价方案；⑤计算加权后的方案评价；⑥选择最终方案。对群体交互的引导则努力确保群体按照设计的模式进行交互。例如，电子头脑风暴中，主持人应该确保会议发言是匿名的，鼓励创新，并且让大家尽量少发表负面评论。在解决认知冲突型问题时，主持人应该及时识别出群体的共识点和分歧点[23]，引导群体成员剔除共识点，聚焦于分歧点，从而帮助会议高效进行。大量的研究表明，过程引导对群体研讨具有正向的影响作用。例如，Anson 等[24]发现在 GSS 中使用过程引导（包括对过程结构的引导和对群体交互的引导）对群体共识和会议过程有正面的影响。Partridge[25]发现对过程结构的引导可以帮助群体成员加深对其他人观点的理解，增加方案评估深度，促进群体共识，帮助群体成员通过研讨进行学习，提高决策质量，改善群体成员对决策过程和决策结果的满意度。但是，Partridge[25]的研究发现群体交互的引导对群体满意度和会议结果都没有影响。

在 GSS 关于决策引导的另一些研究中，采用了内容引导的方式。例如，Limayam 和 Desanctis[26]发现提供内容引导能够帮助群体更好地学习，并且能够促进群体共识。唐锡晋等[27]开发了一种虚拟引导员来干预研讨进程，帮助参与成员贡献更多的思想，从而提高会议产出。虚拟引导员能够探测到研讨停滞的情况，并根据已有发言内容，按一定策略构造并提交新发言，从而期望唤起成员的响应，引导研讨走出停滞。

总的来说，过程引导和内容引导是决策引导的 2 种基本形式。Eden 认为，对于成功的群体会议，两者都非常重要[11]。但是，目前对群体提供过程引导的研究较多，而提供内容引导的研究较少，将 2 种引导因素结合起来的研究则更少。外部信息支持的研究本身既有内容引导的因素（因为要通过外部信息来影响研讨内容），又有过程引导的因素（因为注入外部信息注定会对研讨过程产生影响）。因此，本研究将以外部信息支持为背景，研究过程引导和内容引导这 2 种决策引导方式对群体创新绩效的影响。

4.2.3 外部信息支持

所谓外部信息支持，是指在研讨过程中提供外部信息来刺激群体成员思考，以达到提高群体创新绩效的目的[28]。外部信息支持已经成为一种重要的提高群体创新绩效的方法。

Nishimoto 等[29]建造了一个 Outsider Agent 来为参与研讨的人带来新鲜的观点。Outsider Agent 假设参会者具有同质性并且领域知识有限，因此试图通过为参会者提供其他领域的信息从而帮助群体创新。Outsider Agent 实时分析研讨者的发言，并通过一个联想辞典将发言关键词转化为其他领域的关键词，最后用转化后的关键词从文献库中检索匹配文本信息。实验结果表明，这个系统可以抽取中等质量的具有潜在相关性的外部信息。Li 等[8]提出一种为 GSS 用户提供外部概念支持的方法。这种方法可以用 Web 挖掘的技术，从互联网上挖掘出一个与研讨问题相关的概念空间，并根据用户发言从概念空间中实时检索相关概念。由于概念词的长度较短，能够在短时间内被群体成员所吸收，因此较好地解决了外部信息支持中的信息过载问题。实验结果表明，使用 Web 挖掘技术得到的概念空间中包含足够的促进用户发散思维的高质量概念；同时使用外部概念支持能够提高群体创新的生产力。最近，张晓燕等[9]提出了利用图片作为载体进行外部信息支持的方法，并设计开发了一套原型系统 PSS(Picture Support System)。实验结果表明，PSS 能够活跃研讨气氛，增加有效主意的产出，并能增强群体的创新性。

目前，为研讨群体提供外部信息支持的研究还处在比较初步的阶段。外部信息的内容和提供外部信息的方法是提供外部信息支持的 2 个重要因素，但是在前人的研究中这 2 个因素很少被放到同一个框架下研究。就外部信息的内容而言，前人主要关注的是不同格式(如文本和图片)的影响，对于信息相关性(如相关信息和不相关信息)的影响则涉及较少。就外部信息的提供方式而言，前人的研究基本上都是在研讨的过程中提供外部信息，对于研讨前提供外部信息的研究几乎没有。为了弥合这一研究空缺，本书将研究外部信息支持中的 2 个重要因素——外部刺激的相关性和刺激的提供时机——对群体创新绩效的影响。

4.3　研究模型和研究假设

本研究的研究模型如图 4-1 所示。其中自变量包括刺激相关性(相关刺激 vs. 无关刺激)和刺激时机(研讨前刺激 vs. 研讨中刺激)。因变量包括研讨气氛、主意创新性以及用户的感知易用性。

为了理解创造性的主意是如何产生的，Santanen 等人基于认知心理学提出了认知网络理论(Cognitive Network Theory, CNT)[12]。认知网络理论的基本假设认为，人类的记忆由头脑中一组相互关联的意义(称为帧)组成。帧(frame)来自人们的日常经验，不同的条目或概念相互关联并编码从而形成记忆。帧的内部包含概念，(同一帧内部)概念之间的关联可以是不同的形式，例如原因和结果、某种行为的约束、事件的先后顺序、条目的特点、条目间的相似性等[30]。同一条目(或概

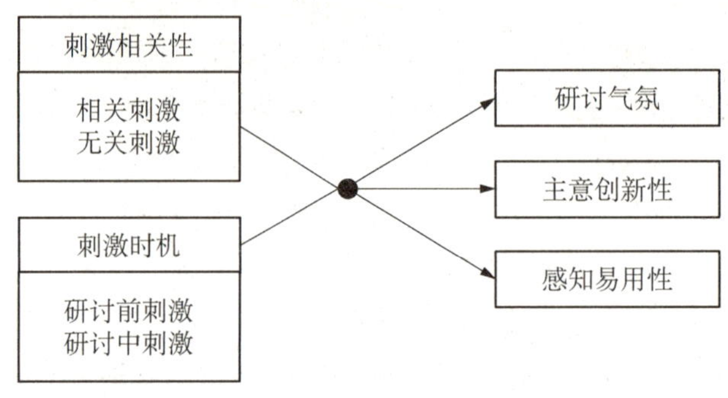

图 4-1 研究模型

念)可以存在于多个帧中。因此,存在于不同帧的同一个条目(或概念),就充当了连接不同帧的桥梁。换句话说,每一个帧都是整个认知网络中的一个节点,而帧中的每一个条目(或概念)则是连接到其他帧的桥梁。这样,帧就通过条目(或概念)连接成了意义的网络。

由于认知网络非常巨大,人类一次只能处理其中很少量的帧。对帧的处理发生在短期记忆(即人思考时当前信息存放的空间)中[31]。当接受外部刺激时,某些帧就会被激活,从而进入短期记忆中。当一个帧被激活后,顺着认知网络中帧与帧之间的联系,记忆中其他的帧就可能被相继激活。当 2 个或更多的帧被同时激活时,它们之间就建立起关联。因为不同的用户有不同的认知网络,因此对于不同的用户而言,相同的刺激可能会激活不同的帧,并顺次激活不同的关联。帧的激活有 2 种模式[32]:一种称为自动传播激活(automatic spreading activation)模式,是一种无目的或无意识的行为;另一种是有意识、有限容量的传播激活(conscious, limited-capacity, spreading activation)模式,这种激活依赖于刺激的环境,需要目的和意识来操控。

许多学者认为,通过在看似无关的帧之间创建关联,经常会产生具有高度创造性的主意。例如,Mednick 将创造性思考过程定义为“形成有用的新关联的过程。形成新关联的元素之间的距离越远,产生方案的创造性就越强”[3](p. 221)。因此,认知网络理论认为,一个有创意的主意,本质上是由于在短期记忆中以意想不到的方式同时并列若干概念而产生的,而这些概念在进入短期记忆之前,在认知网络中有一定的距离。这些概念在认知网络上的距离越远,所产生的主意就越有创新性。

短期记忆的容量是非常有限的。人类的短期记忆一般只能记住 7(加减 2)样左右的东西[33]。当思考者试图往短期记忆中塞入更多东西时,认知负担就会显著提高。为了克服这一限制，思考者会将相关的帧聚成一个更加抽象的帧，从而保证短期记忆中帧的数量不会超过 7(加减 2)个。访问短期记忆中的概念所需的认知负担是很小的。但是，将概念换入或换出短期记忆的成本却是巨大的，特别是将认知网络中相距很远的概念换入到短期记忆中，需要花费大量的认知成本[31]。因此，认知网络理论进一步认为，在认知网络中访问不同帧所需的认知负担与帧之间的距离成正比。

研讨气氛是指群体研讨的积极程度，一般用单位时间的发言条数来衡量。在人数固定的情况下，单位时间的发言条数越多，研讨气氛越活跃。根据认知网络理论，当向用户提供与研讨主题相关的刺激时，激活的是认知网络中距离较近的帧。因为激活距离较近的帧可以通过自动传播激活模式完成，属于无意识的行为，认知负担较小。相反，激活距离较远的帧则只能通过有意识、有限容量的传播激活模式完成，需要用户有意识地思考，认知负担较重。因此，当提供相关刺激时，用户需要的思考时间更少，可以在看到外部刺激信息后更快地发言。相反，当提供无关刺激时，用户需要的思考时间较多，看到外部刺激信息后需要较长时间才能发言，甚至因为无法触发关联而不发言。因此，我们认为：

H1：与提供无关刺激相比，提供相关刺激时群体研讨气氛更活跃。

根据解释水平理论(Construal Level Theory)[34]，当人们知觉事件发生的时间距离较远时，倾向于使用上位的、抽象的和本质的表征来解释事件；当知觉事件发生的时间距离较近时，更可能使用下位的、具体的和表面的特征来解释。在研讨前提供的外部信息，由于距离研讨的时间较远，用户会感觉这些信息更加抽象，与自己的心理距离更远；在研讨中提供的外部信息，由于距离当前时间较近，用户会感觉这些信息更加具体，与自己的心理距离更近。与抽象的外部信息相比，用户更容易对具体的外部信息作出反应；与心理距离较远的信息相比，用户更容易对与自己心理距离较近的信息作出反应。同时，与研讨前提供外部信息刺激相比，在研讨过程中提供外部信息刺激可以减少用户的认知负担，因为用户在研讨过程中不再需要记住所有的刺激，只需要在研讨过程中对少量的外部刺激作出即时反应即可。这意味着在研讨过程中提供的外部信息利用效率更高。因此，我们有：

H2：与研讨前提供刺激相比，研讨中提供刺激时群体研讨气氛更活跃。

根据认知网络理论，提供相关刺激时，激活的是近距离的关联。这些近距离的关联，一般对应现实生活中常见的模式或规范，因此创新性是有限的。然而，提供无关刺激时，激活的是远距离的关联。这些远距离的关联，一般对应现实生活中不常见的模式，或者需要打破现行的规范。Hender 等[18]研究表明，采用类比技术

(强制用户在问题和不相关的外部信息间建立联系)的群体,比传统头脑风暴的群体产生的方案创新性要更高。因此,我们有:

H3:与提供相关刺激相比,提供无关刺激可以提高用户产生主意的创新性。

在群体头脑风暴的过程中,群体可能会受到认知惯性的影响,即倾向于讨论整个解空间中很小的一个子类[17]。这是因为当群体交互时,成员会有意识或无意识地表现出屈从群体压力、维护群体一致性的倾向。在这种倾向之下,群体的创新性就会受到限制[35]。这种倾向的一个典型表现就是所谓的"不愿意更换主题"[17],因为不停地更换话题在群体交互中是不受欢迎的。然而,在研讨过程中提供外部刺激却可以在一定程度上打破这种认知惯性,帮助用户从连续的思维中跳出来,重新审视要解决的问题和已经讨论的方案。从这个意义上说,研讨过程中的任何刺激(不管刺激的内容是什么)对于提高群体的创新性都是有正向作用的,因为它打破了用户僵化的思维。因此,我们有:

H4:与研讨前提供刺激相比,研讨中提供刺激可以提高用户产生主意的创新性。

根据认知网络理论,向群体提供相关刺激时,激活的是近距离的关联;向群体提供无关刺激时,激活的是远距离的关联。由于近距离关联所需的认知负担更小,用户会觉得提供相关刺激的技术更加容易使用;相反,由于远距离关联需要的认知负担更大,用户会觉得提供无关刺激的技术更加难以使用。因此,我们有:

H5:与提供无关刺激相比,提供相关刺激可以提高用户的感知易用性。

在研讨前提供外部刺激,用户有较多的记忆负担。相反,在研讨中提供外部信息,用户只需要对当时提供的外部刺激作出即时反应即可,因此记忆负担较轻。虽然研讨前提供的外部信息都会用某种持久化的手段记录下来(例如所有的外部刺激都会记录在一张纸上,用户可以在任何时候查看),但是用户在研讨时面临时间压力,要从一堆外部信息中搜索有用的刺激,需要较强的认知负担。因此,用户会觉得在研讨中提供外部信息的技术会更加容易使用。因此,我们有:

H6:与研讨前提供刺激相比,研讨中提供刺激可以提高用户的感知易用性。

4.4 研究设计

本研究设计了一个 2×2 的方差分析实验来验证所提的假设。其中刺激相关性(相关刺激 vs. 无关刺激)和刺激时机(研讨前刺激 vs. 研讨中刺激)都是被试间因素。每一个被试被要求和其他 3 位被试按照随机原则组成一个小组,在某一种刺激相关性和刺激时机组合的环境下，完成一个主意产生型任务。

4.4.1　研讨平台系统

本研究采用 GASS 系统[23, 36-38]作为实验的研讨平台。选择 GASS 系统的原因是该系统在笔者的研究机构中已经使用了近 10 年，系统的可靠性和易用性在多年的实验研究中已经得到了验证。GASS 的用户界面主要由 4 个面板组成(见图 4 - 2)。左上方的面板是一个树状结构，其中每一个节点代表一条发言。除了根节点以外，每一条发言都有一个唯一的父节点，树中的父子节点关系体现了语义上的回复关系。左下方的面板是一个线性结构，用户发言按照时间先后顺序排列。右上方的面板是一个详细面板，上面显示了左边选中节点的详细信息，如标题、内容、与父发言的语义关系(支持、反对等)、发言人、发言时间等。右下方的面板是概念提示面板，系统给用户的提示词会在这个面板上展示。概念提示面板会周期性地提供外部信息，一次显示 5 个概念词。这是因为根据 Miller 的研究[33]，用户的短期记忆中只能记住大约 5～9 件事情，一次显示太多的概念词会造成信息过载，而太少的词则会降低刺激效果。根据不同的分组情况，用户所看到的系统也有所不同。有一半的用户(对应研讨中干涉组)使用的系统有外部概念支持面板，而另

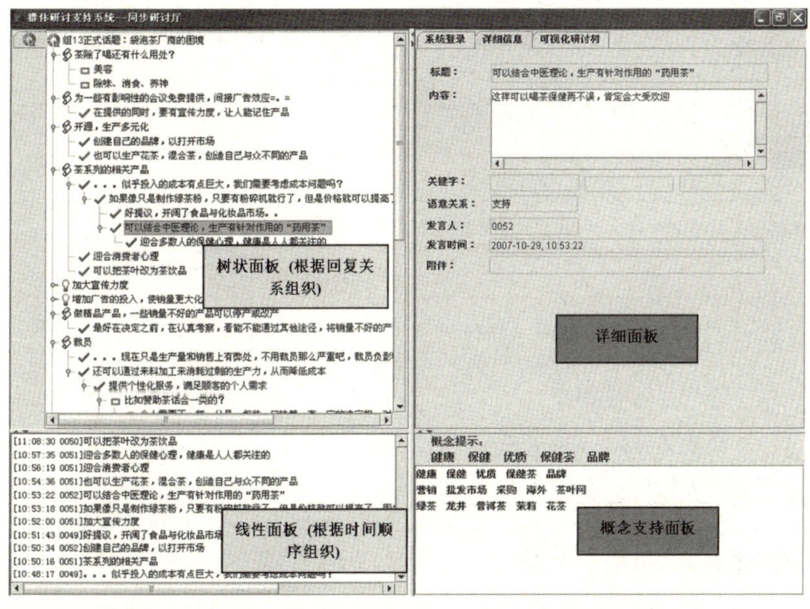

图 4 - 2　研讨平台(GASS)的用户界面

一半用户(对应研讨前干涉组)使用的系统则没有外部概念支持面板。其余的3个面板(树状面板、线性面板和详细面板)所有的用户都可以看到。

4.4.2 测量方法

1) 研讨气氛

研讨气氛用每分钟的发言条数来衡量,每分钟发言条数越多,研讨气氛越热烈。

2) 主意创新性

对于主意的创新性,本书采用原创性(Originality)和打破常规性(Paradigm Relatedness)这2个维度来衡量。其中原创性是指主意罕见、设计独特、有想像力、令人意外的程度;打破常规性是指主意转换思路、打破常规的程度。这2个维度来自Dean等[39]提出的一套衡量主意质量的量表(用1～4分来评估),具体评估标准详见表4-1。

表4-1 主意创新性评估标准

原创性(Originality):描述的主意罕见、设计独特、有想像力、令人意外的程度	
评分	评 分 标 准
4	从没听说过(罕见、不普通)并且设计独特、富有想像力、令人意外、有点小幽默
3	不普通、有点想像力
2	有意思
1	普通一般、平凡、乏味的
打破常规性(Paradigm Relatedness):描述的主意转换思路、打破常规的程度	
评分	评 分 标 准
4	打破常规(Paradigm Breaking):引入了新的元素,并且改变了和顾客的关系。或者是关注于更大的问题——例如袋泡茶厂商的商业地位(不同的赚钱方式,卖掉工厂,垄断等)
3	思路拓展(Paradigm Stretching):改变和顾客的关系(例如,利用非袋泡茶产品吸引顾客等)
2	轻微思路拓展(Slightly Paradigm Stretching):引入新的元素,例如改变产品,开发新用途等(例如生产茶副产品,茶枕、茶皂等)
1	常规思路(Paradigm Preserving):减产、改进设备、裁员、改变包装等

我们找了 2 位专家对产生主意的创新性进行了独立评估。评估者间信度(Kappa 值)为 0.73，这说明对主意创新性的评估具有较高的客观性。最终每一个主意的创新性得分，是 2 位专家给分的平均值。

3) 感知易用性

本研究测量感知有用性(Perceived Ease of Use)的量表来自 Hender 等[18]，一共包含 5 个问题：

(1) 我喜欢实验中的主意产生技术。

(2) 我对实验中的主意产生技术感到舒适。

(3) 我觉得使用实验中的主意产生技术是有趣的。

(4) 我对实验中的主意产生技术感到沮丧。(反向问题)

(5) 总体来说，我对实验中的主意产生技术感到舒适，并且下次还愿意再用它。

以上每一个问题都用 1～7 分的李克特量表来测量，其中 1 表示强烈不同意，7 表示强烈同意。问卷数据显示，感知易用性的 Cronbach's alpha 系数为 0.89，说明量表具有良好的可靠性。

4.4.3　被试

我们在上海一所著名的重点大学招募了 168 名大三的本科生参与实验，其中女生 80 人，男生 88 人。被试在实验前被要求填写一份个人资料调查表，其中包括年龄、性别、使用计算机经验、在线研讨经验等相关问题。参与者都具有使用计算机为媒介的交流工具的经验，包括即时聊天工具、在线聊天室或网络论坛等。大学生是使用在线研讨系统的一个主要群体，因此他们是参与本次实验的合适人选。被试按照随机原则 4 人一组，一共被分为 42 个小组。为了更有效地激励被试，实验参与者可以得到考试加分，并且加分的多少取决于他们的研讨绩效。

4.4.4　实验任务

本研究使用的实验任务是经典的“袋泡茶”问题[40]。一个生产袋泡茶的厂商生产能力过剩，该问题要求研讨小组帮袋泡茶厂商想想办法，解决生产能力过剩的问题。“袋泡茶”问题已经在许多涉及主意产生型任务的研究中被使用[8, 38]。

4.4.5　实验过程

在实验开始前，我们邀请了 2 位专家针对实验任务(袋泡茶问题)开发出了一个相关词表和一个不相关词表(各包含300个词)。接下来,50名学生被要求阅读这个词表,并根据与实验任务的相关性对每一个词打分(1代表与任务完全不相关,7代表与任务完全相关)。最后,根据50名学生的打分结果,我们将相关性高的前108个词抽取出来制成相关词表;将相关性最低的前108个词抽取出来制成不相关词表。

在正式的实验开始前,每一个被试都领到了一份详尽的实验说明和系统使用说明。实验组织者在正式实验前对每一个被试进行了培训,让他们熟悉实验过程和相应的研讨系统。为了保证被试对系统和任务有充分的了解,在正式实验前安排了一个热身讨论。只有在所有用户都已经准备好了以后,正式实验才开始。用户被要求与组内其他成员配合,针对实验任务尽可能产生更多和更有创意的主意。

正式实验的过程中,各小组按照随机原则被分配到使用不同干涉技术(刺激相关性×刺激时机)的实验环境中。对于提供无关刺激的小组,使用不相关词表;对于提供相关刺激的小组,使用相关词表。对于提供研讨前刺激的小组,词表是打印在一张A4纸上,在研讨前发给每一个用户的。用户被要求在研讨前花10分钟时间,认真阅读词表并思考与任务主题之间的联系。对于研讨前刺激小组,用户使用的GASS系统没有概念提示面板。对于研讨中刺激的小组,用户使用的GASS系统具有概念提示面板,系统会每隔2分钟根据词表(可能是相关词表,也可能是无关词表)推送5个相关或无关的概念词。对于研讨中刺激小组,在研讨前是不会发放词表的。研讨任务结束后,用户被要求填写一份调查问卷。问卷里包含了测量感知易用性、感知外部刺激相关性等一系列问题。用户在GASS系统上所有的聊天和操作记录都自动记录到了远程服务器上,用于进一步的分析。

4.5 结果分析和讨论

4.5.1 变量操纵检测

为了保证实验操纵的相关刺激或无关刺激在用户看来真的是相关或无关的,问卷中每一个被试都被要求用1～7来评估看到的概念提示词与当前任务之间的相关性。感知外部刺激的描述性统计如表4-2所示。方差分析的结果(见表4-3)显示,被操纵为高相关性组的用户感受到外部刺激的相关性显著高于被操纵为低相关性组的用户($F(1, 166)=76.704$, $p<0.001$),因此实验对外部信息相关性的操纵是成功的。

表 4－2　感知外部刺激相关性的描述性统计

操纵的相关性	N	感知的相关性（均值）	感知的相关性（标准差）
1（高相关性）	88	5.14	1.02
2（低相关性）	80	3.48	1.42
总数	168	4.35	1.48

表 4－3　感知外部刺激相关性的方差分析结果表

Source	df	均方	F	Sig.
组间（操纵的相关性）	1	115.663	76.704	0.000***
组内	166	1.508		
总计	168			
校正的总计	167			

注：*：$p<0.05$；**：$p<0.01$；***：$p<0.001$

4.5.2　研讨气氛

研讨气氛的描述性统计如表 4－4 所示。我们对研讨气氛进行双因素方差分析（见表 4－5），结果显示刺激相关性对决策效率有显著影响（$F(1, 38)=8.539$，$p<0.01$），刺激时机对决策效率没有显著影响（$F(1, 38)=0.834$，$p>0.05$），同时二者没有显著的交互作用（$F(1, 38)=0.182$，$p>0.05$）。因此，H1 被支持，但 H2 没有被支持。

表 4－4　研讨气氛的描述性统计

刺激相关性	刺激时机	均值	标准差	N
1（高相关性）	1（研讨前刺激）	2.73	0.85	11
	2（研讨中刺激）	2.93	1.24	11
	总计	2.83	1.04	22
2（低相关性）	1（研讨前刺激）	3.74	1.22	10
	2（研讨中刺激）	4.28	1.80	10
	总计	4.01	1.52	20

表 4-5 研讨气氛的双因素方差分析结果

Source	df	均方	F	Sig.
刺激相关性	1	14.589	8.539	0.006**
刺激时机	1	1.425	0.834	0.367
刺激相关性*刺激时机	1	0.312	0.182	0.672
误差	38	1.709		
总计	42			
校正的总计	41			

注：*：$p<0.05$；**：$p<0.01$

4.5.3 主意创新性

主意创新性的描述性统计如表 4-6 所示。我们对主意创新性进行双因素方差分析(见表 4-7)，结果显示刺激时机对创新性具有显著影响($F(1, 38)=10.44, p<0.01$)。然而，刺激相关性对创新性没有显著影响($F(1, 38)=0.536, p>0.05$)，刺激相关性和刺激时机之间也没有显著的交互作用($F(1, 38)=0.023, p>0.05$)。因此，H3 没有被支持，但 H4 被支持。

表 4-6 主意创新性的描述性统计

刺激相关性	刺激时机	均值	标准差	N
1(高相关性)	1(研讨前刺激)	1.42	0.33	11
	2(研讨中刺激)	1.98	0.68	11
	总计	1.70	0.60	22
2(低相关性)	1(研讨前刺激)	1.33	0.37	10
	2(研讨中刺激)	1.84	0.67	10
	总计	1.58	0.59	20

表 4-7 主意创新性的双因素方差分析结果

Source	df	均方	F	Sig.
刺激相关性	1	0.156	0.536	0.469
刺激时机	1	3.032	10.440	0.003**

（续表）

Source	df	均方	F	Sig.
刺激相关性*刺激时机	1	0.007	0.023	0.879
误差	38	0.290		
总计	42			
校正的总计	41			

注：*：$p<0.05$；**：$p<0.01$

4.5.4　感知易用性

感知易用性的描述性统计如表 4-8 所示。我们对感知易用性进行双因素方差分析（见表 4-9），结果显示刺激相关性对感知易用性具有显著影响（$F(1, 164)=9.836$，$p<0.01$）。然而，刺激时机对感知有用性并没有显著影响（$F(1, 164)=0.801$，$p>0.05$），并且刺激相关性和刺激时机之间没有显著的交互作用（$F(1, 164)=1.031$，$p>0.05$）。因此，H5 被支持，但 H6 没有被支持。

表 4-8　感知易用性的描述性统计

刺激相关性	刺激时机	均值	标准差	N
1(高相关性)	1(研讨前刺激)	5.46	1.10	44
	2(研讨中刺激)	5.14	0.97	44
	总计	5.30	1.04	88
2(低相关性)	1(研讨前刺激)	4.77	1.12	40
	2(研讨中刺激)	4.79	1.11	40
	总计	4.78	1.11	80

表 4-9　感知易用性的双因素方差分析结果

Source	df	均方	F	Sig.
刺激相关性	1	11.356	9.836	0.002**
刺激时机	1	0.924	0.801	0.372
刺激相关性*刺激时机	1	1.190	1.031	0.311
误差	164	1.155		

（续表）

Source	df	均方	F	Sig.
总计	168			
校正的总计	167			

注：*：$p<0.05$；**：$p<0.01$

4.6 讨论

4.6.1 主要发现

本章研究了外部信息刺激对群体创新绩效的影响，有以下主要发现：

（1）与提供无关刺激相比，提供相关刺激时群体研讨气氛更活跃。这是因为相关刺激激活的是认知网络中距离较近的帧，用户可以通过无意识的行为产生主意，需要的思考时间较短，在看到外部刺激信息后能较快地发言。相反，无关刺激激活的是认知网络中距离较远的帧，用户必须通过有意识的思考才能产生主意，需要的思考时间较长，在看到外部刺激后不能较快地发言。因此，提供相关刺激时，用户在单位时间内发言的条数更多。

（2）与研讨前提供刺激相比，研讨中提供刺激可以提高用户产生主意的创新性。这是因为在研讨过程中提供外部刺激打破了用户的认知惯性，帮助用户从连续和僵化的思维中跳出来，重新审视要解决的问题和已经讨论的方案。相反，在研讨前提供刺激则无法起到打破认知惯性的作用。因此，在研讨过程中提供刺激有助于提高主意的创新性。

（3）与提供无关刺激相比，提供相关刺激可以提高用户的感知易用性。这是因为用户的认知负担同被激活的帧的距离远近成正比。提供相关刺激时，激活的是距离较近的帧，用户思考的认知负担更小，因此会觉得提供相关刺激的技术更容易使用。相反，当提供无关刺激时，激活的是距离较远的帧，用户必须通过有意识的思考才能在这些概念之间建立联系，认知负担较重。因此，用户会觉得提供无关刺激的技术更难以使用。

4.6.2 理论贡献

本研究的理论贡献如下：

(1) 群体决策引导存在过程干涉和内容干涉2种基本方法，但是前人对群体决策引导的研究很少将2种方法放到同一个框架下进行。本书首次在同一个框架下研究了过程干涉和内容干涉对群体创新的影响。研究结果表明，在外部信息支持的环境下，过程干涉和内容干涉对群体创新绩效都有正向的影响。

(2) 前人关于群体研讨中外部信息支持的研究，主要关注刺激信息的内容带来的影响。本研究认为外部信息支持既有内容干涉的作用，又有过程干涉的作用。这是因为向群体提供外部信息的时候，必然会干涉正常的群体研讨过程。因此，本研究将外部信息支持的作用途径从单一的内容干涉，拓展为既有内容干涉又有过程干涉。

(3) 本研究发现对提高主意的创新性起关键作用的不是外部刺激的内容，而是外部刺激提供的方式。这对于我们理解外部信息支持的作用机理具有重要意义。过去我们认为提供外部信息支持能提高群体的创造力，是因为群体吸收了外部刺激提供的信息。但是本研究指出，研讨过程中的任何刺激(不管刺激的内容是什么)对于提高群体的创新性都是有正向作用的，因为它打破了用户僵化的思维。

4.7　结论

本章从内容干涉和过程干涉的视角，研究了外部信息刺激对群体创新任务绩效的影响。具体来说，本章以认知网络理论和解释水平理论为基础，提出了外部信息刺激的相关性(内容干涉)和刺激时机(过程干涉)如何影响群体研讨气氛、主意创新性以及感知易用性的研究模型。进一步地，我们设计了一个实验来验证所提的研究模型和假设。实验结果表明，提供相关刺激比提供无关刺激更能活跃研讨气氛，也更有利于提高用户的感知易用性。但是，主意的创新性与外部信息的相关性没有关系，只与外部刺激提供的方式有关系。研讨过程中的任何刺激(不管刺激的相关性如何)，对于提高群体的创新性都有正向作用。

当然，本研究也存在一些缺陷。首先，本研究涉及的外部信息支持方式局限于概念词。除了概念词之外，还有很多其他的外部信息支持方式，例如文本片段和图片[9]。当采用其他类型的载体进行外部信息支持时，如何影响群体创新的绩效，是未来研究应该考虑的问题。其次，本研究是在实验室环境中进行的，与真实的决策环境还有一定的距离。因此，本研究得到的结论在指导实践时，还需要得到更多的验证。

本研究的结论可以用于指导主持人合理使用群体协作软件的外部信息支持功

能。例如，如果需要活跃研讨气氛，主持人应该提供与主题相关的外部信息，这样可以促进用户发言。如果需要提高主意的创新性，主持人则需要在研讨过程中提供外部信息，而不是在研讨开始前提供外部信息。只有主持人能够正确理解外部信息的作用机理和适用范围，才能通过外部信息支持的手段提高群体创新绩效。

参考文献

[1] Collins A M, Loftus E F. A spreading-activation theory of semantic processing [J]. Psychological Review, 1975,82(6):407 - 428.

[2] Connolly T, Routhieaux R L, Schneider S K. On the effectiveness of group brainstorming test of one underlying cognitive mechanism [J]. Small Group Research, 1993,24(4):490 - 503.

[3] Mednick S. The associative basis of the creative process [J]. Psychological Review, 1962, 69(3):220 - 232.

[4] Tversky A, Kahneman D. Judgment under uncertainty: Heuristics and biases [J]. Science, 1974,185(1):1124 - 1131.

[5] Gettys C F, Pliske R M, Manning C, Casey J T. An evaluation of human act generation performance [J]. Organizational Behavior and Human Decision Process, 1987,39(1): 23 - 51.

[6] Miranda S M, Saunders C. Group support systems: an organization development intervention to combat groupthink [J]. Public Administration Quarterly, 1995,19(2): 193 - 216.

[7] Santanen E L, Briggs R O, Vreede G-J D. Causal relationships in creative problem solving: comparing facilitation interventions for ideation [J]. Journal of Management Information Systems, 2004,20(4):167 - 198.

[8] Li J, Zhang P Z, Cao J W. External concept support for Group Support Systems through Web mining [J]. Journal of the American Society for Information Science and Technology, 2009,60(5):1057 - 1070.

[9] 张晓燕，张朋柱，刘景方. 在线群体研讨图片支持系统(PSS)的设计与评估实现[J]. 系统管理学报，2014(6):94 - 99.

[10] Jenkin T A, Chan Y E, Skillicorn D B, Rogers K W. Individual Exploration, Sensemaking, and Innovation: A Design for the Discovery of Novel Information [J]. Decision Sciences, 2013,44(6):1021 - 1057.

[11] Eden C. The unfolding nature of group decision support—two dimensions of skill, Tackling Strategic Problems [A]. 1990, Sage: London. 48 - 52.

[12] Santanen E L, Briggs R O, De Vreede G-J. The cognitive network model of creativity: a new causal model of creativity and a new brainstorming technique [C]. Proceedings of the 33rd Annual Hawaii International Conference on System Sciences, IEEE Press, 2000.

[13] Dennis A R, Valacich J S, Connolly T, Wynne B E. Process structuring in electronic brainstorming [J]. Information Systems Research, 1996,7(2):268-277.

[14] Couger J D. Creative problem solving and opportunity finding [M]. Danvers, MA: Boyd & Fraser Pub. Co., 1995.

[15] VanGundy A B. Techniques of structured problem solving [M]. New York: Van Nostrand Reinhold, 1988.

[16] Satzinger J W, Garfield M J, Nagasundaram M. The creative process: the effects of group memory on individual idea generation [J]. Journal of Management Information Systems, 1999: 143-160.

[17] Lamm H, Trommsdorff G. Group versus individual performance on tasks requiring ideational proficiency (brainstorming): a review [J]. European Journal of Social Psychology, 1973,3(4):361-387.

[18] Hender J M, Dean D L, Rodgers T L, Nunamaker J F. An examination of the impact of stimuli type and GSS structure on creativity: Brainstorming versus non-brainstorming techniques in a GSS environment [J]. Journal of Management Information Systems, 2002, 18(4):59-86.

[19] Miranda S M, Bostrom R P. Meeting facilitation: process versus content interventions [J]. Journal of Management Information Systems, 1999,15(4):89-114.

[20] Bostrom R P, Anson R, Clawson V K. Group facilitation and group support systems, Group Support Systems: New Perspectives [A]. 1993, Macmillan: New York, NY.

[21] Kwok R. Effects of Group Support Systems and Content Facilitation on Knowledge Acquisition [J]. Journal of Management Information Systems, 2002,19(3):185-229.

[22] Limayem M, Chelbi A. Improving multicriteria group decision making with automated decision guidance [C]. Proceedings of the IEEE International Conference on Systems, Man, and Cybernetics. Orlando, Florida, IEEE CS Press, 1997.

[23] 蒋御柱,张朋柱,张兴学.群体研讨支持系统中的智能可视化研究[J].管理科学学报,2009,12(3):1-11+43.

[24] Anson R, Bostrom R, Wynne B. An experiment assessing group support system and facilitator effects on meeting outcomes [J]. Management Science, 1995,41(2):189-208.

[25] Partridge J E. An empirical investigation of task and interactional facilitator intervention in the use of group decision support systems [D]. 1992, University of Minnesota: Minneapolis, MN.

[26] Limayem M, DeSanctis G. Providing Decisional Guidance for Multicriteria Decision Making in Groups [J]. Information Systems Research, 2000,11(4):386-401.

[27] 唐锡晋,刘怡君.有关社会焦点问题的群体研讨实验——定性综合集成的一种实践[J].系统工程理论与实践,2007,27(3):42-49.

[28] 李嘉,刘璇,张朋柱.面向在线群体研讨的自动化辅助方法及其应用[M].上海:上海交通大学出版社,2012.

[29] Nishimoto K, Sumi Y, Mase K. Toward an outsider agent for supporting a brainstorming

session—an information retrieval method from a different viewpoint [J]. Knowledge-Based System, 1996,9(6):377 - 384.

[30] Rosch E. Cognitive representations of semantic categories [J]. Journal of experimental psychology: General, 1975,104(3):192 - 233.

[31] Ellis H C, Hunt R R. Fundamentals of cognitive psychology [M]. Madison, WI: WCB Brown & Benchmark, 1993.

[32] Neely J H. Semantic priming and retrieval from lexical memory: Roles of inhibitionless spreading activation and limited-capacity attention [J]. Journal of experimental psychology: General, 1977,106(3):226 - 254.

[33] Miller G A. The magical number seven, plus or minus two: Some limits on our capacity for processing information [J]. Psychological Review, 1965,63(2):81 - 97.

[34] Trope Y, Liberman N. Construal-level theory of psychological distance [J]. Psychological Review, 2010,117(2):440.

[35] Giddens A. The constitution of society: outline of the theory of structure [M]. Berkeley, CA: University of California Press, 1984.

[36] 张志强,张朋柱.面向复杂决策任务的综合集成决策研讨总体框架设计[J].系统工程理论与实践,2006,26(1):9 - 17.

[37] 张兴学,张朋柱.群体决策研讨意见分布可视化研究——电子公共大脑视听室(ECBAR)的设计与实现[J].管理科学学报,2005,8(4):15 - 27.

[38] 李嘉,张朋柱,邓莎莎,原海英.群体支持系统中的自动主持人研究[J].管理科学学报,2010,13(12):34 - 45.

[39] Dean D L, Hender J M, Rodgers T L, Santanen E L. Identifying quality, novel, and creative Ideas: Constructs and scales for idea evaluation [J]. Journal of the Association for Information Systems, 2006,7(10):646 - 698.

[40] Fellers J W. The effect of group size and computer support on group idea generation for creativity tasks: an experimental evaluation using a repeated measures design [D]. 1989, Indiana University: Bloomington, Indiana. 390.

第 5 章

在线群体研讨的信息组织结构研究：基于任务—技术匹配的观点

5.1 引言

在线研讨平台作为一种新的群体交流手段，与传统的面对面交流相比，具有便利性、并行输入、匿名性、异步性、持久保持等许多优点。随着计算机和网络技术的发展，在线研讨平台越来越多地应用于解决组织的管理决策问题，典型的代表就是群体支持系统（Group Support Systems, GSS）和协作软件（Collaborative Software）。理论和实践证明这个"以计算机为媒介的群体交流"[1]环境能够减少由成员优势、社会关系压力、表达障碍和其他团队中常见问题而造成的"过程损失"，并通过支持平行沟通和信息处理以及快速方便地获取外部信息等来增进"过程收益"，从而提高决策的质量和效率[2-5]。因此在线研讨平台在很多大型的组织中得到了广泛应用，如亚利桑那大学将其用于科学研究[6]，IBM 公司和施乐公司将其用于业务决策[7]，美国空军和美国国家航空航天局（NASA）则将其用于战略决策[8]。从更广泛的意义上讲，以 BBS、网络论坛、博客、微博、即时通讯工具、虚拟社区等为代表的各种研讨平台已经得到广泛的应用，渗透到了我们工作生活的方方面面。

虽然在线研讨平台已经获得了长足的发展并有广泛的应用，但它的信息组织结构却一直没有发生太大的变化。现代在线研讨平台的信息组织方式主要还是局限于线性结构和树状结构，并且绝大多数系统都是采用线性结构来组织研讨信息。线性结构是在线研讨平台中最早出现的一种信息组织结构，所有的发言按照到达的时间先后顺序排列。线性结构面临的主要问题来自研讨中的交互连贯性[9]，由于发言根据到达系统的时间而不是回复关系来排序，造成了邻接语轮的混乱。同时，以计算机为媒介的交流中缺乏同步反馈（如视听线索）以及发言不能重叠的事实进一步恶化了语轮混乱的问题，使得采用线性结构的研讨系统缺乏对语轮转换的控制，并且研讨记录缺乏可读性[10]。为了部分缓解这些问题，一些系统引入了树状信息组织结构。在树状组织结构中，除了根节点以外的每一个发言都有一个父节点，表示发言的回复指向，所有发言按照回复关系连接起来形成一棵树。与线性结构相比，树状结构有了明确的回复关系，从而避免了语轮混乱的问题；同时从一维结构变成了二维结构，为研讨过程支持和信息处理支持提供了更大的空间。然而，树状结构并未获得广泛的应用，这与树状结构的局限性有一定的关系（如操作复杂、输入速度慢、缺乏研讨焦点等），但是更可能是因为我们还没有充分理解树状结构的适用环境[10]。

许多研究群体行为的学者认为，任务在决定群体交互过程和绩效时起到了关键性的作用[11, 12]。群体任务同信息技术的交互是一个具有提高群体绩效潜力的研究领域。可是我们对群体任务和研讨信息组织结构的关系究竟知道多少呢？长久以来，关于在线研讨平台的设计和使用，一直有一个基本的理论问题没有解决，即从支持群体任务的角度来说，采用线性结构还是树状结构来组织发言信息更加合适？这 2 种信息组织结构各自适用的任务类型是什么？是否存在信息组织结构和决策型任务之间的最优匹配关系？这是理论者和实践者都关心的一个重要问题。对理论者而言，解决这一问题可以进一步拓展任务—技术匹配理论的适用领域，并加深在群体研讨领域对任务—技术匹配的认识。对于群体研讨软件的设计者而言，本研究将有助于理解不同信息组织的优缺点和适用范围，针对不同的任务设计不同的信息结构。对于群体研讨的主持人而言，本研究将有助于为会议任务选择合适的研讨工具。

前人关于比较线性结构和树状结构的研究较少，已有的一些研究很零碎，往往是从系统设计和评估的角度来进行研究[10, 13-15]，缺乏理论基础为指导[10, 16, 17]，并且研究结果难以统一，因此一个可以系统化地解释在线群体研讨中最优信息组织结构的理论就非常迫切。本书试图从任务—技术匹配的观点出发，研究在线群体研讨的最优信息组织结构。关于任务—技术匹配的问题，群体支持系统的文献已经有一定程度的关注。例如，在某些情况下发现 GSS 对复杂而不是主意产生型任务更有效[18, 19]，而在另一些情况下，GSS 对简单和单方案的任务更加有效[20]。对于主意产生型任务，GSS 支持的群体比没有 GSS 支持的群体表现得更好或至少不差[18, 19, 21]。对于协商和有正确答案的任务来说，GSS 支持的群体表现得更差[21]。Zigurs 等认为以上这些模棱两可的结论可以用任务—技术匹配理论来解释[22]。这充分说明了在群体研讨支持系统环境下，人们已经意识到了任务—技术匹配的重要性,可是从文献检索的情况来看,用它来解释在线群体研讨的最优信息组织结构的研究还没有。本书以任务—技术匹配理论为指导,来研究在线研讨的信息组织结构问题,从而为在线研讨平台的设计和电子会议的技术选择提供理论依据。

5.2 文献综述

5.2.1 研讨的线性和树状信息组织结构

从 20 世纪 70 年代 UNIX 上的 talk 算起,在线研讨已经有 40 余年的历史。虽然在线研讨系统伴随着互联网蓬勃发展,但是其信息组织结构仍然停留在非常原始的阶段。目前线性结构和树状结构是研讨平台中最常采用的 2 种信息组织方式。虽然也出现过采用网状结构的研讨系统,但是很快就因为其高度复杂性和较差的易用性被淘汰。因此在本书中,我们主要研究线性结构和树状结构。

在线性组织结构中,发言按照到达终端(或服务器)的时间先后顺序排列。一般采用线性结构的系统还会在每条发言的头部加上一些系统生成的信息(如发言人的名字和发言时间),某些增强的线性结构还允许用户指定自己发言的字体和颜色,这样不同的用户可以同不同的字体和颜色联系起来,方便区分发言人。采用线性结构的典型研讨平台包括 Windows Live Messenger、QQ、Web Forum、GroupSystems[6, 23]、GAE[24-26]等。

在树状组织结构中,除了根节点以外的每一个发言都有一个父节点,所有发言按照回复关系连接起来形成一颗树。每次用户发言时,都必须指定一个发言的回复节点(有的系统还要求指定回复的语义关系)。用户可以通过点击节点来查看该节点的详细信息(如标题、内容、发言人、发言时间、语义关系等)。典型的采用树状结构的研讨平台包括 Thread Chat[10]、HERMES[27]、MRV[28]、GASS[29-32]等。

5.2.2 线性和树状信息组织结构的比较研究

有大量的研究比较了面对面和 CMC(Computer Mediated Communication)方式用于群体沟通和决策时的差异,但是比较 CMC 中不同信息组织结构的研究还较少。McAlister 等[13]比较了 2 种研讨工具,一种是传统的线性结构的聊天工具,另一个研讨系统强制用户发言前从一系列预先定义的回复关系中选择一个回复关系。通过使用这种新的(强制用户选择回复关系)研讨系统,用户脱离主题的发言更少,并且辩论的质量更高。Smith 等[10]发现使用传统的线性结构和使用树状结构相比在群体绩效上没有差别，但是使用树状结构会有更加均衡的用户参与，因为打字快的用户和打字慢的用户之间的差距缩小了。Cech 等[16]比较了不同的研讨环境（如发言编辑器的大小，聊天历史记录的可得性），发现用户会根据这些不同的环境改变他们在语轮发言上的策略。另一个相关研究调查了在线研讨解决可视化任务的作用。Suthers 等[17]比较了面对面和在线研讨 2 种交互方式在构建共享知识表示方面的效果。研究结果表明，研讨群体很少引用共享工作空间中的知识，并且大部分情况下只引用最近使用过的知识。现实世界中聊天使用的研究显示，有经验的研讨用户更多地使用并发主题[33]，只要这些主题是在“可见的上下文关系”[34]中，用户就可以管理这些并发主题。

从工具设计的角度来看，Threaded Chat[10]系统允许用户通过回复关系来引用其他发言，所有的发言以树状展开。Academic Talk[13]在一个聊天窗口中提供了 2 个面板：一个面板按照时间到达的先后顺序显示发言，另一个面板按照回复关系用树状结构组织起来。Kukakuka[14]将树状研讨和网页结合起来，可是不能引用多个发言，也不能引用部分材料。GraffiDis [15]结合文本和图形的关系，用户可以在聊天区域的任意地方输入发言（也由图形和其他材料组成）。一段时间后，发言会褪色成背景颜色。通过一个“历史滚动条”，用户可以按照时间顺序浏览研讨对话。发言之间的关系是通过聊天中附近的位置来体现的。在经过一段时间后，前面已经褪色的发言就不能再被引用了。同样，如果发言要引用一个很远的位置时，多引用就会变得困难甚至不可实现。

在线研讨虽然已经诞生了 40 多年，并随着互联网的流行而日益兴盛，今天我们仍然无法有效地回答一个最基本的问题：什么样的研讨信息组织结构可以最有效地支持群体研讨。因此，本书试图从任务—技术匹配的观点来考察并解释这个问题，从而填补这一研究空缺。

5.2.3 在线研讨系统中的任务—技术匹配研究

在 DeSanctis 和 Gallupe[3]的开创性论文中，在群体任务和 GSS 技术之间达成一种匹配被认为是有效使用群体支持系统的一项基本原则。但是只有少数研究显式地比较了 GSS 环境中不同的任务，用实证的方法来验证匹配。Clapper 等在面对面 GSS 和分布式 GSS 环境下比较了智力型任务和决策型任务[35]。该研究认为，任务类型会决定交互过程中发生的主要因素，而不同的 GSS 环境则应该对不同类型的因素产生帮助。作者提出并研究了任务—技术交互的影响，但是并没有给出关于任务—技术匹配的清楚的结论。Gopal 等也检验了 2 种不同的任务（主意产生型和选择型)和2种不同的技术[36]。Easton等采用了一个不同的方法,2个不同的GSS技术被用于同一任务[37]。任务被分类为创造型任务和智力型任务的结合,并且基于技术的类型预测不同任务类型的结果。该研究证明,通过使用某种技术可以提高创造性,而决策质量可以通过其他技术来提高。可能将任务与不同的GSS环境进行的最详尽比较是文献[38, 39],该研究在不同的条件下比较了一个特定的智力型任务和一个决策型任务。虽然研究的结果是混杂的,还是有一些不同技术环境和任务条件下存在差别的证据。例如,智力型任务的最佳支持是可以提高推理和促进信息流通的技术,而决策型任务则需要那些可以支持达成共识和规范性影响的技术。

5.3 研究模型和研究假设

任务—技术匹配理论(Task-Technology Fit, TTF)认为一项信息技术如果越是匹配一项任务,那么它就越可能对用户的工作表现有一个正向的影响[40]。换句话说,如果要一个信息系统对工作表现有正向影响,所采用的技术必须与它所支持的任务很好地匹配。任务—技术匹配理论最早是在个体的层次上进行分析[40],随后大量应用于信息系统领域的研究,并在群体层次上出现了类比的任务—技术匹配模型[22]。这个理论提供了一个解释任务的本质如何影响个人和组织绩效的概念基础。在前人的文献中,匹配有许多不同的定义:调节(moderation)、中介(mediation)、匹配(matching)、格式塔(gestalts,德文音译词,定义为变量间的内部一致性),与描述文件的背离(profile deviation)和协变(covariation)[41]。在本研究中,将匹配解释为一种理想的描述文件是最合适的。任务/技术匹配可以被定义为一个理想的描述文件,与理想的描述文件相符程度越高,意味着越好的群体绩效。

对群体研讨过程和结果产生影响的因素虽然很多,分类方法也不尽一致,但沟通、协调组织和信息处理是前人文献提到的影响群体研讨最重要的3个维度[22, 42]。这3个维度最初由Clark在Grounding in Communication中总结提出[42],后来被广泛用来对比CMC和面对面2种媒介对群体沟通的影响[9]。这3个维度及其对应的研讨成本被总结在表5-1中。这些研讨成本作为电子会议中的过程损失[6],后来被广泛用来对比GSS和面对面2种媒介对群体研讨的影响[4, 23, 43]。因此在下面的论述中,我们从沟通、协调组织和信息处理3个维度来阐述匹配关系。具体来说,本章首先根据任务特点,分析主意产生型任务和决策型任务在这3个维度上需要什么样的支持。然后根据技术特点,分析线性结构和树状结构在这 3 个维度上能够提供什么程度的支持。最后基于将匹配看作是与某一个特定描述文件相符程度的观点，根据这 3 个维度定义任务和技术之间的匹配关系。

表 5－1　影响群体研讨的 3 个维度及其对应的研讨成本

维度	成本	定　　义
沟通	构思成本	用户构想发言所需的成本
	发言成本	发言者发言所需的力气
	接收成本	用户接收消息所需的力气
	理解成本	用户理解研讨发言所需的成本
协调组织	延迟成本	为了更好地计划、修改和执行而延迟一个发言造成的成本
	分心成本	用户在研讨中讨论与主题无关的幽默或娱乐话题的成本
	议程成本	执行一个会议议程的成本
信息处理	阅读成本	用户阅读历史研讨记录所需的成本
	摘要成本	用户对研讨信息进行总结摘要所需的成本
	评估成本	正确评估研讨信息(如共识点和分歧点)所需的成本

基于以上分析，本书提出的研究模型如图 5－1 所示。如果一个技术同一项任务很好地匹配，那么对决策绩效和用户感知就会有正向的影响。模型中的决策绩效用前人研究中经常用到的决策效率和决策效果来测量，用户感知用研讨结果满意度和研讨过程满意度来测量。

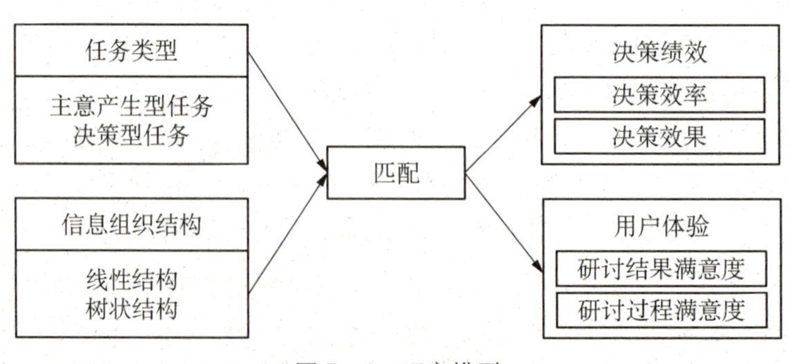

图 5－1　研究模型

5.3.1 任务需求描述

在定义任务这个概念时,本研究主要着重于从任务复杂性[44,45]的角度分析。前人研究认为任务复杂性与 3 个属性相关:信息负载、多样性和变化率[44]。这 3 个属性的不同水平组合对应着执行该任务时不同的认知需求水平。Campbell 在 4 个维度(结果多样性、解决方案多样性、冲突的相互依赖性和解决方案/结果不确定性)上定义了任务复杂性[44],这 4 个维度的组合用来定义不同的任务环境。反映复杂性的这 4 个基本维度的不同组合会导致不同的任务环境[44],本实验选取其中的主意产生型任务和决策型任务来进行研究,因为它们分别代表复杂性低和复杂性高的 2 种不同任务。

主意产生型任务的主要特征是只有一个结果和解决方案,并且不存在方案间冲突的相互依赖性和解决方案的不确定性。因此,应该主要为这类任务提供沟通维度的支持,这一群体成员可以就解决方法相互交流。任务沟通元素意味着需要信息交换和对可选方案进一步的检查,其重要性已经被前人的研究所提及[46]。太多的过程组织或信息处理的功能可能会妨碍简单的沟通需要,从而降低群体绩效和满意度[47]。因此,对于主意产生型任务来说,研讨平台只应该关注沟通维度的支持。

决策型任务的主要特点是结果的多样性,并且可能存在方案间冲突的相互依赖性和解决方案的不确定性。决策型任务的核心是能够满足(潜在冲突的)多结果的方案。每一个期望的结果都涉及一个单独的信息处理流[44],这同时意味着高信息负载和高信息多样性。这种类型的任务需要高信息处理支持,尤其是用来评估信息的时候。过程组织是另一个重要的方面,用来保证群体执行了所有步骤,并且据此来评估所有的方案。对这种任务而言,沟通支持应该较低,以免引起过度通讯。对于决策型任务而言,关键是应该支持过程组织和信息处理这 2 个维度。表 5-2总结了主意产生型任务和决策型任务在这 3 个维度上的需求描述文件。

表 5-2 头脑风暴型任务和决策型任务的任务需求描述文件

任务类型	维度	需求水平	任务类型	维度	需求水平
主意产生型任务	沟通	高	决策型任务	沟通	低
	协调组织	低		协调组织	高
	信息处理	低		信息处理	高

5.3.2 技术能力描述

线性组织结构和树状组织结构由于自身特点，对沟通、协调组织和信息处理3个维度有着不同程度的支持。下面通过分析在这3个维度上，线性组织结构和树状组织结构对应的研讨成本，总结出线性结构和树状结构在这3个维度上的能力描述文件。

1）沟通成本

沟通成本包括构思成本、发言成本、接收成本和理解成本。其中构思成本是用户构想一个发言并用形式化表达出来所需的成本。线性结构具有较低的构想成本，而树状结构具有较高的构想成本。这是因为树状结构中用户发言时需要考虑将发言放置到研讨树中的合理位置上。另外，某些采用线性结构的研讨系统还要求用户在发言前选择一个语义关系（如支持、反对、提问、回答等），这无疑进一步提高了发言的构思成本。

发言成本是用户完成一个发言所需的操作成本。线性结构具有较低的发言成本，而树状结构具有较高的发言成本。这是因为在线性结构的用户界面下，用户只需要输入发言并按下回车键就可以完成发言，整个过程可以全部通过键盘完成，花费力气较小。而在树状结构下，用户不得不首先选择一个发言的目标节点来获得一个输入上下文，并且有时候还涉及复杂的下拉和选择操作，整个过程需要结合键盘和鼠标通过2～3个步骤来完成，花费力气较大。

接收成本是接受消息所需的力气。线性结构具有较小的接收成本，而树状结构具有较大的接收成本。这是因为线性结构有一个研讨的焦点区（由最后的若干条发言组成），而树状结构由于可以在任何位置发言，没有一个焦点区（或者说焦点区不唯一）。这样在线性结构中用户只要查看焦点区就可以保证不会错过任何发言，而树状结构中用户则要不断扫描整个树的结构，才能接收到所有的发言[10]。因此，在树状结构中，用户接收信息所需的成本要比线性结构中高。

理解成本是用户理解所接收消息的成本。线性结构具有较小的理解成本，而树状结构具有较大的理解成本。这是因为线性结构中，讨论是流水进行的，只有一个研讨上下文；而树状结构中，讨论是并发进行的，有多个研讨上下文。在树状结构的研讨中，用户更经常引用更早的发言内容，从而形成频繁的主题切换和并行研讨。因此用户需要在多个上下文中进行切换，不断想象各种不同的场景，从而增加了理解成本。

2）协调组织成本

协调组织成本包括延迟成本、分心成本和议程成本。延迟成本是为了更好地计划、修改和执行而延迟一个发言造成的成本。线性结构具有较大的延迟成本，而树状结构具有较小的延迟成本。这是因为线性结构中任何延迟都可以察觉，用户的延迟可能被误解为对当前话题无话可说或已经说完。有证据表明，在采用线性结构以计算机为媒介的讨论中，由于偏题和其他话题的插入，主题很快衰退并偏离它最初的焦点。Herring 和 Nix[48] 研究一个社交聊天系统时发现，将近一半(47%)的发言与前面的发言相比是脱离主题的。面对线性结构，如果用户不能迅速发言就不能控制话语权，并且会导致研讨主题的流逝，使用户面临费时编辑好的发言不再符合新研讨上下文的风险。而对于树状结构来说，由于没有研讨焦点，用户的延迟发言难以被察觉，因此延迟的影响会很小。

分心成本是研讨中用户因为分心(如消遣娱乐)而偏离原始的目标产生的成本。线性结构具有较高的分心成本，而树状结构具有较低的分心成本。有研究表明，线性结构具有极大的表达幽默的潜力，Danet、Ruedenberg-Wright 和 Rosenbaum-Tamari[49]甚至认为它是一个“天生的戏谑媒介”。线性结构松散连贯性为语言表演提供了更多机会。因此，在采用线性结构的研讨系统中，群体经常会遭受分心问题的困扰，即用户将很多精力用于眼前的消遣娱乐，而削弱了解决群体目标问题的能力。在树状结构中，由于每个用户发言前都必须选择一个节点作为父节点，这就在一定程度上保证了新发言和前面发言的连贯性[28]，因为用户闲聊和娱乐发言难以找到合适的位置安放。

议程成本是研讨执行一个议程所需要的成本。线性结构具有较高的议程成本，而树状结构具有较低的议程成本。这是因为线性结构只能在会议开始前显示会议议程的相关信息，但是很快就会因为滚屏而消失，因此在研讨过程中无法时刻提醒用户关于会议议程的信息。采用线性结构的系统如果要具有议程支持的功能，必须依靠其他的辅助手段，如在某固定区域显示当前议程的内容和本节会议的剩余时间[50]。二维的树状结构能够更好地体现层次关系，因此非常适合任务分解和议程分解[51]。有大量的研究表明，以议程分解和强制议程为代表的研讨过程结构化是提升群体生产力的重要手段[29,52]。

3）信息处理成本

信息处理成本包括阅读成本、摘要成本和评估成本。阅读成本是用户阅读研讨记录所需的成本。线性结构具有较高的阅读成本，而树状结构具有较低的阅读成本。采用线性结构的研讨系统由于发言缺乏连贯性，用户需要花费较多的时间和精力来理清发言之间的逻辑关系。在线性结构中违反序贯一致性是很常见的。这种不连贯性倾向在单向CMC中由于缺乏反馈而变得更加恶化。用户由于不能判断他们的对话者是否正在回复，可能会变得不耐烦，从而在接收到第一个消息的回复前就发送了第二个消息，结果导致不完全的或交织的交互序列[53, 54]。在群体交流中，来自其他参与者的不相关消息经常与初始发言及其回复相互交织在一起，并且这种可能性与正在参与研讨的人数成正比[55, 56]。另一个原因是由于用户网速的差异，在某些用户的屏幕上可能会发生回复发言早于初始发言的情况，这进一步引起了邻接混乱。因此，线性结构中发言的连贯性较低，这严重损害了研讨记录的易读性。在树状结构中，每一个发言都与它要回复的发言直接相连，用户不用再花费时间和精力去整理发言间的逻辑关系，因此树状结构中研讨记录的可读性比线性结构要高得多[57]。较低的阅读成本在研讨中和研讨后都具有重要的意义。研讨中较低的阅读成本意味着用户可以在较短的时间内完成研讨记录的阅读，获取所需信息，并及时跟上正在进行的研讨。研讨后较低的阅读成本意味着未参会用户或会议结束较长一段时间后用户可以迅速地理解会议的要领。

摘要成本是用户对研讨信息进行总结摘要所需的成本。线性结构具有较高的摘要成本，而树状结构具有较低的摘要成本。线性结构由于所有发言都是平铺在一个一维结构中，进行摘要操作时需要大量依赖用户自身的短期记忆，因此用户会经历较高的认知负担，从而具有较高的摘要成本。摘要成本会进一步体现在摘要所需的时间和准确率上。树状结构提供了一个可折叠的特性，用户可以将它认为不重要的发言折叠起来，从而实现逐步摘要。进一步地，用这种方式产生的摘要本身具有层次结构，方便用户理解。折叠过后，用户可以用一种可视化的方式直接观察到每一步折叠产生的后果，这极大地减少了用户依赖自身短期记忆的程度，从而具有较低的摘要成本。

评估成本是用户对研讨信息进行评估所需的成本，这里所指的评估包括评估各种研讨态势，如研讨热点和生僻点，研讨共识点和分歧点等。线性结构具有较高的评估成本，而树状结构具有较低的评估成本。线性结构是一种很差的知识存储方式，在采用线性结构的系统中，完成各类评估，用户需要记忆和比较大量的信息，经历较高的认知负担，从而具有较高的评估成本。在采用树状结构的系统中，大量评估可以依赖树型结构来完成。例如，树状结构天生具有展示研讨拓扑结构的能力，而这非常有利于判断研讨热点和生僻点，即茂盛的分支对应研讨热点，而稀疏的分支对应研讨的生僻点[58]。同时，树状结构可以将观点相互隔离，因此有利于逐个评估观点的共识程度，从而辅助判断研讨共识点和分歧点[31, 58]。

综合以上分析，可以得到线性结构和树状结构在这 3 个维度上的能力描述文件（见表 5－3 所示）。

表 5－3　线性结构和树状结构的技术能力描述文件

信息组织结构	维度	支持水平	成本	成本大小
线性结构	沟通	高	构思成本	低
			发言成本	低
			接收成本	低
			理解成本	低
	协调组织	低	延迟成本	高
			分心成本	高
			议程成本	高
	信息处理	低	阅读成本	高
			摘要成本	高
			评估成本	高
树状结构	沟通	低	构思成本	高
			发言成本	高
			接收成本	高
			理解成本	高
	协调组织	高	延迟成本	低
			分心成本	低
			议程成本	低
	信息处理	高	阅读成本	低
			摘要成本	低
			评估成本	低

5.3.3　任务—技术匹配描述

以影响群体研讨的 3 个维度为桥梁，基于前面对任务需求（见表 5－2）和技术能力（见表 5－3）的分析，本研究归纳出在线群体研讨环境下任务和技术的匹配描述文件（见表 5－4）。

表 5-4　任务类型和信息组织结构之间的匹配描述文件

	线性结构	树状结构
主意产生型任务	匹配	不匹配
决策型任务	不匹配	匹配

表 5-4 的匹配文件显示，主意产生型任务与线性信息组织结构之间存在最优匹配关系，而决策型任务与树状信息组织结构之间存在最优匹配关系。根据任务—技术匹配理论，一个信息组织结构如果越是匹配一项任务，那么它就越可能对群体研讨绩效产生正向的影响，因此本研究提出以下研究假设：

H1：对于主意产生型任务，采用线性结构的研讨平台比采用树状结构的研讨平台具有：

(a) 更高的决策效率；

(b) 更高的决策质量；

(c) 更高的决策过程满意度；

(d) 更高的决策结果满意度。

H2：对于决策型任务，采用树状结构的研讨平台比采用线性结构的研讨平台具有：

(a) 更高的决策效率；

(b) 更高的决策质量；

(c) 更高的决策过程满意度；

(d) 更高的决策结果满意度。

5.4　研究设计

本研究设计了一个 2×2 的方差分析实验来验证所提的假设。其中任务类型(主意产生型任务 vs. 决策型任务)是被试内因素，信息组织结构(线性结构 vs. 树状结构)是被试间因素。每一个被试被要求和其他 3 位被试按照随机原则组成一个小组，使用某一种信息组织结构的研讨平台来完成一个主意产生型任务和一个决策型任务。

5.4.1　研讨平台系统

对于线性研讨平台，本研究中采用 QQ 群。QQ 是国内最广泛使用的一种即时通信工具，QQ 群是一种经典的采用线性信息组织结构的群体研讨平台。QQ 群的用户界面如图 5 - 2 所示。用户在下方的输入框中键入所要发言的信息，并按下发送键(或回车键)进行发言。发言会按照时间先后顺序显示在所有用户的消息列表中，并且最后发送的消息出现在消息列表的最底端。

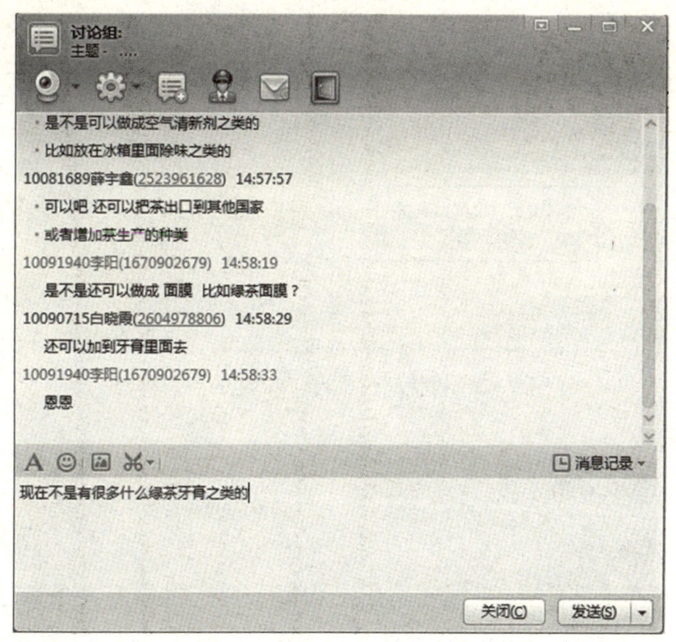

图 5 - 2　线性研讨平台(QQ 群)的用户界面

对于树状研讨平台，本研究中采用 GASS 系统[29-32]。选择 GASS 系统的原因是目前采用树状结构的商用研讨平台还比较少，而 GASS 系统除了在信息组织结构上不同以外，能够提供与 QQ 群相当的研讨功能。另外，GASS 在笔者的研究机构中已经使用了近 10 年，系统的可靠性和易用性在多年的实验研究中已经得到了验证。GASS 的用户界面主要由 2 个面板组成(见图 5 - 3)。左边的面板是一个树状结构，其中每一个节点代表一条发言。除了根节点以外，每一条发言都有一个唯一的父节点，树中的父子节点关系体现了一个语义上的回复关系。右边的面板是一个详细面板，上面显示了左边选中节点的详细信息，如标题、内容、与父发言的语义关系(支持、反对等)、发言人、发言时间等。用户在进行发言时，需要先选择一个目标节点，然后点击右键，利用弹出的对话框进行发言。

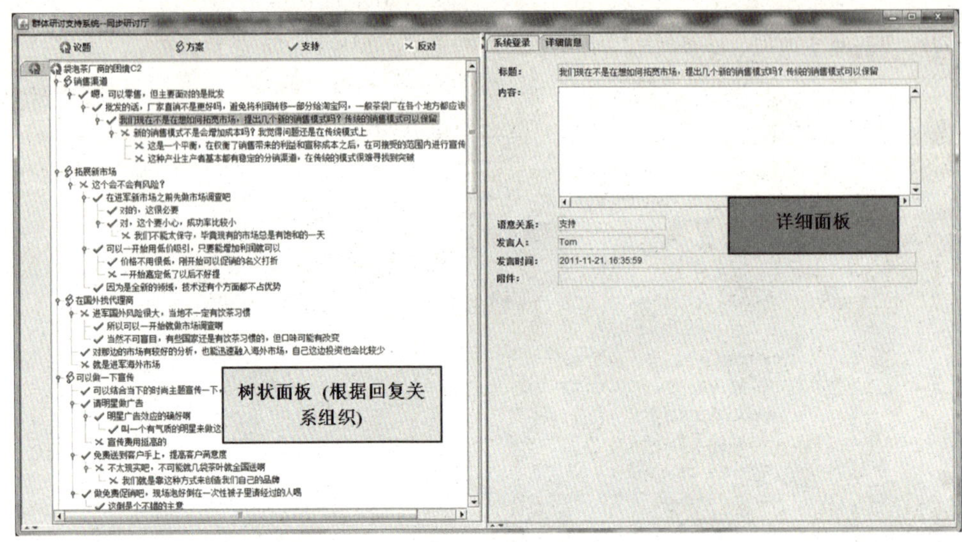

图 5-3　树状研讨平台(GASS)的用户界面

5.4.2　测量方法

1）决策效率

对于主意产生型任务，决策效率用平均每分钟产生的发言条数来衡量。对于决策型任务，决策效率用完成决策（达成组内共识）所需的时间来衡量。

2）决策效果

对于主意产生型任务，决策效果用平均每分钟产生的主意个数来衡量。对于决策型任务，决策效率用感知的决策质量来衡量。本研究采用 Gouran 等提出的量表[59]来测量感知决策质量。该量表一共包含 8 个问题，但是最后 2 个问题因为与本研究环境不符合被舍弃，因此测量感知决策质量的量表一共包含 6 个问题（总体研讨质量、研讨有效性、方案满意度、可执行性、价值和讨论仔细程度）。每一个问题都用 1～7 分的李克特量表来测量，其中 1 表示强烈不同意，7 表示强烈同意。

3）决策过程满意度

对于过程满意度，本研究采用 Green 和 Taber 提出的一套量表[60]来测量。该量表一共包含 5 个问题（讨论效率、协作程度、公正性、同伴发言可理解性和过程整体满意度）。同样，每一个问题都用 1～7 分的李克特量表来测量，其中 1 表示强烈不同意，7 表示强烈同意。

4）决策结果满意度

对于结果满意度，本研究采用 Green 和 Taber 提出的一套量表[60]来测量。该量表一共包含 5 个问题，但是第 1 个问题因为与本研究环境不符合被舍弃，因此最终测量决策结果满意度的量表一共包含 4 个问题（小组决策是否反映你的观点，对小组决策的忠实程度，相信小组决策最优的程度，以及为小组决策负责的程度）。同样，每一个问题都用 1～7 分的李克特量表来测量，其中 1 表示强烈不同意，7 表示强烈同意。

问卷的信度（可靠性）分析结果如表 5－5 所示，感知决策质量的 Cronbach's alpha 系数为 0.930，决策结果满意度的 Cronbach's alpha 系数介于 0.859 和 0.883 之间，决策过程满意度的 Cronbach's alpha 系数介于 0.902 和 0.919 之间。这说明问卷具有良好的可靠性。

表 5－5　感知决策质量、决策结果满意度和决策过程满意度的 Cranbach's Alpha 系数

任务类型	感知决策质量	决策过程满意度	决策结果满意度	全部
主意产生型任务	N/A	0.902	0.859	0.922
决策型任务	0.930	0.919	0.883	0.958

问卷的结构效度分析（探索性因子分析）结果如表 5－6 所示。对于主意产生型任务的问卷，只包含决策结果满意度（DRS）和决策过程满意度（DPS），共 9 个问题。表 5－6 的结果显示，DPS1～DPS5 很好地落到了第一个主成分上，而 DRS1～DRS4 很好地落到了第二个主成分上。这说明所有的 9 个问题可以归因到用 2 个构念来解释：第一个构念（对应 DPS1～DPS5）为决策过程满意度，第二个构念（DRS1～DRS4）为决策结果满意度。对于决策型任务的问卷，包含了感知的决策质量（PDQ）、决策结果满意度（DRS）和决策过程满意度（DPS），共 15 个问题。表 5－6的结果显示，DRS1～DRS4 很好地落到了第一个主成分上，PDQ1～PDQ6 很好地落到了第二个主成分上，而 DPS1～DPS5 很好地落到了第三个主成分上。这说明所有的 15 个问题可以归因到用 3 个构念来解释：第一个构念（对应 DRS1～DRS4）为决策结果满意度，第二个构念（对应 PDQ1～PDQ6）为感知的决策质量，第三个构念（对应 DPS1～DPS5）为决策过程满意度。探索性因子分析的结果表明，问卷具有良好的结构效度。

表 5-6　感知的决策质量、决策过程满意度和决策结果满意度的因子载荷

构念	问题	主意产生型任务		决策型任务		
		F1	F2	F1	F2	F3
感知的决策质量(PDQ)	PDQ1	N/A	N/A	0.203	**0.817**	0.300
	PDQ2	N/A	N/A	0.160	**0.874**	0.278
	PDQ3	N/A	N/A	0.408	**0.692**	0.400
	PDQ4	N/A	N/A	0.529	**0.629**	0.357
	PDQ5	N/A	N/A	0.572	**0.581**	0.169
	PDQ6	N/A	N/A	0.367	**0.669**	0.350
决策过程满意度(DPS)	DPS1	**0.709**	0.437	0.157	0.370	**0.790**
	DPS2	**0.870**	0.298	0.545	0.327	**0.564**
	DPS3	**0.889**	0.192	0.282	0.287	**0.819**
	DPS4	**0.653**	0.448	0.534	0.277	**0.645**
	DPS5	**0.717**	0.414	0.432	0.429	**0.656**
决策结果满意度(DRS)	DRS1	0.228	**0.858**	**0.755**	0.278	0.234
	DRS2	0.417	**0.619**	**0.808**	0.328	0.270
	DRS3	0.341	**0.814**	**0.642**	0.255	0.488
	DRS4	0.314	**0.774**	**0.797**	0.144	0.213

5.4.3　被试

我们在上海一所著名的重点大学招募了 64 名信息管理与信息系统专业大三的本科生参与实验，其中女生 34 人，男生 30 人。实验安排在学生的决策支持系统课程即将结束之前。他们在实验前被要求填写一份个人资料调查表，其中包括年龄、性别、使用计算机经验、在线研讨经验等相关问题。参与者都具有使用计算机为媒介的交流工具的经验，包括即时聊天工具、在线聊天室或网络论坛等。大学生是使用在线研讨系统的一个主要群体，因此他们是参与本次实验的合适人选。被试按照随机原则 4 人一组，一共被分为 16 个小组。为了更有效地激励被试，实验参与者可以得到考试加分，并且加分的多少取决于他们的研讨绩效。另外，每种技术环境下，表现最好的组可以获得 200 元的现金奖励。

5.4.4　实验任务

1）主意产生型任务

本研究使用的主意产生型任务是经典的“袋泡茶”问题[61]。一个生产袋泡茶的厂商生产能力过剩，该问题要求研讨小组帮袋泡茶厂商想想办法，解决生产能力过剩的问题。“袋泡茶”问题已经在许多涉及主意产生型任务的研究中被使用。

2）决策型任务

本研究使用的决策型任务是经典的“国际项目招生”问题[62]的变形。为了让这个问题更加贴近国内学生，本研究将其变形为“跨国公司招聘”问题。该问题要求小组成员扮演一个跨国公司的招聘小组，他们需要从 6 名毕业生中录取 2 人，并选择 1 人作为后备待定。6 位毕业生的个人信息，包括申请者的性别、社会成功期望（受人欢迎和交友能力）、自我认知（个体对自我的自信、智慧和专业技能的满意程度）、独立期望（对自由和尝试新事物的渴望）、对婚前性行为的态度（在不同情况下对婚前性行为的接受性），以及是否出具有出国经历都已经给出。决策者需要综合考虑每一项指标，给候选人打出一个国际成功可能性（一个人在国外工作和生活成功的可能性）的分数。小组在决策时，同时还要考虑到招募员工的多样性和对中国文化的代表性。小组在决策结束时，需要达成一致，并最终在 6 名候选人中选出 2 名录取和 1 名待定的人选。

5.4.5　实验过程

在正式的实验开始前，每一个被试都领到了一份详尽的实验说明和系统使用说明。实验组织者在正式实验前对每一个被试进行了培训，让他们熟悉实验过程和相应的研讨系统。为了保证被试对系统和任务有充分的了解，在正式实验前安排了一个热身讨论。只有在所有用户都已经准备好了以后，正式实验才开始。

正式实验的过程中，编号 1～8 的小组要求使用 QQ 群作为研讨工具，完成一个主意产生型任务和一个决策型任务；编号 9～16 的小组要求使用 GASS 作为研讨工具，完成一个主意产生型任务和一个决策型任务。主意产生型任务和决策型任务在实验中的先后顺序是按照随机原则均匀分布的。每个研讨任务结束后，用户被要求填写一份调查问卷。问卷里包含了测量感知决策质量、决策结果满意度和决策过程满意度的一系列问题。为了保证问卷的有效性，我们在问卷中设置了陷阱问题（即“请不要回答本题，直接跳过”）。问卷填写情况表明，所有用户都没有在陷阱问题上作答。对于 GASS 系统，所有的聊天和操作记录都自动记录到了远程服务器上。对于 QQ 系统，实验结束后专门有人将研讨记录导出，用于进一步的分析。

5.5 结果分析和讨论

5.5.1 决策效率

对于主意产生型任务，决策效率用平均每分钟产生的发言条数来衡量。对于决策型任务，决策效率用完成决策(达成组内共识)所需的时间来衡量。由于 2 个任务的衡量指标不同，因此分别对每一类任务进行独立样本 t 检验(independent sample t-test)。表 5－7 的结果显示，对于主意产生型任务，线性结构用户的决策效率比树状结构用户要显著的高($t=3.549$，$p<0.01$)。因此 H1(a)被支持。对于决策型任务，树状结构用户的决策效率比线性结构用户要显著的高($t=2.294$，$p<0.05$)。因此 H2(a)被支持。

表 5－7 决策效率的比较

任务类型	线性结构 Mean	线性结构 Std. Error	树状结构 Mean	树状结构 Std. Error	Mean Difference(线性—树状)	Sig.
主意产生型任务(平均每分钟发言数)	2.69	0.28	1.51	0.177	1.18	0.005**
决策型任务(决策时间)	45.63	2.06	37.00	3.15	8.63	0.041*

注：*：$p<0.05$；**：$p<0.01$；***：$p<0.001$

5.5.2 决策效果

对于主意产生型任务，决策效果用平均每分钟产生的主意个数来衡量。对于决策型任务，决策效果用感知的决策质量来衡量。由于 2 个任务的衡量指标不同，因此分别对每一类任务直接进行独立样本 t 检验。表 5－8 的结果显示，对于主意产生型任务，线性结构用户的决策效率比树状结构用户要显著的高($t=2.336$，$p<0.05$)。因此 H1(b)被支持。对于决策型任务，虽然树状结构用户的决策效果的均值比线性结构用户要高，但是二者没有显著差异($t=-0.675$，$p>0.05$)。因此 H2(b)没有被支持。

表 5-8　决策效果的比较

任务类型	线性结构 Mean	线性结构 Std. Error	树状结构 Mean	树状结构 Std. Error	Mean Difference(线性—树状)	Sig.
主意产生型任务(平均每分钟产生主意数)	0.57	0.11	0.28	0.05	0.29	0.045*
决策型任务(感知的决策质量)	5.60	0.13	5.72	0.11	−0.12	0.511

注:*:$p<0.05$

5.5.3　决策过程满意度

我们在每一个任务类型上用独立样本 t 检验进行分析。表 5-9 的结果显示,对于主意产生型任务,虽然线性结构用户的决策过程满意度比树状结构用户要高,但是这种差异性并不显著($t=1.113$, $p>0.05$)。因此 H1(c)没有被支持。对于决策型任务,树状结构用户的决策过程满意度比线性结构用户要显著的高($t=-2.259$, $p<0.05$)。因此 H2(c)被支持。

表 5-9　决策过程满意度的比较

任务类型	线性结构 Mean	线性结构 Std. Error	树状结构 Mean	树状结构 Std. Error	Mean Difference(线性—树状)	Sig.
主意产生型任务	5.84	0.10	5.60	0.20	0.24	0.291
决策型任务	5.60	0.14	6.05	0.14	−0.45	0.04*

注:*:$p<0.05$

5.5.4　决策结果满意度

我们在每一个任务类型上用独立样本 t 检验进行分析。表 5-10 的结果显示,对于主意产生型任务,线性结构用户的决策过程满意度比树状结构用户要显著的高($t=2.365$, $p<0.05$)。因此 H1(d)被支持。对于决策型任务,树状结构用户的决策过程满意度和线性结构用户没有显著差异($t=-0.595$, $p>0.05$)。因此 H2(d)没有被支持。

表 5-10 决策结果满意度的比较

任务类型	线性结构 Mean	线性结构 Std. Error	树状结构 Mean	树状结构 Std. Error	Mean Difference(线性—树状)	Sig.
主意产生型任务	5.68	0.11	5.23	0.16	0.45	0.035*
决策型任务	5.72	0.12	5.61	0.12	0.11	0.561

注：*：$p<0.05$

本研究的假设验证结果总结在表 5-11 中。

表 5-11 假设验证结果小结

假 设	(a) 决策效率	(b) 决策质量	(c) 决策过程满意度	(d) 决策结果满意度
H1：对于主意产生型任务，采用线性结构的研讨平台比采用树状结构的研讨平台具有更好的	支持	支持	不支持	支持
H2：对于决策型任务，采用树状结构的研讨平台比采用线性结构的研讨平台具有更好的	支持	不支持	支持	不支持

5.6 讨论

5.6.1 主要发现

本章研究了不同类型任务和不同信息组织之间的最优匹配关系，并通过实验研究来检验这些匹配关系对群体研讨绩效的影响。本研究有以下主要发现：

(1) 对于主意产生型任务，采用线性结构的研讨平台比采用树状结构的研讨平台具有更高的决策效率。这是因为线性结构对沟通维度的支持非常好，而主意产生型任务主要需要的是沟通方面的支持，树状结构增加过程支持和信息处理支持反而会降低系统的简洁程度，从而降低研讨效率。

(2) 对于主意产生型任务，采用线性结构的研讨平台比采用树状结构的研讨平台具有更高的决策质量(产生更多的主意)。头脑风暴的过程可以看作是用户相互刺激、产生更多主意的过程。线性结构对通信维度的良好支持，事实上加快了用户相互刺激产生主意的速度。线性结构具有良好的焦点区(最近发表的若干发言),可以确保用户及时看到其他用户的发言从而刺激自己的思路。反之,树状结构由于不具备一个稳定的焦点区,一些发言可能不能被其他用户及时看到,因此影响了刺激产生新主意的效果。

(3) 对于主意产生型任务,采用线性结构的研讨平台比采用树状结构的研讨平台具有更高的决策结果满意度。这是因为线性结构提供了较高程度的沟通支持,用户对问题经过了充分的研讨,因此认为决策结果反映了自己的观点,同时对决策的信心和责任心都会比较强。

(4) 对于决策型任务,采用树状结构的研讨平台比采用线性结构的研讨平台具有更好的决策效率(更短的决策时间)。这是因为树状结构提供了更高程度的过程组织支持和信息处理支持。对于决策型任务,其最终目的是达成组内共识,因此需要在过程上有较高的支持,保证研讨的收敛性。利用树状信息组织结构,用户可以在一个屏幕内完整地展示出每一个候选方案,方便用户了解目前的共识和分歧所在,加快了收敛速度。同时,树状组织结构由于强制用户发言时必须选择一个父节点,在一定程度上减少了闲聊(如开玩笑、说题外话等)。因此,对于决策型任务,采用树状结构的平台具有更高的决策效率。

(5) 对于决策型任务,采用树状结构的研讨平台比采用线性结构的研讨平台具有更高的决策过程满意度。对于线性组织结构,由于其提供的过程组织和信息访问支持水平较低,用户在综合群体意见和评估不同方案时存在较大的困难。由于缺少像树状结构一样的二维信息组织结构,用户方案的研讨态势缺乏直观的认识。这就意味着用户有较重的认知负担,从而降低了决策过程满意度。

5.6.2 理论贡献

本研究的理论贡献如下:

(1) 对于群体研讨的信息组织结构,前人已经做过一些研究,但是这些研究大多缺乏理论基础。本研究将任务—技术匹配理论作为基础,研究了信息组织结构和任务之间的匹配关系。同时,本研究将任务—技术匹配理论的应用范围拓展到研讨平台的信息组织结构领域。研究结果表明,当一个信息组织结构与它支持的研讨任务匹配时,就会对研讨绩效有一个正向的影响。

(2) 本研究首次考察了信息组织结构和不同决策型任务之间的匹配问题。据我们所知,之前还没有哪个研究针对任务类型和信息组织结构的匹配问题做了如此系统的实证研究。本研究对于理解如何通过选择合适的信息组织结构来提高群体研讨的绩效,具有重要的意义。

(3) 本研究从沟通、过程组织和信息访问 3 个维度构造了匹配描述文件。将匹配作为描述文件的研究还相对较少,本研究为信息系统领域的匹配问题研究提供了一个范例。将匹配作为描述文件的方法,使得任务类型和技术维度可以通过编码来可操作化,从而可以进一步和类似研究进行比较并积累我们的研究发现。当有新的技术被发明时,就可以用这些指标去测量新技术在 3 个维度(通信、过程组织和信息组织)上的支持水平,从而预测与之匹配的任务类型。从这个意义上说,本研究提出的基于匹配描述文件的方法具有可扩展性。

5.6.3 现实意义

本研究也为群体研讨软件的设计者和群体研讨的主持人提供了若干指导:

(1) 对于群体研讨软件的设计者而言,本研究有助于理解不同信息组织的优缺点和适用范围,针对不同的任务设计不同的信息结构,甚至在充分理解这 2 种信息组织结构的基础上,设计出新的信息结构,适应更多类型的群体决策型任务。

(2) 对于群体研讨的主持人而言,本研究有助于为会议任务选择合适的研讨工具。例如,对于产生型任务的会议,主持人应该考虑使用线性结构;对决策型任务的会议,主持人应该考虑使用树状结构的研讨平台。

5.7 结论

本章从任务—技术匹配的观点考察了在线群体研讨的信息组织结构问题,从沟通、协调组织和信息处理 3 个维度阐述了任务和信息组织结构之间的匹配关系。具体来说,本研究首先根据任务的特点,分析了主意产生型任务和决策型任务在这 3 个维度上的支持需求。然后根据技术的特点,分析了线性结构和树状结构在这 3 个维度上的支持能力。最后基于将匹配看作是与某一个特定描述文件相符程度的观点,在这 3 个维度上建立一个任务和技术之间的匹配关系,并将其用于预测不同任务—技术匹配环境下的研讨绩效。进一步地,我们设计了一个实验来验证这种匹配关系与研讨绩效之间的关系。实验结果表明,对主意产生型任务,采用线性结构的研讨平台比采用树状结构的研讨平台有更高的研讨绩效;对于决策型任务,采用树状结构的研讨平台比采用线性结构的研讨平台有更高的研讨绩效。本书所展示的匹配分析的理论和方法具有一定的扩展性,当有新类型任务到来或新技术被发明时,我们就可以用这种方法去分析新任务和新技术的匹配性,进而预测群体的绩效。

当然，本研究也存在一些缺陷。首先，本研究涉及的任务类型和信息组织结构的数量都比较有限。本书只研究了主意产生型任务和决策型任务，以及它们与线性结构和树状结构的匹配关系。将来应该进一步考虑更多类型的任务，如智力型任务、判断型任务和模糊型任务。其次，本研究是在实验室环境中进行的，与真实的决策环境还有一定的距离。因此，本研究得到的结论在指导实践时，还需要得到更多的验证。

本研究的结论有可能在将来用于指导新型信息组织结构的设计。例如，对于某些决策任务（如模糊型任务），可能对沟通、过程组织和信息处理 3 个维度的要求都很高，这意味着目前的线性和树状结构都不能有效支持这类决策问题。这就需要设计一种新型的信息组织结构，同时提供这 3 个维度上的高水平支持。在目前设计科学中，基于理论的设计方法和实践都还很欠缺的情况下，这类研究将具有重要的意义。

参考文献

[1] Trauth E M, Jessup L M. Understanding computer-mediated discussions: positivist and interpretive analysis of Group Support Systems use [J]. MIS Quarterly, 2000, 24(1): 43 - 79.

[2] Nunamaker Jr J F, Vogel D R, Potter R. Individual and team trends and implications for business firms [M]. JAI Press Inc., 1997.

[3] DeSanctis G, Gallupe R B. A foundation for the study of group decesion support systems [J]. Management Science, 1987, 33(5): 589 - 609.

[4] Dennis A R, George J F, Jessup L M, Nunamaker J F, Vogel D R. Information technology to support electronic meetings [J]. MIS Quarterly, 1988, 12(4): 591 - 624.

[5] Aronson J, Liang T, Turban E. Decision support systems and intelligent systems [M]. Prentice Hall, New Jersey, 2001.

[6] Nunamaker J F, Briggs R O, Mittleman D D, Vogel D R, Balthazard P A. Lessons from a dozen years of group support systems research: a discussion of lab and field findings [J]. Journal of Management Information Systems, 1997, 13(3): 163 - 207.

[7] Vogel D R, Nunamaker J F, Martz W B, Grohowski R, McGoff C. Electronic meeting system experience at IBM [J]. Journal of Management Information Systems, 1989, 6(3): 25 - 43.

[8] Adkins M, Burgoon M, Nunamaker J F. Using group support systems for strategic planning with the United States Air Force [J]. Decision Support Systems, 2003, 34(3): 315 - 337.

[9] Herring S C. Interactional Coherence in CMC [C]. Proceedings of the Thirty-Second

Annual Hawaii International Conference on System Sciences. Maui, HI, IEEE Computer Society, 1999.

[10] Smith M, Cadiz J J, Burkhalter B. Conversation Trees and Threaded Chats [C]. Proceedings of the 2000 ACM conference on Computer Supported Cooperative Work. Pennsylvania, ACM Press, 2000.

[11] Poole M S, Seibold D R, McPhee R D. Group decision-making as a structurational process [J]. Quarterly Journal of Speech, 1985,71(1):74 - 102.

[12] Shaw M E. Group dynamics: The psychology of small group behavior [M]. New York: McGraw-Hill Book Company, 1971.

[13] McAlister S, Ravenscroft A, Scanlon E. Combining interaction and context design to support collaborative argumentation using a tool for synchronous CMC [J]. Journal of Computer Assisted Learning, 2004,20(3):194 - 204.

[14] Suthers D, Xu J. Kukakuka: An online environment for artifact-centered discourse [C]. Education Track of the Eleventh World Wide Web Conference (WWW 2002), Honolulu, May 7 - 11, 2002, pp. 472 - 480. URL: http://www2002.org/CDROM/alternate/252/index.html

[15] Leponiemi J. Visualizing discussion history [J]. International Journal of Human-Computer Interaction, 2003,15(1):121 - 134.

[16] Cech C G, Condon S L. Temporal properties of turn-taking and turn-packaging in synchronous computer-mediated communication [C]. Proceedings of the 37th Annual Hawaii International Conference on System Sciences. Hawaii, IEEE Press, 2004.

[17] Suthers D, Girardeau L, Hundhausen C. Deictic roles of external representations in face-to-face and online collaboration [C]. Proceedings of the International Conference on Computer Support for Collaborative Learning 2003. Dordrecht, Kluwer Academic Publishers, 2003.

[18] Dennis A R, Gallupe R B. A history of group support systems empirical research: Lessons learned and future directions, Group Support Systems: New Perspectives [A]. 1993, Macmillan Publishing Company: New York. 59 - 77.

[19] Dennis A R, Nunamaker Jr J F, Vogel D R. A comparison of laboratory and field research in the study of electronic meeting systems [J]. Journal of Management Information Systems, 1990: 107 - 135.

[20] Benbasat I, Lim L H. The Effects of Group, Task, Context, and Technology Variables on the Usefulness of Group Support Systems: A Meta-Analysis of Experimental Studies [J]. Small Group Research, 1993,24(4):430.

[21] Hollingshead A B, McGrath J E. Computer-assisted groups: A critical review of the empirical research, Team effectiveness and decision making in organizations [A]. 1995, Jossey-Bass Press: San Francisco. 46 - 78.

[22] Zigurs I, Buckland B K. A theory of task/technology fit and group support systems effectiveness [J]. MIS Quarterly, 1998,22(3):313 - 325.

[23] Nunamaker J F, Dennis A R, Valacich J S, Vogel D R, George J F. Electronic meeting systems to support group work [J]. Communication of the ACM, 1991,34(7):40 - 61.

[24] 刘怡君,唐锡晋.一种支持协作与知识创造的"场"[J].管理科学学报,2006,9(1):79 - 85.
Liu Yijun, Tang Xijin. Ba for collaboration and knowledge creation [J]. Journal of Management Sciences in China, 2006,9(1):79 - 85.(in Chinese)

[25] 唐锡晋,刘怡君.从群体支持系统到创造力支持系统[J].系统工程理论与实践,2006,26(5):63 - 71.
Tang Xijin, Liu Yijun. From Group Support System to Creativity Support System [J]. Systems Engineering-Theory & Practice, 2006,26(5):63 - 71.(in Chinese)

[26] 唐锡晋,刘怡君.有关社会焦点问题的群体研讨实验——定性综合集成的一种实践[J].系统工程理论与实践,2007,27(3):42 - 49.
Tang Xijin, Liu Yijun. Group argumentation and its analysis on a highlighted social event—practice of qualitative meta-synthesis [J]. Systems Engineering Theory & Practice, 2007,27(3):42 - 49.(in Chinese)

[27] Karacapilidis N, Papadias D. Computer supported argumentation and collaborative decision making: the HERMES system [J]. Information Systems, 2001,26(4):259 - 277.

[28] Fujita K, Kunifuji S, Nishimoto K, Sumi Y, Mase K. Implementation and evaluation of the discussion support system MRV [C]. Third International Conference on Knowledge-Based Intelligent Information Engineering System. Adelaide, Australia, 1999.

[29] 张志强,张朋柱.面向复杂决策任务的综合集成决策研讨总体框架设计[J].系统工程理论与实践,2006,26(1):9 - 17.
ZHANG Zhiqiang, ZHANG Pengzhu. Design the Overall Framework of Metasynthetic Engineering for Argumentation towards Complex Decision Tasks [J]. Systems Engineering-Theory & Practice, 2006,26(1):9 - 17.(in Chinese)

[30] 张兴学,张朋柱.群体决策研讨意见分布可视化研究——电子公共大脑视听室(ECBAR)的设计与实现[J].管理科学学报,2005,8(4):15 - 27.
Zhang Xingxue, Zhang Pengzhu. Research on visualization of group decision argument opinion's distributing—Design and development of electronic common brain audiovisual room [J]. Journal of Management Sciences in China, 2005,8(4):15 - 27.(in Chinese)

[31] 蒋御柱,张朋柱,张兴学.群体研讨支持系统中的智能可视化研究[J].管理科学学报,2009,12(3):1 - 11+43.
Jiang Yuzhu, Zhang Pengzhu, Zhang Xingxue. Research on intelligence visualization in group argument support system [J]. Journal of Management Sciences in China, 2009,12(3):1 - 11+43.(in Chinese)

[32] 李嘉,张朋柱,邓莎莎,原海英.群体支持系统中的自动主持人研究[J].管理科学学报,2010,13(12):34 - 45.
Li Jia, Zhang Pengzhu, Deng Shasha, Yuan Haiying. Research on automated facilitation in group support systems [J]. Journal of Management Sciences in China, 2010,13(12):34 - 45.(in Chinese)

[33] Isaacs E, Walendowski A, Whittaker S, Schiano D J, Kamm C. The character, functions, and styles of instant messaging in the workplace [C]. Proceedings of the 2002 ACM conference on Computer supported cooperative work, New York: ACM Press, 2002.

[34] O'Neill J, Martin D. Text chat in action [C]. Proceedings of the Conference on Supporting Group Work (GROUP'03), New York: ACM Press, 2003.

[35] Clapper D L, McLean E R, Watson R T. An experimental investigation of the effect of a group decision support system on normative influence in small groups [C]. Proceedings of the Twelfth International Conference on Information System. Minneapolis, MN, University of Minnesota Press, 1991.

[36] Gopal A, Bostrom R P, Chin W W. Applying adaptive structuration theory to investigate the process of group support systems use [J]. Journal of Management Information Systems, 1992: 45 - 69.

[37] Easton G K, George J F, Nunamaker Jr J F, Pendergast M O. Using two different electronic meeting system tools for the same task: An experimental comparison [J]. Journal of Management Information Systems, 1990: 85 - 100.

[38] Sia C L, Tan B C Y, Wei K K. Exploring the effects of some display and task factors on GSS user groups [J]. Information & Management, 1996,30(1):35 - 41.

[39] Tan B C Y, Raman K S, Wei K K. An empirical study of the task dimension of group support system [J]. Systems, Man and Cybernetics, IEEE Transactions on, 1994,24(7): 1054 - 1060.

[40] Goodhue D L, Thompson R L. Task-technology fit and individual performance [J]. MIS Quarterly, 1995: 213 - 236.

[41] Venkatraman N. The concept of fit in strategy research: Toward verbal and statistical correspondence [J]. Academy of Management Review, 1989: 423 - 444.

[42] Clark H H, Brennan S E. Grounding in communication [J]. Perspectives on socially shared cognition, 1991,13(1991):127 - 149.

[43] Gallupe R B, Dennis A R, Cooper W H, Valacich J S, Bastianutti L M, Nunamaker Jr J F. Electronic brainstorming and group size [J]. Academy of Management Journal, 1992,35 (2):350 - 369.

[44] Campbell D J. Task complexity: A review and analysis [J]. Academy of Management Review, 1988,13(1):40 - 52.

[45] Wood R E. Task complexity: Definition of the construct [J]. Organizational Behavior and Human Decision Processes, 1986,37(1):60 - 82.

[46] Rao V S, Jarvenpaa S L. Computer support of groups: theory-based models for GDSS research [J]. Management Science, 1991: 1347 - 1362.

[47] Gallupe R B, DeSanctis G. Computer-based support for group problem-finding: an experimental investigation [J]. MIS Quarterly, 1988,12(2):277 - 296.

[48] Herring S C, Nix C G. Is 'serious chat' an oxymoron? Academic vs. social uses of Internet Relay Chat [C]. Proceedings of the American Association of Applied Linguistics.

Orlando, FL, 1997.

[49] Danet B, Ruedenberg-Wright L, Rosenbaum-Tanari Y. Smoking dope at a virtual party: Writing, play and performance on Internet Relay chat, Network and Netplay: Virtual Groups on the Internet [A]. 1997, MIT Press: Cambridge.

[50] Farnham S, Chesley H R, McGhee D E, Kawal R, Landau J. Structured online interactions: improving the decision-making of small discussion groups [C]. Proceedings of the 2000 ACM conference on Computer Supported Cooperative Work (CSCW'00). New York, NY, ACM Press, 2000.

[51] 黄丽宁,张鹏翥. 网络环境下开放式群体决策的研讨过程[J]. 西安工程科技学院学报, 2003,17(3):265-268.
Huang Lining, Zhang Pengzhu. A study on open group decision discussion process under the Internet environment [J]. Journal of Xi an University of Engineering Science and Technology, 2003,17(3):265-268. (in Chinese)

[52] 邓辉,孙景乐,张朋柱,李树荣. 决策任务结构化的群体研讨过程和模式[J]. 系统管理学报,2008,17(005):572-576.
Deng Hui, Sun Jingle, Zhang Pengzhu, Li Shurong. Procedures and Mode of the Structuring Group Decision Task [J]. Journal of Systems & Management, 2008,17(005): 572-576. (in Chinese)

[53] Condon S L, Cech C G. Discourse Management Strategies in Face-to-Face and Computer-Mediated Decision Making Interactions [J]. Electronic Journal of Communication/La revue électronique de communication, 1996,6(3).

[54] Marvin L E. Spoof, Spam, Lurk, and Lag: the Aesthetics of Text-based Virtual Realities [J]. Journal of Computer-Mediated Communication, 1995,1(2):1-11.

[55] Cherny L. The MUD register: conversational modes of action in a text based virtual reality [D]. 1996, PhD's thesis, Stanford University.

[56] Werry C C. Linguistic and interactional features of Internet Relay Chat [D]. 1996, University of Texas at Arlington. 47-63.

[57] Fono D, Baecker R. Structuring and supporting persistent chat conversations [C]. Proceedings of the 2006 anniversary conference on Computer Supported Cooperative Work. New York, NY, ACM Press, 2006.

[58] 谭俊峰,张朋柱,程少川,孔彬. 群体研讨中的共识分析和评价技术[J]. 系统工程理论方法应用,2005,14(1):55-61.
Tan Junfeng, Zhang Pengzhu, Chen Shaochuan et al. Analyzing and identifying consensus in group argumentation [J]. Systems Engineering Theory Methodology Applications, 2005,14(1):55-61. (in Chinese)

[59] Gouran D S, Brown C, Henry D R. Behavioral correlates of perceptions of quality in decision-making discussions [J]. Communications Monographs, 1978,45(1):51-63.

[60] Green S G, Taber T D. The effects of three social decision schemes on decision group process [J]. Organizational Behavior and Human Performance, 1980,25(1):97-106.

[61] Fellers J W. The effect of group size and computer support on group idea generation for creativity tasks: an experimental evaluation using a repeated measures design [D]. 1989, Indiana University: Bloomington, Indiana. 390.

[62] Zigurs I, Poole M S, DeSanctis G L. A study of influence in computer-mediated group decision making [J]. MIS Quarterly, 1988:625 - 644.

第 6 章

支持模糊型任务的信息组织结构设计研究

6.1 引言

以群体支持系统(Group Support Systems, GSS)、BBS、网络论坛、博客、微博、即时通讯工具、虚拟社区等为代表的各种研讨平台因为具有便利性、并行输入、匿名性、异步性、持久保持等许多优点,已经得到广泛的应用,渗透到了我们工作生活的方方面面。理论和实践证明这个“以计算机为媒介的群体交流”[1]环境能够减少由成员优势、社会关系压力、表达障碍和其他团队中常见问题而造成的“过程损失”,并通过支持平行沟通和信息处理以及快速方便地获取外部信息等来增进“过程收益”,从而提高决策的质量和效率[2-5]。

所谓信息组织结构,是指群体支持系统采用什么样的方式来组织和展现用户的发言信息。由于群体支持系统的一大优势来源于对研讨发言的持久保持,合理的信息组织结构有利于用户快速发言,浏览和搜索发言信息,减轻认知负担,形成对研讨态势的正确判断,规范研讨过程并最终帮助群体做出更好的决策,因此对于群体支持系统具有重要意义。虽然在线研讨平台已经获得了长足的发展并有广泛的应用,它的信息组织结构却还是停留在非常原始的阶段。现代在线研讨平台的信息组织方式主要还是局限于线性结构和树状结构,并且绝大多数系统都是采用线性结构来组织研讨信息。

虽然已经有研究从任务—技术匹配的角度关注了在线群体研讨中的信息组织问题,并且证实了任务和技术之间的匹配会导致群体研讨绩效的改进[6],然而这些研究只考虑了主意产生型任务和决策型任务,对于模糊型任务则没有涉及。根据Campbell[7]对群体任务的定义,如果用复杂性[7, 8]对群体任务进行分类,那么主意产生型任务是复杂程度最低的一种，决策型任务是复杂程度中等的一种，而模糊型任务则是复杂程度最高的一种。模糊型任务是组织中最广泛存在的一类决策任务，其特点是具有结果多样性和解决方案的多样性，同时还可能存在冲突的相互依赖性和解决方案/结果的不确定性。组织中面临的大部分非结构化问题都属于模糊型任务。然而，由于模糊型任务独特的复杂性，前人对它的研究相对较少，仅有的一些研究也没有涉及支持模糊型任务的信息组织结构[9]。从任务—技术匹配的角度上分析，模糊型任务要求在沟通、过程组织和信息处理 3 个维度都有高水平的支持，这意味着它不能被任何一种现有的线性结构或树状结构有效支持[6]。为了填补这一空白，本研究依照任务—技术匹配的分析方法，提出一种线性＋树状的信息组织结构，来满足模糊型任务的需求。进一步地，我们以传统的线性结构和树状结构为基准系统，评估了线性＋树状结构在提高群体研讨绩效上的效果。

本研究遵循设计科学[10, 11]的方法进行。日常设计是将已有知识用于解决组织问题，通常关注的是一个工程问题。而设计科学研究关注的是未解决的问题，并且用一种创新性的方法来解决它。因此，日常设计和设计研究的重要区别在于是否能够验明对人类知识库的贡献。本研究提出的线性＋树状结构是前人从未提出过的，它对一类重要的模糊型任务的支持作用在前人的研究中也从未被评估过。在本章的研究过程中，有以下几个设计产物被创造出来。首先，本章创造了一种称为线性＋树状的新型信息组织结构，并且证实与传统的线性结构或树状结构相比，这种结构更加适合支持模糊型任务。其次，本研究实现了一个采用线性＋树状结构的原型系统(万慧研讨决策平台)。最后，本研究提出了一个信息组织结构如何影响研讨绩效的研究模型。

本研究有以下几个创新点。首先，前人关于群体研讨的信息组织结构设计大多缺乏理论基础；本研究以任务—技术匹配理论为基础，展示了一种基于理论的设计方法，设计了一种新型的在线决策研讨平台，并且针对模糊型任务证实了其有效性。在目前设计科学中，基于理论的设计方法和设计实践都还很欠缺的情况下，本研究可以为这类研究树立典范。其次，本章首次研究了模糊型任务的最优信息组织结构问题。前人关于群体研讨信息组织结构的研究局限于较为简单的任务类型，如主意产生型和决策型任务。模糊型任务由于其广泛存在性，在现实的管理问题中具有重大的意义，可是据我们所知，还没有专门的研究关注模糊型任务的信息组织结构问题。本研究的结论表明，一种新型的线性＋树状结构是支持模糊型任务的有效信息组织结构。最后，本研究以任务—技术匹配理论为基础，提出了一种任务—技术匹配的分析框架，并从沟通、过程组织和信息 3 个维度进行了匹配分析。这一分析框架具有多种功能，不仅可以用于指导设计一项新的技术，还可以用于为新技术寻找适合的任务，或者预测一项技术用于一项任务时的绩效。这一框架将匹配作为描述文件来看待，这使得任务类型和技术维度可以通过编码来可操作化，从而可以进一步和类似研究进行比较并积累我们的研究发现。

6.2　文献综述

6.2.1　在线研讨的信息组织结构研究

在线研讨平台中最常用的2种信息组织方式是线性结构和树状结构。在线性组织结构中，发言按照时间先后顺序排列。典型的采用线性结构的研讨平台包括 Windows Live Messenger、QQ、Web Forum、GroupSystems[12, 13]、GAE[14-16]等。在树状组织结构中，除了根节点以外的每一个发言都有一个父节点，所有发言按照回复关系连接起来形成一颗树。每次用户发言时，都必须指定一个发言的回复节点(有的系统还要求指定回复的语义关系)。用户可以通过点击节点来查看该节点的详细信息(如标题、内容、发言人、发言时间、语义关系等)。典型的采用树状结构的研讨平台包括 Thread Chat[17]、HERMES[18]、MRV[19]、GASS[20-23]等。

李嘉和张朋柱[6]从任务—技术匹配的观点出发，从沟通、协调组织和信息处理3个维度阐述了任务和信息组织结构之间的匹配关系，并将其用于预测不同任务—技术匹配环境下的研讨绩效。实验结果表明，对主意产生型任务，采用线性结构的研讨平台比采用树状结构的研讨平台具有更高的研讨绩效；对于决策型任务，采用树状结构的研讨平台比采用线性结构的研讨平台具有更高的研讨绩效。

6.2.2　群体支持系统中关于模糊型任务的研究

群体支持系统的文献中，涉及模糊型任务的研究被总结在表6-1中。在所有的模糊型任务中，基金分配问题(Foundation Task)用到了5次，是使用次数最多的一种任务；其次是大学战略规划问题(Tidewater College Task)用到了2次；然后是公文处理问题(In-Basket Task)、销售区域分配问题(Parkway Drug Task)和大学财务规划问题(University Financial Task)各用到了1次。

表 6-1 群体支持系统中关于模糊型任务的研究

任务	任务描述	系统	结果	引文
基金任务(Foundation Task)	为一个慈善基金分配资助	SAMM 2	使用 SAMM 2 的群体表现更好	Dickson 等[26]
		SAMM 1	分布式 GSS 的组比面对面的组表现更差	Cass 等[27]
		SAMM 1	GSS 的组表现更差	Ho 和 Raman [28]
		SAMM 1	GSS 的组表现更差	Poole 等[29]
		SAMM 1	没有差别	Watson 等[9]
潮水社区学院规划任务(Tidewater College Task)	为某大学制定战略规划	SAMM 2	使用 SAMM 2 的组表现更好	Sambamurthy 和 DeSanctis [30]
		SAMM 2	使用 SAMM 2 的组表现更好	Sambamurthy 和 Poole [31]
文件筐任务(In-Basket Task)	对 9 个要处理的公文进行优先级排序	Capture Lab	GSS 的组表现更差	McLeod 和 Liker[32]
百汇药品销售任务(Parkway Drug Task)	产生并选择关于指派销售区域的最佳方案	GroupSystems	没有差别	George 等[33]
大学财务任务(University Financial Task)	产生并选择一个最优的方案来帮助某大学解决面临的财务问题	Facilitator	使用 GSS 的组表现更好	Lewis [34]

在表 6-1 的研究中,涉及了 4 种群体支持系统,其中 SAMM 是使用次数最多的一种。SAMM 又分为 SAMM 1 和 SAMM 2 两种,其中 SAMM 1 提供了高水平的沟通支持和中等水平的信息处理支持,而 SAMM 2 不仅在沟通和信息处理上提供了高水平支持,在过程组织上也提供了中等水平的支持。除了 SAMM 外,GroupSystems、Capture Lab 和 Facilitator 也在涉及模糊型任务的研究中被用到。

然而,表 6-1 显示关于模糊型任务的研究结果模棱两可,难以统一。一些研究发现使用群体支持系统比传统的面对面讨论更好[26, 30, 31, 34],另一些研究却发现传统的面对面讨论比使用群体支持系统有更好的表现[27-29, 32],还有一些研究发现两者没有差别[9, 33]。Zigurs 等认为上述模棱两可的结论可以用任务—技术匹配理论来解释[35]：当决策任务和技术良好匹配的时候，使用群体支持系统就会比传统面对面讨论表现更好；反之，使用群体支持系统就会比传统面对面讨论表现更差。这说明在群体研讨支持系统环境下，人们已经意识到了任务—技术匹配的重要性。在 DeSanctis 和 Gallupe[3] 的开创性论文中，在群体任务和 GSS 技术之间达成一种匹配被认为是有效使用群体支持系统的一项基本原则。

6.3　线性＋树状信息组织结构的设计

本研究的目的是设计、实现和评估一个适合模糊型任务的新型信息组织结构。在本研究中，设计科学[10, 11]的方法被用作研究方法。Hevner 等[11]提供了一个在信息系统学科里进行设计科学研究应该遵循的框架，因此本研究遵循这一框架进行。

6.3.1　基于任务—技术匹配的分析方法

本研究提出一个基于任务—技术匹配的分析框架（见图 6－1），其理论基础是任务—技术匹配（Task-Technology Fit，TTF）理论。任务—技术匹配理论认为一项信息技术如果越是匹配一项任务，那么它就越可能对用户的工作表现有一个正向的影响[36]。

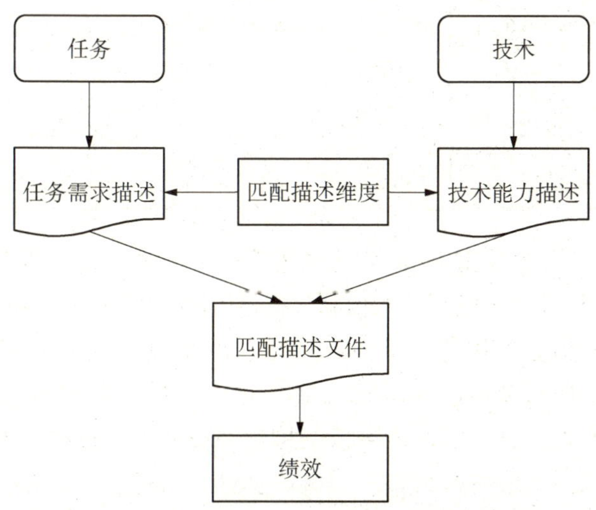

图6－1　基于任务—技术匹配的分析框架

图 6－1 分析框架的核心是把匹配看作是与某一个特定描述文件的相符程度，以及与之对应的匹配描述维度。匹配描述维度与具体的应用环境和需要解决的任务有关。本研究的应用环境是在线群体研讨，因此我们从沟通、协调组织和信息处理 3 个维度来定义匹配描述维度[35, 37]。它们与 Huber 理论中所提技术的主要属性相一致：通讯、决策和信息属性[38]。这 3 个维度最初由 Clark 在 Grounding in Communication 中总结提出[37]，后来被广泛用来对比 CMC 和面对面 2 种媒介对群体沟通的影响[39]。这 3 个维度及其对应的研讨成本被总结在表 6－2 中。这些研讨成本作为电子会议中的过程损失[13]，后来被广泛用来对比 GSS 和面对面 2 种媒介对群体研讨的影响[4, 12, 40]。

表 6－2　影响群体研讨的 3 个维度及其对应的研讨成本

维度	成本	定　义
沟通	构思成本	用户构想发言所需的成本
	发言成本	发言者发言所需的力气
	接收成本	用户接收消息所需的力气
	理解成本	用户理解研讨发言所需的成本
协调组织	延迟成本	为了更好地计划、修改和执行而延迟一个发言造成的成本
	分心成本	用户在研讨中讨论与主题无关的幽默或娱乐话题的成本
	议程成本	执行一个会议议程的成本
信息处理	阅读成本	用户阅读历史研讨记录所需的成本
	摘要成本	用户对研讨信息进行总结摘要所需的成本
	评估成本	正确评估研讨信息（如共识点和分歧点）所需的成本

由于模糊型任务缺乏重点，群体成员将他们的精力主要花费在理解和组织问题上。在模糊型任务中，信息负载、信息多样性、冲突和不确定性的特点都存在[7]。由于复杂性很高，信息处理就变得很重要[41]。因此，最重要的应该是群体成员间的通讯，采集与问题有关的信息，以及使用问题组织模板来理解问题。另外，过程组织也是重要的，因为它可以帮助群体结构化他们的工作过程。但是过程结构应该具有柔性，可以适应群体的需要。因此，模糊型任务应该在沟通、过程组织和信息处理 3 个维度上都提供高水平的支持（见表 6－3）[35]。

表6-3　模糊型任务的需求描述文件

任务类型	维度	需求水平
模糊型任务	沟通	高
	协调组织	高
	信息处理	高

文献[6]分析了传统的线性结构和树状结构在沟通、协调组织和信息处理3个维度上的支持水平(见表6-4)。表6-4的能力描述文件显示,无论是线性结构还是树状结构都无法在沟通、协调组织和信息处理3个维度上提供高水平的支持,因此无法有效支持模糊型任务。但是线性结构能够对沟通维度提供高水平的支持,而树状结构能够对协调组织和信息处理维度提供高水平的支持。这说明线性结构和树状结构本身存在互补关系。如果有一种结构能够有效整合线性结构和树状结构,那么从理论上说,将在沟通、协调组织和信息处理3个维度上提供高水平的支持。这启发我们设计了一种线性+树状的信息组织结构。

表6-4　线性结构、树状结构和线性+树状结构的技术能力描述文件

信息组织结构	维度	支持水平
线性结构	沟通	高
	协调组织	低
	信息处理	低
树状结构	沟通	低
	协调组织	高
	信息处理	高
线性+树状结构	沟通	高
	协调组织	高
	信息处理	高

6.3.2　线性+树状结构的设计

本研究设计的线性+树状信息结构的用户界面如图6-2所示。该界面由3个面板组成:左边面板是树状结构,按回复关系组织排列用户发言;右边上半面板是线性结构,按照发言的时间先后顺序排列用户发言;右边下半面板是用户发言区。

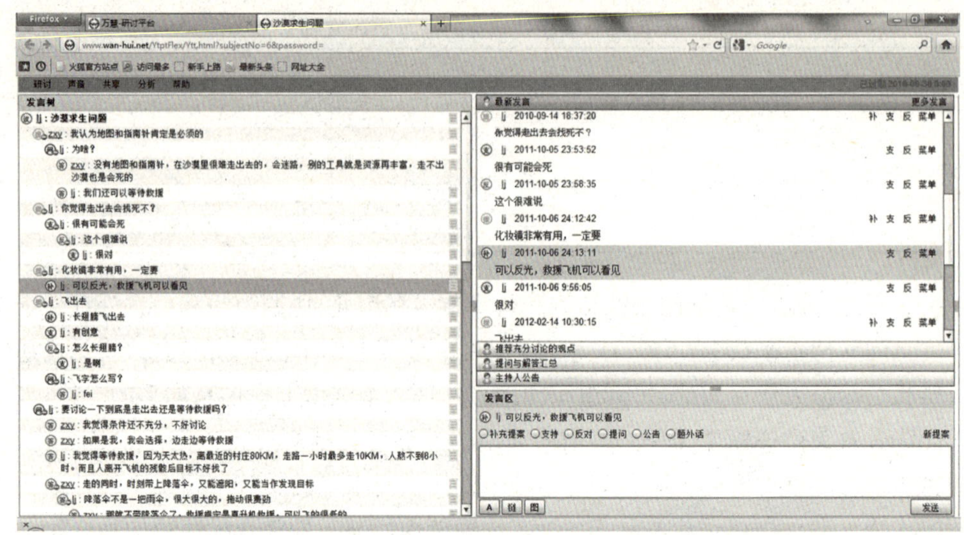

图 6-2　线性＋树状信息结构的用户界面

线性＋树状结构的设计目标是同时在沟通、协调组织和信息处理 3 个维度上提供高水平的支持。但是简单地把线性组织结构和树状组织结构放到一起并不能成为一个有效的信息组织结构。线性＋树状结构在整合 2 种信息结构时主要解决了以下设计问题：

1）线性结构和树状结构的布局

在本研究中，线性＋树状结构采用了左—右的布局方式，即线性结构和树状结构左右分立，分别占据屏幕一半的面积（见图 6-2）。这是因为线性结构和树状结构大致占据同样重要的地位，各自都有重要的维度需要支持。线性＋树状结构没有采用上—下布局，这是因为左—右布局的屏幕利用效率比上—下布局要高。用户使用线性结构和树状结构浏览研讨记录时，都依赖纵向滚动条。左—右布局意味着整个屏幕的高度都可以用来显示历史记录，而上—下布局则只有一半的屏幕高度能用来显示历史记录。一个屏幕中能同时显示信息的多少，对用户的信息集成能力有重要的影响[42]。如果屏幕中能同时显示的信息较少，那么用户必须更多地依赖滚动条来翻看记录，并且必须在短期记忆中记住更多的信息，这就增加了用户的认知负担，并且更多的滚动条操作会导致用户更容易迷失[43]。因此，本研究设计的线性＋树状结构采用了左—右布局的方式。同时，用户输入区和线性结构被集成到了同一区域（在本书给出的例子中，线性结构和输入区域都放到了右边，并且输入区置于线性结构的下方）。这是因为线性结构本身对沟通维度的支持较好，而输入区主要是用于用户沟通。因此这样的放置有利于用户按照功能分区管理。

2) 2个信息组织结构之间的同步

线性结构和树状结构分别从时间关系和回复关系上对发言信息进行组织，因此这2个结构是独立的。如果2个信息组织结构不能通过某种机制同步，就意味着用户在一个结构里探索的结果无法反映到另一个结构上。这样用户的浏览就会变得低效，并且容易迷失。我们设计了一个同步机制来实现线性结构和树状结构的整合。每当用户在一个结构中选择一条发言时，另一个结构会自动将视图更新到显示这条发言。例如，当用户在线性结构中选中一条发言后，左边对应的树状结构将选择这条发言，并自动导航到可以完整显示这条发言及其上下文的视图(如图6-2所示)。这给了用户浏览历史发言很大的自由，可以用任意一个方便的结构浏览发言，并在2个结构中都得到正确的定位。

3) 发言目标节点的选择方法

线性结构和树状结构的根本区别在于，树状结构在输入前必须选择一个发言的目标节点，而线性结构则不需要。选择目标节点的好处是明确了回复关系，因此增强了研讨记录的可读性；但是手动选择发言目标节点需要多个额外的操作，降低了发言速度。为了平衡这2种优缺点，我们为线性＋树状结构设计了一种灵活的目标节点选择方式。这种方式不仅允许用户从树状结构里选择发言目标节点，还允许用户从线性结构里选择发言目标节点。允许用户从线性结构(尤其是线性结构里最后几条发言)里选择回复的父节点，这极大地降低了构造树状结构的成本。这是因为研讨通常都有一个或多个当前主题(虽然主题也会变迁)，因此绝大部分发言在语义关系上都是回复最近的发言。回复更早发言的情况虽然存在，但是属于低概率行为。这就意味着在绝大部分情况下，用户可以不用选择发言目标节点，或者在不用拉滚动条的情况下用一个鼠标点击操作完成发言目标节点的选择。这种灵活的输入方式使得线性＋树状结构能够获得接近线性结构的输入速度，同时保留了树状结构包含回复关系信息的优点。

4) 并行线性结构

传统的线性结构只有一个列表框，所有的发言按照到达顺序排列。并行的线性结构按照不同目的(如发言流水、提问与解答、主持人公告等)提供了若干个相同地位的列表框，每一个列表框里的条目仍然按照时间先后顺序排列。这种并行线性结构按照不同目的将发言分类列出，或者将部分重要的发言单独列出，使得发言的结构更加清晰。这种分类处理的思想一定程度上缓解了传统线性结构信息混乱、可读性差的问题。在本研究中，若干个并行的线性结构在同一时间只能打开并查看其中一个(见图 6－2)。其余没有被打开的线性结构只能显示其标题,并且当有一个线性结构被打开时,其他的线性结构自动被收起。

在实现上,本研究所提出的线性＋树状结构被实现在万慧在线决策研讨平台(http://www. wan-hui. net)中。该平台采用 B/S 结构,前端界面用 Flex 技术开发,可以嵌入任何一款支持 Flash 技术的浏览器(如 IE、Firefox、Chrome 等)中使用。使用 Flash 技术的好处在于增强了用户体验,同时还保留了浏览器客户端的优势。任何用户在万慧在线决策研讨平台免费注册后都可以使用该系统。

6.4 研究模型和研究假设

本章提出的研究模型(见图 6－3)基于任务—技术匹配理论,即如果一个技术同一项任务的匹配程度越高,那么决策绩效和用户体验就越好。模型中的决策绩效用前人研究中经常用到的决策效率和决策效果来测量,用户体验用研讨过程满意度和研讨结果满意度来测量。所谓决策效率,是指能否更快地完成决策任务;所谓决策效果,是指能否更好地完成决策任务。

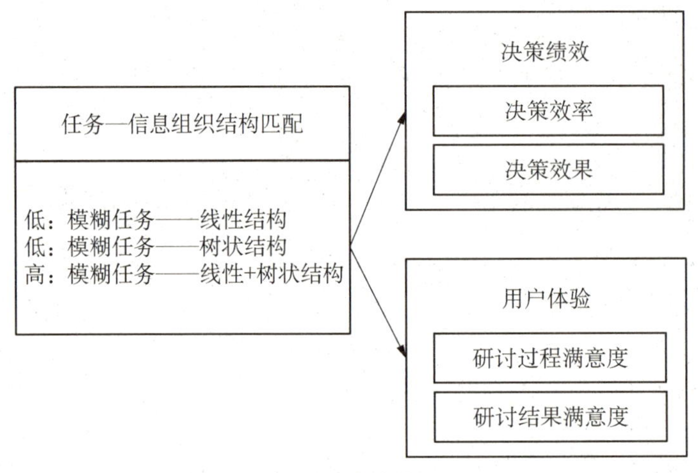

图 6－3 研究模型

对于线性结构和树状结构,文献[6]分析了它们在沟通、过程支持和信息处理 3 个维度上的支持水平,得到的结论是线性结构中沟通维度上能够提供高水平的支持,但是在过程支持和信息处理维度上提供的支持不好;树状结构在过程支持和信息处理维度上能够提供高水平的支持,但是在沟通维度上提供的支持不好。而模糊型任务要求在沟通、过程支持和信息处理3个维度上都有高水平的支持，因此我们推断无论是线性结构还是树状结构，它们与模糊型任务的匹配程度都较低。

对于线性结构＋树状结构，它同时具有线性结构和树状结构的优点，我们推断线性＋树状结构对通讯维度、过程结构化维度和信息处理维度都有很好的支持。与树状结构相比，树状＋线性结构可以显著提高输入速度，因为系统提供了缺省发言目标节点(默认为最近的一个发言，这适用于大部分情况)，并且允许用户从线性结构(尤其是线性结构里最后几条发言)里选择回复的父节点，因此用户可以用类似线性结构的模式来完成输入，获得与线性结构接近的输入速度。同时，由于有线性结构做补充，线性＋树状结构有了公告讨论的焦点区，任何用户的发言都可以在“最新发言”区被及时查看到。由于用户的发言有明确的指向，用户控制话语权的焦虑会降低，发言的延迟成本也会降低。

线性＋树状结构对过程结构化和信息处理维度的支持也很好，这是因为其中的树状结构面板可以完成关于过程结构化和信息处理的几乎所有功能，如议程设置、并行研讨、较高的研讨记录可读性等。由于线性＋树状结构能够在线性结构和树状结构之间相互定位，而且并行的多个线性结构能够将发言分类列出，这进一步增强了信息处理能力，尤其有利于信息摘要和态势评估。因此，线性＋树状结构在沟通、协作组织和信息处理3个维度上都能够提供高水平的支持，能够有效匹配模糊型任务的需求。

根据任务—技术匹配理论，如果一个技术同一项任务很好地匹配，那么对决策绩效和用户体验就会有正向的影响。由于在3种信息组织结构中，线性＋树状结构与模糊型任务的匹配程度最高，我们预测采用线性＋树状结构研讨平台的用户会比采用线性结构或树状结构研讨平台的用户具有更好的研讨绩效。因此本研究提出以下研究假设：

H1：对于模糊型任务，采用线性＋树状结构研讨平台比采用线性结构或树状结构研讨平台具有更高的决策效率。

H2：对于模糊型任务，采用线性＋树状结构研讨平台比采用线性结构或树状结构研讨平台具有更好的决策效果。

H3：对于模糊型任务，采用线性＋树状结构研讨平台比采用线性结构或树状结构研讨平台具有更高的决策过程满意度。

H4：对于模糊型任务，采用线性＋树状结构研讨平台比采用线性结构或树状结构研讨平台具有更高的决策结果满意度。

6.5 研究设计

本研究设计了一个有 3 个水平的单因素方差分析实验来验证所提的假设。其中信息组织结构(线性结构、树状结构和线性+树状结构)是被试间因素。每一个被试被要求和其他 3 位被试按照随机原则组成一个小组,使用某一种信息组织结构的研讨平台来完成一个模糊型任务。

6.5.1 基准系统

为了验证所提的线性+树状信息组织结构的效果,本研究使用了 2 个基准系统进行比较。第一个基准系统是采用线性结构的研讨平台,第二个基准系统是采用树状结构的研讨平台。对于线性研讨平台,本研究中采用 QQ 群。

对于树状研讨平台,本研究中采用 GASS 系统[20-23]。两种平台与 5.4.1 节的介绍一样。

6.5.2 测量方法

(1) 决策效率。决策效率用完成决策(达成组内共识)所需的时间来衡量。

(2) 决策效果。决策效果用感知决策质量来衡量。本研究采用 Gouran 等提出的量表[44]来测量感知决策质量。该量表一共包含 8 个问题,但是最后 2 个问题因为与本研究环境不符合被舍弃,因此测量感知决策质量的量表一共包含 6 个问题(总体研讨质量、研讨有效性、方案满意度、可执行性、价值和讨论仔细程度)。本研究问卷中的每一个问题都用 1~7 分的李克特量表来测量,其中 1 表示强烈不同意,7 表示强烈同意。

(3) 决策过程满意度。对于过程满意度,本研究采用 Green 和 Taber 提出的一套量表[45]来测量。该量表一共包含 5 个问题(讨论效率、协作程度、公正性、同伴发言可理解性和过程整体满意度)。

(4) 决策结果满意度。对于结果满意度,本研究采用 Green 和 Taber 提出的一套量表[45]来测量。该量表一共包含 5 个问题,但是第 1 个问题因为与本研究环境不符合被舍弃,因此最终测量决策结果满意度的量表一共包含 4 个问题(小组决策是否反映你的观点,对小组决策的忠实程度,相信小组决策最优的程度以及为小组决策负责的程度)。

问卷的信度分析结果如下:感知决策质量的 Cronbach's alpha 系数为 0.934,

决策过程满意度的 Cronbach's alpha 系数为 0.896，决策结果满意度的 Cronbach's alpha 为 0.894，整个调查问卷的 Cronbach's alpha 系数为 0.960。这说明问卷具有良好的可靠性。问卷包含了感知决策质量(PDQ1～PDQ6)、决策过程满意度(DPS1～DPS5)和决策结果满意度(DRS1～DRS4)共 15 个问题。因子分析的结果显示，PDQ1～PDQ6 很好地落到了第一个主成分上，DRS1～DRS4 很好地落到了第二个主成分上，而 DPS1～DPS5 很好地落到了第三个主成分上。这说明问卷具有良好的结构效度。

6.5.3　被试

我们在上海一所著名的重点大学招募了 96 名信息管理与信息系统专业大三的本科生参与实验，其中女生 52 人，男生 44 人。他们在实验前被要求填写一份个人资料调查表，其中包括年龄、性别、使用计算机经验、在线研讨经验等相关问题。参与者都具有使用计算机为媒介的交流工具的经验，包括即时聊天工具、在线聊天室或网络论坛等。大学生是使用在线研讨系统的一个主要群体，因此他们是参与本次实验的合适人选。被试按照随机原则 4 人一组，一共被分为 24 个小组。为了更有效地激励被试，实验参与者可以得到考试加分，并且加分的多少取决于他们的研讨绩效。另外，每种技术环境下，表现最好的组可以获得 200 元的现金奖励。

6.5.4　实验任务

本研究采用的任务是著名的基金分配问题(Foundation Task)[9]。该任务要求被试扮演一个基金委员会的委员，来决定如何为本社区一些竞争性的申请项目(如为本地区的图书馆购买更多图书，购买用于陈列在社区美术馆的艺术品，为本地区无家可归者建立更多的庇护所等)分配资金。每个申请项目的详细信息是非常少的，因此决定资助哪个项目必须依赖每个参与者的个人判断而不是一些客观数据(如财务分析报表)。在分配基金时，许多因素都可能会影响基金的资助决策，但是最重要的因素是符合成员的价值观。不同的群体成员对这些项目有着不同的判断，但是在该任务中，参与者必须对其不同观点进行协调以便形成一个结论。实验按照轮次的方式进行，每一轮各成员给出自己的分配方案，然后大家讨论分歧之处，当分歧讨论完，各成员继续给出自己的分配方案。当所有的成员达成一致，或者最多经过 10 轮的讨论，研讨就会结束。

6.5.5 实验过程

在正式的实验开始前，每一个被试都领到了一份详尽的实验说明和系统使用说明。实验组织者在正式实验前对每一个被试进行了培训，让他们熟悉实验过程和相应的研讨系统。为了保证被试对系统和任务有充分的了解，在正式实验前安排了一个热身讨论。只有在所有用户都已经准备好了以后，正式实验才开始。

正式实验的过程中，要求编号 1～8 的小组使用 QQ 群(线性结构的研讨平台)完成研讨任务；要求编号 9～16 的小组使用 GASS(树状结构的研讨平台)完成研讨任务；要求编号 17～24 的小组使用万慧研讨平台(线性＋树状结构的研讨平台)完成研讨任务。研讨任务结束后，用户被要求填写一份调查问卷。问卷里包含了测量感知决策质量、决策过程满意度和决策结果满意度等一系列问题。为了保证问卷的有效性，我们在问卷中设置了陷阱问题(即“请不要回答本题，直接跳过”)。问卷填写情况表明，所有用户都没有在陷阱问题上作答。对于 GASS 系统和万慧研讨平台，所有的聊天和操作记录都自动记录到了远程服务器上。对于 QQ 系统，实验结束后专门有人将研讨记录导出，用于进一步的分析。

6.6 结果分析和讨论

6.6.1 决策效率

表 6－5 决策效率(决策时间)的比较

信息组织结构	Mean	Std. Dev.
线性结构	26.20	10.06
树状结构	18.30	4.26
线性＋树状结构	15.60	2.64
F 值	4.08	
Sig.	0.042*	

注：*：$p<0.05$；**：$p<0.01$；***：$p<0.001$

决策效率用完成决策(达成组内共识)所需的时间来衡量。单因素方差分析的结果(见表 6－5)显示，信息组织结构对决策效率有显著的影响($F=4.08$，$p<0.05$)。因此我们进一步运行独立样本 t 检验(independent sample t-test)来对比线性结构和线性＋树状结构，以及树状结构和线性＋树状结构。结果表明，采用线性＋树状结构的决策效率比线性结构要显著的高($t=2.504$，$p<0.05$)。但是，采用线性＋树状结构的决策效率同树状结构相

比没有显著差别($t=1.288$, $p>0.05$)。因此 H1 被部分支持。

6.6.2 决策效果

决策效果用感知决策质量来衡量。单因素方差分析的结果(见表 6-6)显示,信息组织结构对决策效果有显著的影响($F=5.833$, $p<0.05$)。因此我们进一步运行独立样本 t 检验(independent sample t-test)来对比线性结构和线性+树状结构,以及树状结构和线性+树状结构。结果表明,采用线性+树状结构的决策效果比线性结构要显著的高($t=-3.152$, $p<0.05$)。同时,采用线性+树状结构的决策效果比树状结构要显著的高($t=-2.340$, $p<0.05$)。因此 H2 被支持。

表 6-6 决策效果(感知决策质量)的比较

信息组织结构	Mean	Std. Dev.
线性结构	5.15	0.56
树状结构	5.50	0.44
线性+树状结构	6.13	0.45
F值	5.83	
Sig.	0.016*	

注:*:$p<0.05$。

6.6.3 决策过程满意度

对决策过程满意度进行单因素方差分析,表 6-7 中的结果显示信息组织结构对决策过程满意度有显著的影响($F=5.265$, $p<0.05$)。因此我们进一步运行独立样本 t 检验来对比线性结构和线性+树状结构,以及树状结构和线性+树状结构。结果表明,线性+树状结构用户的决策过程满意度要显著高于线性结构用户($t=-2.797$, $p<0.05$)。但是,线性+树状结构用户的决策过程满意度同树状结构用户相比没有显著差别($t=-0.764$, $p>0.05$)。因此 H3 被部分支持。同时,我们还发现树状结构用户的决策过程满意度要显著高于线性结构用户($t=-2.792$, $p<0.05$)。

表 6-7 决策过程满意度的比较

信息组织结构	Mean	Std. Dev.
线性结构	5.33	0.41
树状结构	5.91	0.22
线性+树状结构	6.08	0.48
F值	5.27	
Sig.	0.021*	

注:*:$p<0.05$。

6.6.4 决策结果满意度

对决策结果满意度进行单因素方差分析，表 6－8 中的结果显示信息组织结构对决策结果满意度没有显著的影响($F=0.777$，$p>0.05$)。因此 H4 没有被支持。

表 6－8 决策结果满意度的比较

信息组织结构	Mean	Std. Dev.
线性结构	5.40	0.45
树状结构	5.56	0.48
线性＋树状结构	5.71	0.28
F 值	0.78	
Sig.	0.480	

6.7 讨论

本章针对模糊型任务，设计了一种新型的线性＋树状信息组织结构，并以线性结构和树状结构为基准系统，通过实验研究来检验其对群体研讨绩效的影响。本研究有以下主要发现：

(1) 对于模糊型任务，采用线性＋树状结构研讨平台比采用线性结构研讨平台具有更高的决策效率。这说明线性＋树状结构不仅可以在组织协调（如执行议程）和信息处理（如评估研讨态势）上提高效率，而且可以在沟通上维持一个较高的效率，从而提高决策效率。

(2) 对于模糊型任务，采用线性＋树状结构研讨平台比采用线性结构或树状结构研讨平台具有更好的决策效果。这说明线性＋树状结构在沟通、组织协调和信息处理 3 个维度上提供了高水平支持以后，用户不仅能够有效地与其他用户沟通，而且还能够清晰地理解研讨过程，并且有效地对研讨信息进行访问，从而提高用户的感知决策质量。

(3) 对于模糊型任务，采用线性＋树状结构研讨平台比采用线性结构研讨平台具有更高的决策过程满意度。同时，我们还发现树状结构的研讨平台比采用线性结构的研讨平台具有更高的决策过程满意度。这主要是因为与线性结构相比，树状以及线性＋树状的信息组织结构可以大大提高用户处理信息的能力，用户可以更容易地理解研讨态势，从而促进更好的群体协作并提高研讨效率。而采用线性结构的平台用户不得不花费较大的精力来判断研讨态势，用户具有较高的认知负载。因此采用树状结构和线性＋树状结构的用户决策过程满意度较高。

然而，对于模糊型任务，我们并没有发现采用线性＋树状结构研讨平台比采用线性结构或树状结构研讨平台具有更高的决策结果满意度。这可能是因为本研究测量的决策结果满意度（小组决策是否反映你的观点，对小组决策的忠实程度，相信小组决策最优的程度以及为小组决策负责的程度）受其他因素（如认知模式、个人在团队中的定位、决策风格和责任心等）的影响更大。因此，更好的信息组织结构并没有成为提高决策结果满意度的决定性因素。

6.8　结论

本章针对组织中常见的一类模糊型决策问题，研究开发了一种线性＋树状的信息组织结构，并以传统的线性结构和树状结构为基准系统，针对模糊型任务验证了这一新型信息组织结构的有效性。实验结果表明，对于模糊型任务，采用的线性＋树状结构的研讨平台比采用线性或树状结构的研讨平台具有更高的决策效率、更好的决策效果和更高的决策过程满意度。本章同时展示了一种基于理论的设计方法，并且提出了一种基于任务—技术匹配的分析方法来指导设计。

当然，本研究也存在一些缺陷。首先，本研究没有考虑任务复杂度的因素。前人的研究表明，任务的复杂程度常常充当了调节变量的作用[43]。当任务越复杂，一个技术（信息组织结构）和一项任务之间的匹配对研讨绩效造成的影响就会越明显。因此，可以在未来的研究中进一步加入任务复杂度的因素，让被试执行简单的模糊型任务和复杂的模糊型任务。其次，本研究是在实验室环境中进行的，与真实的决策环境还有一定的距离。因此，本研究得到的结论在指导实践时，还需要得到更多的验证。

参考文献

[1] Trauth E M, Jessup L M. Understanding computer-mediated discussions: positivist and interpretive analysis of Group Support Systems use [J]. MIS Quarterly, 2000,24(1):43-79.

[2] Nunamaker Jr J F, Vogel D R, Potter R. Individual and team trends and implications for business firms [M]. JAI Press Inc., 1997.

[3] DeSanctis G, Gallupe R B. A foundation for the study of group decesion support systems [J]. Management Science, 1987,33(5):589-609.

[4] Dennis A R, George J F, Jessup L M, et al. Information technology to support electronic meetings [J]. MIS Quarterly, 1988,12(4):591-624.

[5] Aronson J, Liang T, Turban E. Decision support systems and intelligent systems [M]. Prentice Hall, New Jersey, 2001.

[6] 李嘉，张朋柱，刘景方等. 在线群体研讨的最优信息组织结构研究：基于任务—技术匹配的观点[J]. 管理科学学报，2014，17(9)：1-16.

[7] Campbell D J. Task complexity: A review and analysis [J]. Academy of Management Review, 1988,13(1):40-52.

[8] Wood R E. Task complexity: Definition of the construct [J]. Organizational Behavior and Human Decision Processes, 1986,37(1):60-82.

[9] Watson R T, DeSanctis G, Poole M S. Using a GDSS to facilitate group consensus: some intended and unintended consequences [J]. MIS Quarterly, 1988,12(3):463-480.

[10] March S T, Smith G F. Design and natural science research on information technology [J]. Decision Support Systems, 1995,15(4):251-266.

[11] Hevner A R, March S T, Park J, et al. Design science in information systems research [J]. MIS Quarterly, 2004,28(1):75-105.

[12] Nunamaker J F, Dennis A R, Valacich J S, et al. Electronic meeting systems to support group work [J]. Communication of the ACM, 1991,34(7):40-61.

[13] Nunamaker J F, Briggs R O, Mittleman D D, et al. Lessons from a dozen years of group support systems research: a discussion of lab and field findings [J]. Journal of Management Information Systems, 1997,13(3):163-207.

[14] 刘怡君,唐锡晋.一种支持协作与知识创造的“场”[J].管理科学学报,2006,9(1):79-85. Liu Yijun, Tang Xijin. Ba for collaboration and knowledge creation [J]. Journal of Management Sciences in China, 2006,9(1):79-85. (in Chinese)

[15] 唐锡晋,刘怡君.从群体支持系统到创造力支持系统[J].系统工程理论与实践,2006,26(5):63-71.
Tang Xijin, Liu Yijun. From Group Support System to Creativity Support System [J]. Systems Engineering-Theory & Practice, 2006,26(5):63-71. (in Chinese)

[16] 唐锡晋,刘怡君.有关社会焦点问题的群体研讨实验—定性综合集成的一种实践[J].系统工程理论与实践,2007,27(3):42-49.
Tang Xijin, Liu Yijun. Group argumentation and its analysis on a highlighted social event—practice of qualitative meta-synthesis [J]. Systems Engineering-Theory & Practice, 2007,27(3):42-49. (in Chinese)

[17] Smith M, Cadiz J J, Burkhalter B. Conversation Trees and Threaded Chats [C]. Proceedings of the 2000 ACM conference on Computer Supported Cooperative Work. Pennsylvania, ACM Press, 2000.

[18] Karacapilidis N, Papadias D. Computer supported argumentation and collaborative decision making: the HERMES system [J]. Information Systems, 2001,26(4):259-277.

[19] Fujita K, Kunifuji S, Nishimoto K, et al. Implementation and evaluation of the discussion support system MRV [C]. Third International Conference on Knowledge-Based Intelligent Information Engineering System. Adelaide, Australia, 1999.

[20] 张志强,张朋柱.面向复杂决策任务的综合集成决策研讨总体框架设计[J].系统工程理论与实践,2006,26(1):9-17.
Zhang Zhiqiang, Zhang Pengzhu. Design the Overall Framework of Metasynthetic Engineering for Argumentation towards Complex Decision Tasks [J]. Systems Engineering-

Theory & Practice，2006，26(1)：9 - 17. (in Chinese)

[21] 张兴学，张朋柱. 群体决策研讨意见分布可视化研究——电子公共大脑视听室(ECBAR)的设计与实现[J]. 管理科学学报，2005，8(4)：15 - 27.
Zhang Xingxue, Zhang Pengzhu. Research on visualization of group decision argument opinion's distributing—Design and development of electronic common brain audiovisual room [J]. Journal of Management Sciences in China, 2005，8(4)：15 - 27. (in Chinese)

[22] 蒋御柱，张朋柱，张兴学. 群体研讨支持系统中的智能可视化研究[J]. 管理科学学报，2009，12(3)：1 - 11+43.
Jiang Yuzhu, Zhang Pengzhu, Zhang Xingxue. Research on intelligence visualization in group argument support system [J]. Journal of Management Sciences in China, 2009，12(3)：1 - 11+43. (in Chinese)

[23] 李嘉，张朋柱，邓莎莎等. 群体支持系统中的自动主持人研究[J]. 管理科学学报，2010，13(12)：34 - 45.
Li Jia, Zhang Pengzhu, Deng Shasha, Yuan Haiying. Research on automated facilitation in group support systems [J]. Journal of Management Sciences in China, 2010，13(12)：34 - 45. (in Chinese)

[24] McAlister S, Ravenscroft A, Scanlon E. Combining interaction and context design to support collaborative argumentation using a tool for synchronous CMC [J]. Journal of Computer Assisted Learning, 2004，20(3)：194 - 204.

[25] Cech C G, Condon S L. Temporal properties of turn-taking and turn-packaging in synchronous computer-mediated communication [C]. Proceedings of the 37th Annual Hawaii International Conference on System Sciences. Hawaii, IEEE Press, 2004.

[26] Dickson G W, DeSanctis G, Poole M S, et al. Multicriteria modeling and 'what if' analysis as conflict management tools for group decision making [C]. DSS - 91 Transactions. Manhattan Beach, CA, 1991.

[27] Cass K, Heintz T J, Kaiser K M. An investigation of satisfaction when using a voice-synchronous GDSS in dispersed meetings [J]. Information & Management, 1992，23(4)：173 - 182.

[28] Ho T H, Raman K S. The effect of GDSS and elected leadership on small group meetings [J]. Journal of Management Information Systems, 1991，8(2)：109 - 133.

[29] Scott M, DeSanctis P G. Microlevel structuration in computer-supported group decision making [J]. Human communication research, 1992，19(1)：5 - 49.

[30] Sambamurthy V, Desanctis G. An experimental evaluation of GDSS effects on group performance during stakeholder analysis [C]. Proceedings of the Twenty-Third Annual Hawaii International Conference on System Science. Los Aiamitos, CA, IEEE Press, 1990.

[31] Sambamurthy V, Poole M S. The effects of variations in capabilities of GDSS designs on management of cognitive conflict in groups [J]. Information Systems Research, 1992，3(3)：224.

[32] McLeod P L, Liker J K. Electronic meeting systems: Evidence from a low structure environment [J]. Information Systems Research, 1992,3(3):195-223.

[33] George J F, Easton G K, Nunamaker Jr J F, et al. A study of collaborative group work with and without computer-based support [J]. Information Systems Research, 1990,1(4): 394-415.

[34] Lewis L F. A decision support system for face-to-face groups [J]. Journal of Information Science, 1987,13(4):211-219.

[35] Zigurs I, Buckland B K. A theory of task/technology fit and group support systems effectiveness [J]. MIS Quarterly, 1998,22(3):313-325.

[36] Goodhue D L, Thompson R L. Task-technology fit and individual performance [J]. MIS Quarterly, 1995,19(2):213-236.

[37] Clark H H, Brennan S E. Grounding in communication [M]. Perspectives on socially shared cognition, Washington: American Psychological Association Press, 1991,127-149.

[38] Huber G P. A theory of the effects of advanced information technology on organizational design, intelligence and decision making [J]. Academy of Management Review, 1990,15 (1):47-71.

[39] Herring S C. Interactional Coherence in CMC [C]. Proceedings of the Thirty-Second Annual Hawaii International Conference on System Sciences. Maui, HI, IEEE Computer Society, 1999.

[40] Gallupe R B, Dennis A R, Cooper W H, et al. Electronic brainstorming and group size [J]. Academy of Management Journal, 1992,35(2):350-369.

[41] Rana A R, Turoff M, Hiltz S R. Task and technology interaction (TTI): a theory of technological support for group tasks [C]. Proceedings of the Thirtieth Annual Hawaii International Conference on System Science, IEEE Press, 1997.

[42] Schroder H M, Driver M J, Streufert S. Human information processing [M]. New York: Holt, Rinehart and Winston, 1967.

[43] Adipat B, Zhang D, Zhou L. The effects of tree-view based presentation adaptation on mobile web browsing [J]. MIS Quarterly, 2011,35(1):99-122.

[44] Gouran D S, Brown C, Henry D R. Behavioral correlates of perceptions of quality in decision-making discussions [J]. Communications Monographs, 1978,45(1):51-63.

[45] Green S G, Taber T D. The effects of three social decision schemes on decision group process [J]. Organizational Behavior and Human Performance, 1980,25(1):97-106.

第 7 章

言语行为自动分类研究综述

7.1 引言

言语行为理论(Theory of Speech Act)[1]认为人们在以言行事。根据言语行为理论,我们说话的同时是在实施某种行为。无论是语音交谈、即时通讯工具上的对话、网络论坛上的发言、E-mail 邮件的往来、Blog 甚至 Twitter 上的交流都可以被认为是一种言语行为(Speech Act)的轮转。因此根据言语行为理论,我们可以定义一系列的言语行为来描述不同发言之间的关系。言语行为的自动分类对于机器理解和刻画研讨势态尤为重要。如果机器能够辨别出发言的言语行为分类体系,就等于理解了用户基本的谈话意图,就可以据此来刻画研讨势态并做出适当的反应。因此,言语行为自动分类研究对于对话系统(Dialogue System)、机器翻译和自动问答系统中问题理解和意图判断具有重要的意义。

与言语行为相关的另一个概念是会话行为(Dialogue Acts)。严格地说,会话行为是一种特殊化(专门化)的言语行为。例如,Question 是一种言语行为,而 Question_on_hotel 则是一种会话行为。在不同的对话系统中,会话行为也是不同的。通常能够识别出来的言语行为大概在 10 种左右,但是会话行为的数量则根据系统的不同有很大差别,有些系统的会话行为的数量可以达到 40 种。在本书中,我们不区分会话行为和言语行为,全部统称为言语行为。言语行为自动分类(Speech Act Classification)是使用计算机等技术使言语行为分类的工作自动化,有时也被称为言语行为自动识别(Recognition)或自动标记(Tagging)等。在本书中,我们统称为言语行为自动分类。

言语行为分类体系及其自动识别相关的应用主要集中在对话系统、机器翻译和自动问答系统三方面。对于对话系统而言,言语行为被用于识别说话者的意图,这对于确定答复的言语行为类别[2,3]非常重要。另一种经常使用言语行为的场合是机器翻译,一个正确识别的言语行为可以帮助解决翻译发言中的歧义[4]。一个发言的语法规则并不总是与实际的意图相一致(例如,"Could you close the window?"实际上并不是一个问题,而是一个请求)。另外,不同的语言在语法上有着不同的礼貌形式来表达同一件事情。最后,言语行为分类体系对于自动问答中问题的自动分类也具有重要的意义[5,6]。问题分类是根据疑问句的疑问语义进行分类,这种分类可以帮助理解问题的疑问语义以及问题的回答。

一般来说,一个言语行为分类研究要遵循构建分类体系、初始特征抽取、特征选择、运行分类/聚类算法以及评估五个步骤。除了这五个标准步骤外,言语行为的基本理论也是很多研究设计时需要参考的内容。因此,本章将按照言语行为的基本理论、分类体系、分类特征、特征选择方法、分类算法和评价方法六个模块进行综述。最后,对言语行为分类研究未来的研究方向进行展望。

7.2 言语行为的基本理论

言语行为理论[1]最初是由英国哲学家 J. L. Austin 在 20 世纪 50 年代提出的。在语言学(Linguistics)和语言哲学(Philosophy of Language)大部分的历史里,语言主要被看作是一种表达事实声明的手段,而语言其他的使用则常常被忽略。Austin 的工作,尤其是他的著作"*How to Do Things with Words*"[1],让哲学家更多地注意语言的非陈述性用法。他引入的术语,尤其是"locutionary act"、"illocutionary act"和"perlocutionary act",在后来言语行为的研究中起到了重要作用。这三个行为,尤其是"illocutionary act",现在统称为言语行为(Speech Acts)。

言语行为理论认为人们在以言行事。根据言语行为理论,我们说话的同时是在实施某种行为,说话者说话时可能同时实施三种行为:言内行为(locutionary act)、言外行为(illocutionary act)和言后行为(perlocutionary act)。言内行为是说出词、短语和分句的行为,它是通过句法、词汇和音位来表达字面意义的行为。言外行为是表达说话者意图的行为,它是在说某些话时所实施的行为。言后行为是通过某些话所实施的行为,或讲某些话所导致的行为,它是话语所产生的后果或所引起的变化,它是通过讲某些话所完成的行为。

美国的哲学语言学家 Searle 扩充了 Austin 在言后行为上的工作[7]。他的主要贡献是试图定义执行动作的必要条件和充分条件。Searle 还提出了言语行为的几个维度,并以此为基础提出了言语行为的分类体系。他把言外行为分为五类,每一类行为都有一个共同的、普遍的目的。这五大类是:①阐述类:陈述或描述说话者认为是真实的情况;②指令类:试图使听话者做某些事情;③承诺类:说话者自己承诺未来要有一些行为;④表达类:表达对某一现状的感情和态度;⑤宣告类:通过说话引起骤变。每一类中的行为都有同样的目的,但具有同样目的的言外行为可能具有不同程度的言外之力。

7.3　言语行为的分类体系

国外已经对言语行为分类体系进行了一系列研究,并发展出了若干个经典的言语行为分类体系。最流行的分类体系叫DAMSL[8],最初被定义成通用的言语行为体系。其他的一些在特定语料上开发的分类体系,如CallHome[9]或VerbMobil[10],后来也变得流行。DAMSL是Dialogue Act Markup in Several Layers的缩写,为完成对话语篇的结构分析而建立,由以任务为主的语料构成,每个话语从交际地位(communicative status)、信息水平(information level)、前指功能(forward-looking function)、后指功能(backward-looking function)四个方向定义。DAMSL分类的标准更多地来源于言语行为理论和会话分析,它既可以为以规则为计算方式的信息处理系统所用,又可以为以统计为处理方式的系统服务。因此,DAMSL是一个通用性很强的分类系统。

另一个基于DAMSL被广泛使用的分类体系叫SWBD-DAMSL[11],它基于Switchboard corpus[12]。80%的类别以原始或修改版出现,只有一些类别被加入(例如communicative status中的"non-verbal" category),而另一些DAMSL的类别则被进一步细分(例如"statement-non-opinion"和"statement-opinion")。SWBD-DAMSL主要服务于会话自动识别系统,包括220个标记共42类的会话行为,并且它们之间是相互独立的,即一个话语只能实现一个会话行为。为西班牙语对话语料CallHome[9]设计的分类系统包括最初版本的232种言语行为标签。这体现了一般类别(如statement/question)和一些更特殊描述(如发言是否描述了发言者的情感状态)的结合。

在所有为单个项目设计的言语行为分类体系中,有一个叫VerbMobil[10]。它也是一个单层标注体系,包含大概33个言语行为标签。这些从执行过的行为出发来表述发言,如GREET, GIVE REASON, REJECT, FEEDBACK POSITIVE等。另一个为单一项目设计的分类体系是Estonian Dialogue Corpus (EDiC)[13]。这个分类系统包括两层标注。高层说明发言的一般类型(ritual, questions/

answers，directive，additional information，repair 等)，总共有 12 种类型，其中 7 种存在配对标签(即一种对应开始，另一种对应回答)，5 种只有单个标签。低层则在更多的细节上描述发言。每个高层类型可能有好几个子类型，例如 rituals 可以进一步分成 greeting，thanking，apologizing 等，questions/answers 则可以进步分成 wh-questions，open and closed yes/no questions，refusal to answer，yes/no answers 等。在低层标注中，总共有 126 个标签，各类别在大小上差别很大。

Feng 等[14]基于 PedaBot 语料的语料提出了一套针对 E-learning 环境的言语行为分类体系。这一体系基于文献[15]，包括提问(Question)、命令(Command)、描述(Describe)、复杂回答(Complex Answer)、简单回答(Simple Answer)、详细阐述(Elaborate)、纠正(Correct)、反对(Object)、建议(Suggest)、支持(Support)和致谢(Acknowledgement)一共 11 类。这一分类体系在 Jihie Kim 等后来的研究中被合并成五大类，用来识别问答论坛中的未回答问题和未解决难题[16]。Su Nam Kim [17]发展的针对技术论坛的言语行为分类体系。这个类别包括 2 个大的分类(QUESTION，ANSWER)和 3 个单独类(RESOLUTION，REPRODUCTION 和 OTHER)。进一步地，QUESTION 又包含 4 个子类(QUESTION，ADD，CONFIRMATION 和 CORRECTION)，而 ANSWER 进一步包含 5 个子类(ANSWER，ADD，CONFIRMATION，CORRECTION 和 OBJECTION)。除此之外，Joty 等[18]也发展了一套描述网络论坛的言语行为分类体系，包括陈述(Statement)、礼貌用语(Polite mechanism)、一般疑问(Yes-no question)、行为动机(Action motivator)、特殊疑问(Wh-question)、接收回复(Accept response)、开放式问题(Open-ended question)、致谢(Acknowledge and appreciate)、从句问题(or-clause question)、拒绝回复(Reject response)、不确定回复(Uncertain response)和口头提问(Rhetorical question)共 12 个类别。

一个言语行为体系由两个因素组成。首先，对言语行为标签的定义必须足够清晰，这样才有足够的辨别力。如果不是这样，人类标记者之间的一致性就会很低。另一方面，定义一个可以重用的分类体系可以提高效率，因为这样的分类体系可以很容易地应用到其他的问题和领域。如何在这两点之间达成一个折中，目前还没有定论。有的把分类的抽象性放在第一位，如 DAMSL；而有些只为某类自动理解系统服务，如 SWBD-DAMSL、PedaBot 体系等。另外，很多分类体系的建立都经历了从宽泛到细致一步步抽象概括的过程。

7.4 言语行为分类特征

言语行为分析使用的特征集可以分为语言学资源(linguistic resources)、处理资源(processing resources)和领域资源(domain resources)三类[19]。这些特征被总结在表 7-1 中。

表 7-1　言语行为分类采用的特征集

大类	类别	特征	样　　例
语言学资源	词典(lexicon)、同义词词典(thesaurus)和词表(word list)	语言学文献中提到的词典、同义词典和词表	Searle 为每一类言语行为列出的具有指示作用词[20];Wierzbicka 的言语行为动词列表[21]
处理资源	词法特征	相邻 n-grams	What is, what is the
		人称代词	第一人称、第二人称和第三人称的代词,主格、宾格和所有格。如 he, him 和 his
		不定式短语	如第一人称代词后接的动词不定式短语(即 to 后面跟着一个动词),对于识别常见的承诺类言语行为(如"I definitely plan to do the test tomorrow.")
	句法特征	时态	过去式、现在时和将来时
		情态动词	may, must, shall, will, might, should, would, could
		动词个数	一个句子里的动词个数(一般取值 1~4)
		词在句子中的位置	情态动词、WH 疑问词(Who, When, Where, What, Which, What, How)等是否在句子的开头
		句子在整个发言中的位置	是否第一个句子,是否最后一个句子,是否第二个到倒数第二个句子,是否出现在最后 25%
		词性频率	一个词性出现的频率,如 NP 5%, VB 7%
		词性 n-grams	词性 n-gram,如 DTQ, DTQ VBZ
		标点符号	标点符号,如!;:,.?

（续表）

大类	类别	特征	样　　例
	风格特征	字符 n-grams	字符 n-grams(如 abo，out，ut，ab)
		Word Lexical	一共有多少个词，一个发言中包含多少个不同词汇
		Char. Lexical	一共有多少个字符，一个发言中包含多少比例的字符
		词长分布	不同长度(1～20 个字符)词的分布
		词汇丰富度	hapax legomena，Yule's K
		特殊字符	特殊字符的出现，如 e. g. ,@ # $ % ∧ & * +
		字符词频	字符(如 a，b，c，解，决)出现的频率
		数字频率	数字出现的频率，如 100、17、5
		功能词频率	功能词(如 of，for，to)的频率
	语义特征	语义词典	用 Basilisk bootstrapping 算法来产生的语义词典
		语义标记	基于上下句子将语义类型标签分配给名词实例
领域资源	结构特征	系统特征	打招呼(greeting)，包含网址(URL)，引用前一个发言的内容等
		发言长度	Short，medium，long
	链接特征	发言位置	一个发言处在一个对话链中的位置(如开头、结尾还是中间)
		前一个发言的言语行为	回复的前一个发言的言语行为
	用户特征	用户类型	用户在系统中注册的角色(如教师、学生、助教等)
		发言者变换	这条发言和它回复的发言的作者是否为同一个人

7.4.1 语言学资源

语言学资源是用来表示不同信息类型的语言学特征。语言学资源包括词典(lexicon)、同义词典(thesaurus)和词表(word list)等。这些自立式的特征可以独立于应用环境而存在,并且具有很强的区分能力。例如,在Searle的原始文献[20]中,他列举了他认为是每一个言语行为类别的具有指示作用的词。以Searle的关键词为基础,通过删除一些过于宽泛而缺乏区分能力的词,加入少量新词,并综合文献[21]中的一些言语行为动词,文献[22]建造了一个相对比较完整的语义词典。

7.4.2 处理资源

处理资源要求某种计算算法的支持。词性标记(Parts-of-speech tags)、n-grams、统计特征(如average word length)和词包(bag-of-words)都是处理资源的例子。处理资源特征中大多数都是和上下文相关的,它们根据文本语料的不同而不同。然而,抽取处理资源的过程大致是一样的,这使得处理资源跨信息类型的泛化能力很强。因此,像词包、词性标记和n-grams这样的特征被广泛用来表示大量的信息类型,如topics, events, opinions, style, and genres[23]。

相邻n-grams是自然语言处理和信息检索中最常用的特征之一,即语料中连续的1/2/3个词。大多数前人的研究只用到了unigram, bigram和trigram,因为过去的研究表明更高维的n-grams会提供冗余信息。仅使用unigram, bigram和trigram已经在过去的风格分析[24]和情感分类[25, 26]中证明了其有效性。人称代词对识别某些言语行为类别也有一定作用。人称代词包括第一人称、第二人称和第三人称的代词,以及主格、宾格和所有格(例如,对于男性第三人称,就包括he, him和his)。动词不定式短语,如第一人称代词后接的动词不定式短语(即to后面跟着一个动词),对于识别承诺类言语行为(如“I definitely plan to do the test tomorrow.”)有一定的帮助。

句法特征包括时态、情态动词、动词个数、词在句子中的位置、句子在整个发言中的位置、词性频率(POS frequency)和标点符号;风格特征包括字符n-grams、word lexical、character lexical、词长分布(Word Length Distribution)、词汇丰富度(Vocabulary Richness)、字符频率、特殊字符、字符词频(Letter Frequency)、数字频率(Digit Frequency)、功能词频率(Function Words Frequency)、结构特征(Structural Feature)和发言长度(Post Length)等。句法特征涉及词性标注。词性频率即一个特定POS tag出现的频率,如NP 5%, VB 7%等。

文献[22]的研究显示，发言句子的时态（过去式、现在时和将来时）、是否包含情态动词（如 may，must，shall，will，might，should，would，could）、动词个数、词在句子中的位置（例如情态动词是否在句子的开头，WH 疑问词是否在句子的开头等），句子在整个发言中的位置（是否第一个句子，是否最后一个句子，是否第二个到倒数第二个句子，是否出现在最后 25%）对识别言语行为都有一定的帮助。表达类言语行为经常会出现在帖子的开始或结束，而指令类言语行为经常会出现在帖子的结尾。

词长分布是长度为 1～20 的字符的词的频率。Word lexical 包括平均每个发言的词数，平均词长，平均每个句子的词数，平均每个段落的词数，所有短词（对英语来说是少于 4 个字母的词，对中文来说是少于 3 个字的词）的数目。Character lexical 包括平均每个发言的字母数，平均每个句子的字母数，平均每个段落的字母数，在所有字符中字母（或汉字）所占的比例，数字所占的比例和空格所占的比例。

词汇丰富度特征包括出现过的不重复的词的个数，hapax legomena（只出现一次的词的个数），dis legomena（出现两次的词的个数），以及以前定义过的各种丰富度统计指标如 Yule's K，Honore's R，Sichel's S，Simpson's D，Brunet's W 等。

语义特征包括语义词典和语义标记。文献[22]以医学领域为例使用了一些医学领域的语义特征。阐述类言语行为通常涉及与疾病和症状相关的诊断和假设。类似地，承诺类言语行为可能揭示了一个医生根据用药或测试结果的计划或意图。因此，让机器了解一个句子是否包含一定的语义实体对于判断言语行为类别会非常有用。Basilisk[27]算法是一种从舆论分析中产生语义词典的方法，已经被成功用于产生诸如恐怖事件[27]和生物概念[28]领域的语义词典。文献[22]使用 Basilisk 算法产生了 DISEASE/SYMPTOM 词典并用于言语行为分类。

7.4.3 领域资源

领域资源是根据领域知识抽取的特征。领域知识可以是研讨平台中信息的组织结构特点，关于发言人的背景知识等。领域知识资源常常对应特定的研讨平台，因此跨平台的泛化能力通常较差，需要针对具体的平台具体分析。

结构特征包括发言一共有多少行，多少个句子，多少个段落，发言是否包含打招呼或签名，以及发言长度等。结构特征还包括段落之间是否包含一个分隔符，段落是否缩进，是否出现引用和转发的信息以及这些信息在发言中出现的位置，发言是否包含 email、URL、电话号码等信息。发言长度之所以重要，是因为文献[29]发现某些言语行为（如致谢）一般都比较短，而回答类言语行为一般都比较长。

链接特征包括发言位置和前一个发言的言语行为；用户特征包括用户类型和发言者变换。这两类特征对言语行为分类可能具有非常重要的作用。由于不同的用户在发言时具有明显不同的特征，如教师和学生有不同的发言风格，主持人和普通研讨参与者有不同的发言风格，领导和普通员工有不同的发言风格。

通过结合使用语言资源、处理资源和领域资源可以提高言语行为分类的能力，因为处理资源可以提供全面的信息；语言资源可以提供特定类型的深层信息[19]；领域资源提供了关于应用平台的领域知识。

许多特征类别包含的特征数目是固定的。例如，句法特征中的标点符号特征的数目就是固定的，因为只有固定种数的标点符号；风格特征、链接特征和用户特征的特征数目也是固定的。但是，基于 n-grams 的特征数目几乎是无穷的。因此，为了减少 n-grams 空间的大小，就需要引入某种选择 n-grams 准则，通过减少 n-grams 空间的大小，可以缓解数据稀疏问题和过拟合问题。

7.5　特征选择方法

如果特征集中包含的特征过多，很多算法需要首先进行特征选择（feature pruning）才能有效处理。一个最常见的方法就是选择出现次数超过一个指定阀值的特征[30, 31]。本书综述三种典型的特征选择算法：信息增益（IG）、熵加权的遗传算法（EWGA）和 SVMW。我们选择这三种特征选择算法是因为它们的有效性在诸多文本分类问题中已经被证实。

文献[32]采用了信息增益（Information Gain, IG）的方法来进行特征选取。首先统计全部语料中出现过的所有特征（lexical 和 non-lexical 的），然后针对每一个特征计算 IG 值。所有的特征（lexical 和 non-lexical 的）平等参与竞争，其获胜的唯一标准就是具有较高的 IG 值。在言语行为分类研究中，类似采用信息增益方法进行特征选择的研究还有文献[33]，他们用 IG 做标准从 5 000 多个特征中选择出了 200 个特征。

Koppel 等[34]提出了 Support Vector Machine Weight 算法。SVMW 算法直观地说，就是在错分文档中出现的最显著的特征权重应该变化最剧烈。乘法更新规则的一个著名的优点就是不相关的特征的权重会接近 0。所以通过循环迭代运行这个学习器，删除权重低的特征并再次运行，我们就可以达到特征选择的目的。

Abassi 等[35]在一个 Web Forum 情感分类的研究中提出了用熵加权的遗传算法（Entropy Weighted Genetic Algorithm, EWGA）来进行特征选择，并且证明

EWGA优于IG和SVMW特征选择算法。EWGA算法使用Information Gain作为启发规则来决定不同言语行为特征的权重。遗传算法的初始种群、交叉和变异操作都会使用这些权重。特征选择可以减少训练时模型的输入维度，降低计算成本，同时去除噪音数据，因此特征选择正在成为机器学习的一个标准环节。

7.6 言语行为分类算法

许多机器学习算法都可以被用于言语行为分类。从大的方面说，可以分为有监督学习和无监督学习两类。长期以来，言语行为分类的研究中有监督学习的方法占据了绝大部分的比重。无监督学习由于效果不佳，一直未得到重视。但是近两年来由于变参数贝叶斯模型的兴起，无监督学习正在成为言语行为分类算法一个值得研究的热点。典型的言语行为分类算法总结在表7-2中。

表7-2 言语行为分类算法

是否监督	分类方法	描　　述	典型研究
有监督	N-grams	当前言语行为类别由k个前面的言语行为决定	[10, 36]
	隐马尔可夫模型	发言(或者用特征表示的发言)是观察到的输出，而言语行为标签则是隐藏输出	[37, 38]
	贝叶斯分类器	利用贝叶斯公式计算出其后验概率，选择具有最大后验概率的类作为该对象所属的类	[39—41]
	多层感知器	按照类比人类大脑的方式设计，可以在输入和输出间学习复杂的非线性依赖关系	[42—44]
	决策树	每一个节点包含一组决策条件，描述应该走决策树的哪一个分支	[37, 43]
	基于转换的学习	从模板产生所有可能的规则；每一轮中那些能够使目标提高最快的规则被选中；重复直到满足某一个停止条件	[44—49]
	支持向量机	保持经验风险值固定而最小化致信范围，通过核函数将向量映射到一个高维空间，并建立一个最大间隔超平面来将两类样本点分开	[33, 50—52]
无监督	自组织映射(SOM)	通过寻找最优参考矢量集合来对输入模式集合进行分类，所形成的聚类中心能映射到一个曲面或平面上	[53, 54]
	Dirichlet 过程	一种变参数贝叶斯模型，用于建立混合模型时的类别数目无需人工指定，而是由模型和数据来自主地计算	[55]

（续表）

是否监督	分类方法	描　　述	典型研究
	无限隐马尔可夫模型	将隐马尔可夫模型（HMM）扩展到可数无穷多个隐含变量，其模型的状态转移矩阵有无限个变量。既能自动估计最佳聚类数，在聚类过程中又能考虑发言序列的影响	[56]

7.6.1　有监督学习方法

1）N-gram 方法

言语行为识别中最简单的一项技术叫 n-grams。它基于这样一个假设，即当前言语行为类别由 k 个前面的言语行为决定（Markov 假设）。为了减少数据稀疏问题，有时候结合使用平滑（smoothing）技术。其中一个最常用的平滑技术叫做删除插值法（deleted interpolation）。删除插值法的基本思路是当高阶 n-gram 的概率分布缺失时，使用低阶 n-gram 的概率分类来代替。我们对低阶 n-gram 进行小权重处罚，这样可以给高阶 n-gram 更高的优先级。VerbMobil 项目是使用 n-grams（包括删除插值法）来识别言语行为的一个例子[10]。另一个例子是文献[57]，在这个项目中言语行为被用来解决韩语（Korean）翻译过程中的歧义。

2）隐马尔可夫模型

隐马尔可夫模型（Hidden Markov Model，HMM）是统计模型，它用来描述一个含有隐含未知参数的马尔可夫过程。其难点是从可观察的参数中确定该过程的隐含参数。然后利用这些参数来作进一步的分析，例如模式识别。当我们用隐马尔可夫模型对对话和言语行为进行建模时，发言（或者用特征表示的发言）是观察到的输出，而言语行为标签则是隐藏输出。Wright[37] 使用语调（如声调、降调等）作为特征，实现了 72％的精度（precision）。在文献[38]的研究中，隐马尔可夫模型被一反常态地应用：输入是词和片段的格子组成，来自一个语音识别器。Viterbi 算法则用来获得所发言的有可能言语行为类别的概率，然后这个概率与几个音律特征一起被作为多层感知器的输入。这一研究获得的最好精度（pecision）是 76％。

3）贝叶斯分类器

贝叶斯分类器（Bayes classifiers）通过某对象的先验概率，利用贝叶斯公式计算出其后验概率，即该对象属于某一类的概率，选择具有最大后验概率的类作为该对象所属的类。目前研究较多的贝叶斯分类器主要有 4 种，分别是：Naive Bayes、

TAN、BAN和GBN。

Grau等[39]结合bag-of-words方法使用朴素贝叶斯分类器:特征集由二元特征组成,每一个特征说明一个特定词是出现还是不出现。他们在DAMSL-switchboard语料和言语行为分类体系上取得了66%的结果。Ivanovic[40]描述了同一算法在DAMSL子集(包含12个类别)上的应用,取得了80%的精度(precision)。Levin等[43]也使用了bag-of-words方法,但是他们使用的是二元语法特征,而不是把词作为特征。他们使用NESPOLE语料获得了51%的精度(precision)。

Keizer[41]描述了两个使用贝叶斯网络来识别言语行为的实验。在第一个实验中,他们使用3个特征:句子类型(declarative, imperative等共10种)、主语类型(第一/二/三人称)和句子标点(以问号、感叹号、句号结束还是没有结束标点等)。网络图由手工创建,非常小而且简单。他们在Schisma语料(言语行为类别在DAMSL的基础上有微小改动)上获得了44%的精度(precision)。进一步地,他们把这项技术应用到他们自己标注的较小的对话语料上(还是使用相同的言语行为类别)。他们使用表层特征来描述用户发言:基于键盘的特征,是否句子以一些事先定义好的序列开头,句子是否是(或不是)一个wh-question,等等,共计13个特征。网络图通过一种迭代的方式自动生成:首先一小部分语料被手工标记了言语行为类别,然后基于这部分被标记的语料就产生了网络图。训练以后,网络图获得了平均69%的精度(precision)。训练后的网络图被用于更大部分的语料,并由此产生了一个新的网络图。训练这个新的网络图获得了83%的精度(precision)。

4) 多层感知器

多层感知器(Multilayer Perceptrons, MLP)是使用频率最高的神经网络(Neural Network)技术,也是最常用的言语行为识别技术。Wright[37]在识别了12种言语行为类型的DCIEM语料[58]上训练和具有一个隐藏层的多层感知器。在只使用了来自语音的音律(prosodic)特征(总共使用了54个二元特征)的情况下,她获得了70%的精度(precision)。

在Sanchis和Castro[42]的研究中,词袋(bag-of-words)方法被用作多层感知器的输入。在应用这个方法之前,所有的词都被分成了3类:基本形态的词(动词不定式、名词单数、形容词无性别单数等)、任务相关的类别(离开和到达城市,火车类型,等等)和一般类别(城市名称、星期几、月份、数字,等等)。那些不常出现的词则被忽略。词表总计有138类,言语行为类别包括16种,多层感知器最终的分类准确率(accuracy)是92%。

Levin等[43]将朴素贝叶斯分类器的输入(二元语法特征结合bag-of-words方

法)用于多层感知器,在英语和德语上分别取得了 72%和 68%的精度(precision)。

国内研究方面,李新苗和张朋柱等[44]以团队创新系统为背景,提出了团队创新中发言态度自动识别的方法。该方法基于人工神经网络,引入了“特征词分级处理”的办法,并增加“小句数量”和“上一评论信息的态度”这两个特征。实验证明,该方法较好地解决了团队创新中评论信息与方案间肯定和否定关系的自动识别问题。但是由于该研究处理的问题比较简单,仅判断发言与主题的肯定与否定关系,因此将该方法直接用于复杂的言语行为分类时则显得过于简单。

5) 决策树

决策树(Decision Trees)的每一个节点包含一组决策条件,描述应该走决策树的哪一个分支。每一个叶子节点都分配了一个言语行为标签。识别是从根节点开始,沿着分支向叶子节点移动从而进行决策的。当达到叶子节点时,根据相应的叶子节点我们就为发言分配了一个言语行为标签。决策树具有白箱方法的优点,即对于人类来说很容易解释一个训练好的模型。与之相对应的黑箱模型如隐马尔可夫模型或多层感知器则不具备这一优点。

Wright[37]将决策树应用于多层感知器同样的数据(使用从语音抽取而来的二元特征)。Levin 等[43]也将同样的数据应用于多层感知器和朴素贝叶斯分类器(使用二元语法特征结合 bag-of-words 方法)。两种方法都取得了 70%的精度(precision)。

6) 基于转换的学习

基于转换的学习(Transformation-based Learning, TBL)首先由 Brill[59]引入。由于它克服了传统人工获取规则的局限,自动地从训练语料库中学习反映语言学知识规则,因此迅速在中文分词[60]、实体识别[61]和停顿指数预测[62]中得到应用并获得成功。TBL 算法基于一个规则集,通过将这个规则集依次应用于数据来将一些标签转换为另一些标签。

规则是由有监管训练的方式得到的。给定一个标记过的训练语料,首先从模板产生所有可能的规则,然后用迭代的方式来选择最高的:每一轮中那些能够使精度提高最快的规则被选中。这个过程一直持续到某一个停止条件得到满足,而最常见的停止规则是引入任何新的规则对目标函数都没有明显的改善。

由于所有可能的规则数量巨大,因此测试每一条规则在计算上是非常昂贵的,而且这些规则中的大部分都会带来精度的退化(degradation)。改善这种状况的一种方法是使用蒙特卡洛剪枝(Monte-Carlo pruning)方法。根据这种方法,随机选择一个固定数量的规则,并且只有这些规则被测试。虽然这种方法可能会错过那些潜在规则集中最好的规则，但是随机选择的规则中仍然有很大的可能性包含那些有巨大潜力的规则，即使不是那些潜力最大的规则。

Samuel 等在 1998 年将基于转换学习的方法用于解决会话行为标记(dialogue act tagging)问题[45]。Samuel 等使用的是在 Reithinger 和 Klesen(1997)[46]的研究中所用过的语料，定义了 18 种不同的会话行为(dialogue act)，训练集包括 143 个对话共 2 701 条发言，测试集包括 20 个对话共 328 条发言。为了提高算法的效率，他们提出用蒙特卡罗法来随机选择规则，并取得了良好的效果。Samuel 等报告在测试集上的分类准确率为 75.12%，最高准确率为 77.44%。进一步地，Samuel 等[45]将结合蒙特卡洛优化的 TBL 算法应用于 VerbMobil 语料来识别言语行为类别。除了常规使用的 TBL 特征(如临近的发言和言语行为类别)外，他们还是用发言者信息、标点信息、特征词等作为特征，他们取得了 75%的精度(precision)。

Lager 和 Zinovjeva 在 1999 年重复了 Samuel 等[45]的实验，但是实现方法用的是 μ-TBL 系统[47]，使用的语料也不相同。μ-TBL 系统是一个用于转换学习的通用系统，使用 Prolog 编写，利用了 Prolog 搜索和数据库功能。μ-TBL 经过简单配置即可用于会话行为类别的分类。在 Lager 和 Zinovjeva 的研究中使用的语料是 Maptask corpus[48]。实验结果显示在测试集上的分类准确率为 62.1%。

国内研究方面，李嘉和张朋柱等[49]以群体支持系统为背景，研究提出了一种基于多阶段转换学习的群体研讨文本言语行为分类方法。该方法采用基于转换学习的办法，通过引入多阶段转换学习的概念，初步解决了群体研讨文本言语行为分类的问题，并且在议题类别和一些表达主张的类别(如支持和反对)上取得了较好的识别效果(分别为 85%和 81%)。

7）支持向量机

Vladimir N. Vapnik 等人从 20 世纪 60 年代起，就开始研究有限样本情况下的机器学习问题，到 90 年代时形成了一个比较完整的理论体系——统计学习理论。1995 年，Vapnik 在统计学习理论的基础上，提出了一种新型的机器学习方法——支持向量机[63, 64]。支持向量机是一种比较好的实现了结构风险最小化思想的方法，它的机器学习策略是保持经验风险值固定而最小化致信范围。支持向量机通过核函数将向量映射到一个更高维的空间里，在这个空间里建立有一个最大间隔超平面来将两类样本点分开。

Ravi 和 Kim[33]使用了支持向量机对 PedaBot 语料进行了言语行为分类。他们使用的类别比较简单，只包含问题类(QC)和回答类(AC)，在 QC 和 AC 上分别获得了 83%和 73%的准确率。Cohen 等[50]根据发送者的意图(如请求开会、传递信息等）对邮件进行言语行为分类的研究，并且对比了机器学习方法。研究结果显示，对于E-mail分类问题，SVM（支持向量机）在Proposal、Commitment和Meet类别上效果最好，而DT（决策树）在Request、Directive和Commissive类别上效果更好。类似地，Surendran和Levow[51]结合线性支持向量机和隐马尔可夫模型在MapTask语料上进行言语行为分类，并且获得了比前人研究更好的结果。

国内研究方面，李嘉[52]对比了支持向量机和基于转换的学习方法用于E-learning领域的言语行为分类效果。研究结果显示，在特征和特征选择算法相同的条件下，支持向量机在绝大部分类别上的分类效果都超过基于转换的学习方法。这可能是因为TBL算法对初始点比较敏感。前面的规则一旦被选入最优规则集，就不可能再退出来，后面的选择只能基于前面的结果。因此TBL算法比较容易陷入局部最优点。SVM算法最终解决的是一个凸二次规划问题，从理论上说，得到的将是全局最优解，解决了在许多算法中无法避免的局部极值问题。

7.6.2　无监督学习方法

基于分类算法的言语行为识别技术通常需要依赖手工标注言语行为标签。语料的手动标注既繁冗又昂贵，而且在一个领域构建的言语分类体系和标注的语料（如E-mail）不能快速移植到其他媒介（如微博、博客）上。无监督学习算法用于言语行为分类的研究相对较少，但是由于不需要对语料的手工标注，因此正成为言语行为分类方法的新热点。

1）自组织映射

自组织映射（Self Organization Mapping, SOM）是基于无监督学习方法的神经网络的一种重要类型，最早是由芬兰赫尔辛基理工大学的Kohen于1981年提出的。它是一种无指导的聚类方法，模拟人脑中处于不同区域的神经细胞分工不同的特点，即不同区域具有不同的响应特征，而且这一过程是自动完成的。自组织映射网络通过寻找最优参考矢量集合来对输入模式集合进行分类。每个参考矢量为一输出单元对应的连接权向量。与传统的模式聚类方法相比，它所形成的聚类中心能映射到一个曲面或平面上，而保持拓扑结构不变。对于未知聚类中心的判别问题可以用自组织映射来实现。

Andernach等[53, 54]应用Kohonen SOM算法来解决言语行为分类问题。虽然SOM从某种程度上说是一种变参数的方法，因为它不需要在聚类前指定类别的数量，但由于它最后的聚类结果必须投射到一个二维格子上，因此它聚类的能力受到事先确定的格子大小的影响。

2) Dirichlet 过程

Dirichlet 过程是一种有名的变参数贝叶斯模型[65]，特别适合于解决各种聚类问题。这类模型最吸引人的一大优势是在用于建立混合模型时的类别数目无需人工指定，而是由模型和数据来自主地计算[65]。在言语行为分类中，需要分类的类别个数往往是未知的，一般要依赖人类专家的经验确定。Dirichlet 过程的这一优点在言语行为分类中可以得到充分体现。

Crook 等[55]调查了使用可变参数贝叶斯的方法——Dirichlet 过程混合模型(Dirichlet Process Mixture Model, DPMM)——来自动标记言语行为的可能性。该研究使用的 Dihana 语料是关于西班牙语火车时间的一个语料库。Martínez-Hinarejos 等[66]曾经用有监督算法在 Dihana 语料上进行过言语行为分类的研究。Crook 的研究结果表明，至少对于 Dihana 语料，DPMM 可以成功地将发言按照发言者分类，并在 Level 1 和 Level 2 两个层次上对言语行为进行准确的聚类。

3) 无限隐马尔可夫模型

无限隐马尔可夫模型是马尔可夫模型向可数无穷多个隐含状态的扩展。虽然这一模型中包含无限多个转移参数，但是通过借鉴 Dirichlet 过程的理论，可以通过积分加以消除，只剩下三个超参数，并且这三个超参数是可以从数据中学习到的。这三个超参数分别控制了动态时间尺度、潜在状态转移矩阵的稀疏性，以及在一个有限序列中期望的隐含状态的数量。无限隐马尔可夫模型的优势在于，既能够自动估计最佳聚类数，同时在聚类过程中还能考虑发言序列的影响。

Higashinaka 等[56]将无限隐马尔可夫模型用于言语行为分类，并在动物讨论(Animal Discussion)和专注聆听(Attentive Listening)这两个领域的语料上与 K-means 和 CRP(中国餐馆过程，Chinese Restaurant Process，一种 Dirichlet 过程的常用表示方法)方法进行了对比。研究[56]使用了词包(bag-of-words)的方法将每一条发言表示成一个特征向量。由于 K-means 方法依赖于初始随机产生的类别，CRP 和无限隐马尔可夫模型用 Gibbs 采样进行参数估计时具有一定的随机性，因此每一种聚类方法运行了 100 次来比较它们的平均性能。实验结果表明，无限隐马尔可夫模型由于在聚类过程中考虑了发言的序列，效果明显好于经典的 CRP。同时，该研究也指出，目前的变参数贝叶斯模型用于言语行为聚类时，对较简单的人机对话语料的效果较好，而对真实人和人对话语料的聚类则要困难得多。

7.7　言语行为分类的评价方法

7.7.1　有监督学习

对于有监督学习，最常用的评价指标是准确率(accuracy)、精度(precision)、召回率(recall)和 F 值(F measure)[49]。根据两类错误的定义，我们记 tp(true positive)为所有被标记为真的发言中实际为真的发言数，tn(true negative)为所有被标记为假的发言中实际为假的发言数，fp(false positive)为所有被标记为真的发言中实际为假的发言数，fn(false negative)为所有被标记为假的发言中实际为真的发言数(见表7-3)。

表7-3　关于两类错误的分类

		实际的结果	
		positive	negative
观察到的结果	positive	tp(true positive)	fp(false positive)
	negative	fn(false negative)	tn(true negative)

准确率、精度和召回率F值的定义如公式7.1～公式7.4所示。

$$accuracy = \frac{tp + tn}{tp + fp + tn + fn} \tag{7.1}$$

$$precision = \frac{tp}{tp + fp} \tag{7.2}$$

$$recall = \frac{tp}{tp + fn} \tag{7.3}$$

将精度和召回率的加权平均称为F值。最常见的F值是均衡的F值，也称为 F_1(如公式7.4所示)，因为精度和召回率有相同的权重。

$$F_1 = 2 \cdot (precision \cdot recall)/(precision + recall) \tag{7.4}$$

7.7.2　无监督学习

对于无监督学习，一般使用类别内相似性和类别间相似性来评估聚类结果[55]。类别内相似性 S'_i 是该类所有数据点的平均欧几里得距离：

$$S'_i = \frac{1}{2m_i}\sum_{i=1;j=1}^{m_i} | x_i - x_j | \tag{7.5}$$

类别间相似性 S'' 是所有类质心距离的和：

$$S'' = \sum_{i=1;\ j=1}^{n} | C_i - C_j | \tag{7.6}$$

其中 C_i 是类别 i 的质心，而 n 是所有类别的个数。一个好的聚类算法应该减少类间相似度(S'')，增加类内相似度(S'_i)。

7.8 总结与讨论

本书对言语行为分类研究进行了比较系统的综述。首先介绍了言语行为分类的背景和应用领域，以及言语行为的理论基础、分类体系、分类特征、特征选择方法，接着用较大篇幅总结了主要的言语行为分类算法，相应的典型研究及结果，最后综述了言语行为分类研究的评价方法。

在过去 30 年的时间里，全世界进行了很多关于言语行为的研究。这些研究报告的精度从 50%到 95%不等，而且在很多时候将同一技术应用到不同语料或不同言语行为类别体系时获得的精度有很大的差别。例如，朴素贝叶斯分类器应用于不同情况就分别获得 50%、66%和 82%的分类精度。另外，在计算分类精度时并不考虑言语行为分类体系的差别(大小、定义的清晰程度、设计结构)。因此我们不能据此就得出结论认为一种技术或一种数据表示方式就比另一种方式强，除非它们使用的是相同的言语行为分类体系。由于目前还没有哪种技术显示出完全适合或完全健壮，言语行为分类仍然是一个开放研究领域，需要有关识别、表示和评价技术的研究进一步深入。需要在这里着重指出的是，随着变参数贝叶斯模型和概率图模型的日益成熟和广泛应用，以 Dirichlet 过程为代表的无监督学习方法由于不需要人工标注语料，并且可能可以获得与传统有监督学习方法相比拟的效果，正在成为言语行为分类领域的研究重点。

另一个言语行为分类的研究方向是和具体的应用领域相结合。例如，Jihie Kim 等通过识别出 E-learning 论坛中发言的言语行为(Question, Answer, Issue, Positive Acknowledgement, Negative Acknowledgement)，最终能够识别出论坛中的未回答问题和未解决难题，将监视电子课堂的工作部分自动化[16]。通过识别出言语行为,可以解决很多管理上的问题。例如,通过识别出电子会议中用户发言的言语行为,就可以自动判断会议的研讨态势(如共识点、争议点、分歧点[67]),甚至自动生成会议摘要。

最后,正如我们在本书里看到的,虽然英文环境下的言语行为分类研究已经较多,但是中文环境下的这类研究还较少。由于中文与英文在表现形式和语言风格上都有较大的差别,因此直接套用英文环境下言语行为分类的研究结果将很难直接解决中国和中文环境下的问题。例如,一个最大的障碍就是缺乏中文环境下构建良好的言语行为分类体系,这通常是分类研究的工作基础。当然,使用无监督的方法可以在一定程度上缓解这个问题。此外,中文环境下新特征的发现和选取也是未来中文环境下需要重点研究的内容。

参考文献

[1] Austin J L. How to do things with words [M]. Cambridge: Harvard University Press, 1962.

[2] Prasad R, Walker M. Training a dialogue act tagger for human-human and human-computer travel dialogues [C]. Proceedings of the 3rd SIGdial Workshop on Discourse and Dialogue. Philadelphia, Pennsylvania, 2002.

[3] Fernandez R, Ginzburg J, Lappin S. Using machine learning for non-sentential utterance classification [C]. Proceedings of the 6th SIGdial Workshop on Discourse and Dialogue. Lisbon, Portugal, 2005.

[4] Fukada T, Koll D, Waibel A, Tanigaki K. Probabilistic dialogue act extraction for concept based multilingual translation systems [C]. The 5th International Conference on Spoken Language Processing (ICSLP - 1998). Sydney, Australia, 1998.

[5] Sung C L, Day M Y, Yen H C, Hsu W L. A template alignment algorithm for question classification [C], IEEE, 2008.

[6] 文勖,张宇,刘挺,马金山. 基于句法结构分析的中文问题分类[J]. 中文信息学报,2006,20(2):33 - 39.

[7] Traum D R. Speech acts for dialogue agents, Foundations and Theories of Rational Agents, Anand Rao M W, Editor [A]. 1999, Kluwer Academic Publishers. 173 - 206.

[8] Allen J, Core M. Draft of DAMSL: Dialog act markup in several layers, in *Unpublished manuscript* [R]. 1997, Discourse Research Initiative.

[9] Levin L, Ries K, Thyme-Gobbel A, Lavie A. Tagging of speech acts and dialogue games in Spanish call home [C]. Proceedings of the ACL Workshop "Towards Standards and Tools for Discourse Tagging". Somerset, NJ, 1998.

[10] Reithinger N, Maier E. Utilizing statistical dialogue act processing in Verbmobil [C]. Proceedings of the 33rd Annual Meeting of the Association for Computational Linguistics.

Morristown, NJ, USA, Association for Computational Linguistics, 1995.

[11] Jurafsky D, Shriberg E, Biasca D. Switchboard SWBD-DAMSL Shallow-Discourse-Function Annotation Coders Manual, Draft 13 [R]. 1997, University of Colorado, Institute of Cognitive Science.

[12] Godfrey J J, Holliman E C, McDaniel J. SWITCHBOARD: Telephone speech corpus for research and development [C]. Proceedings of the IEEE International Conference on Acoustics, Speech, and Signal Processing, San Francisco, CA, USA, 1992.

[13] Gerassimenko O, Hennoste T, Koit M, R bis A, Strandson K, Valdisoo M, Vutt E. Annotated dialogue corpus as a language resource: an experience of building the Estonian dialogue corpus [C]. Proceedings of the 1st Baltic Conference on Human Language Technologies. Riga, Latvia, 2004.

[14] Feng D H, Shaw E, Kim J, Hovy E. An intelligent Discussion-Bot for answering student queries in threaded discussions [C]. Proceedings of the 11th international conference on Intelligent User Interfaces. Sydney, Australia, ACM Press, 2006.

[15] Winograd T. A language/action perspective on the design of cooperative work [J]. ACM SIGCHI Bulletin, 1988,20(1):79.

[16] Kim J, Li J, Kim T. Identifying Student Online Discussions with Unanswered Questions [C]. The Fifth International Conference on Knowledge Capture (K-CAP 2009). Redondo Beach, California, USA, 2009.

[17] Kim S N, Wang L, Baldwin T. Tagging and linking web forum posts [C]. Proceedings of the Fourteenth Conference on Computational Natural Language Learning. Uppsala, Sweden, Association for Computational Linguistics Press, 2010.

[18] Joty S, Carenini G, Lin C Y. Unsupervised modeling of dialog acts in asynchronous conversations [C]. Proceedings of the 22nd International Joint Conference on Artificial Intelligence. Barcelona, catalonia (Spain).

[19] Cunningham H. GATE, a general architecture for text engineering [J]. Computers and the Humanities, 2002,36(2):223 - 254.

[20] Searle J R. A classification of illocutionary acts [J]. Language in society, 1976,5(01):1 - 23.

[21] Wierzbicka A. English speech act verbs: A semantic dictionary [M]. Academic Press Sydney, 1987.

[22] Qadir A, Riloff E. Classifying Sentences as Speech Acts in Message Board Posts [C]. Proceedings of the 2011 Conference on Empirical Methods in Natural Language Processing. Edinburgh, Scotland, UK, Association for Computational Linguistics Press, 2011.

[23] Pang B, Lee L, Vaithyanathan S. Thumbs up?: sentiment classification using machine learning techniques [C]. Proceedings of the ACL Conference on Empirical Methods in Natural Language Processing. Philadelphia, PA, Association for Computational Linguistics, 2002.

[24] Kjell B, Woods W A, Frieder O. Discrimination of authorship using visualization [J]. Information processing & management, 1994,30(1):141 - 150.

[25] Pang B, Lee L, Vaithyanathan S. Thumbs up?: sentiment classification using machine learning techniques [C]. Proceedings of the Conference on Empirical Methods in Natural Language Processing, Association for Computational Linguistics Morristown, NJ, USA, 2002.

[26] Wiebe J, Wilson T, Bruce R, Bell M, Martin M. Learning subjective language [J]. Computational Linguistics, 2004,30(3):277 - 308.

[27] Thelen M, Riloff E. A bootstrapping method for learning semantic lexicons using extraction pattern contexts [C]. Proceedings of the ACL-02 conference on Empirical methods in natural language processing (EMNLP'02). Stroudsburg, PA, USA, Association for Computational Linguistics Press, 2002.

[28] McIntosh T. Unsupervised discovery of negative categories in lexicon bootstrapping [C]. Proceedings of the 2010 Conference on Empirical Methods in Natural Language Processing (EMNLP'10). Stroudsburg, PA, USA, Association for Computational Linguistics Press, 2010.

[29] Kim J, Li J, Kim T. Towards Identifying Unresolved Discussions in Student Online Forums [C]. The 11th Annual Conference of the North American Chapter of the Association for Computational Linguistics (NAACL-HLT 2010). Los Angeles, CA, USA, 2010.

[30] Mitra M, Buckley C, Singhal A, Cardie C. An analysis of statistical and syntactic phrases [C]. Proceedings of the 5th International Conference Recherche d'Information Assistee par Ordinateur. Montreal, Canada, 1997.

[31] Jiang M, Jensen E, Beitzel S, Argamon S. Choosing the right bigrams for information retrieval [C]. Proceedings of the Meeting of the International Federation of Classification Societies, 2004.

[32] Yang Y, Pedersen J O. A comparative study on feature selection in text categorization [C]. Proceedings of the Fourteenth International Conference on Machine Learning, 1997.

[33] Ravi S, Kim J. Profiling Student Interactions in Threaded Discussions with Speech Act Classifiers [C]. Proceedings of AI in Education Conference, 2007.

[34] Koppel M, Argamon S, Shimoni A R. Automatically categorizing written texts by author gender [J]. Literary and Linguistic Computing, 2002,17(4):401 - 412.

[35] Abbasi A, Chen H, Salem A. Sentiment analysis in multiple languages: Feature selection for opinion classification in Web forums [J]. ACM Transactions on Information Systems, 2008,26(3):12.

[36] Ritter A, Cherry C, Dolan B. Unsupervised Modeling of Twitter Conversations [C]. The 2010 Annual Conference of the North American Chapter of the Association for Computational Linguistics (2010) Los Angeles, CA, Association for Computational Linguistics Press, 2011.

[37] Wright H. Automatic utterance type detection using suprasegmental features [C]. Proceedings of the 5th International Conference on Spoken Language Processing. Sydney,

Australia, 1998.

[38] Ries K. HMM and neural network based speech act detection [C]. IEEE International Conference on Acoustics, Speech, and Signal Processing. Phoenix, Arizona, 1999.

[39] Grau S, Sanchis E, Castro M J, Vilar D. Dialogue act classification using a Bayesian approach [C]. Proceedings of the 9th International Conference Speech and Computer, 2004.

[40] Ivanovic E. Dialogue act tagging for instant messaging chat sessions [C]. Proceedings of the ACL Student Research Workshop. Ann Arbor, Michigan, 2005.

[41] Keizer S, op den Akker R, Nijholt A. Dialogue act recognition with Bayesian networks for Dutch dialogues [C]. 3rd SIGdial Workshop on Discourse and Dialogue. Philadelphia, USA, 2002.

[42] Sanchis E, Castro M J. Dialogue Act Connectionist Detection in a Spoken Dialogue System [C]. Proceedings of the 2nd International Conference on Hybrid Intelligent Systems. Santiago de Chile, Chile, 2002.

[43] Levin L, Langley C, Lavie A, Gates D, Wallace D, Peterson K. Domain specific speech acts for spoken language translation [C]. Proceedings of the 4th SIGdial Workshop on Discourse and Dialogue. Sapporo, Japan, 2003.

[44] 李欣苗,张朋柱,张兴学. 团队创新信息关系的自动识别方法及其应用[J]. 管理科学学报, 2007,10(5):28-39.

[45] Samuel K, Carberry S, Vijay-Shanker K. Dialogue Act Tagging with Transformation-Based Learning [C]. Proceedings of COLING/ACL'98, ASSOCIATION FOR COMPUTATIONAL LINGUISTICS, 1998.

[46] Reithinger N, Klesen M. Dialogue Act Classification Using Language Models [C]. 5th European Conference on Speech Communication and Technology. Rhodes, Greece, ISCA, 1997.

[47] Lager T. The μ-TBL System: Logic Programming Tools for Transformation-Based Learning [C]. Proceeding of the Third International Workshop on Computational Natural Language Learning (CoNLL-99). Bergen, 1999.

[48] Carletta J, Isard S, Doherty-Sneddon G, Isard A, Kowtko J C, Anderson A H. The reliability of a dialogue structure coding scheme [J]. Computational Linguistics, 1997,23(1):13-31.

[49] 李嘉,张朋柱,邓莎莎,原海英. 基于多阶段转换学习的群体研讨文本言语行为分类研究[J]. 系统管理学报,2012.

[50] Cohen W W, Carvalho V R, Mitchell T M. Learning to classify email into "speech acts" [C]. 2004 Conference on Empirical Methods in Natural Language Processing (EMNLP-2004). Barcelona, Spain, 2004.

[51] Surendran D, Levow G A. Dialog act tagging with support vector machines and hidden Markov models [C]. Ninth International Conference on Spoken Language Processing (INTERSPEECH-2006). Pittsburgh, Pennsylvania, 2006.

[52] 李嘉. 面向在线群体研讨的自动化辅助方法研究[D]. 上海:上海交通大学,2010.

[53] Andernach T, Poel M, Salomons E. Finding classes of dialogue utterances with kohonen networks [C]. Workshop Notes of the ECML/MLnet Workshop on Empirical Learning of Natural Language Processing Tasks. Prague, Czech Republic, 1997.

[54] Andernach T. A machine learning approach to the classification of dialogue utterances [C]. Proceedings of the 2nd International Conference on New Methods in Language Processing. Ankara, Turkey, 1996.

[55] Crook N, Granell R, Pulman S. Unsupervised classification of dialogue acts using a Dirichlet process mixture model [C]. The 10th Annual Meeting of the Special Interest Group in Discourse and Dialogue (SIGDIAL 2009), Association for Computational Linguistics, 2009.

[56] Higashinaka R, Kawamae N, Sadamitsu K, Minami Y, Meguro T, Dohsaka K, Inagaki H. Unsupervised Clustering of Utterances using Non-parametric Bayesian Methods [C]. 12th Annual Conference of the International Speech Communication Association (INTERSPEECH - 2011). Florence, Italy, 2011.

[57] Lee J, Kim G C, Seo J. A dialogue analysis model with statistical speech act processing for dialogue machine translation [C]. Proceedings of the Spoken Language Translations EACL'97 Workshop. Budapest, Hungary, 1997.

[58] Bard E G, Sotillo C, Anderson A H, Thompson H S, Taylor M M. The DCIEM map task corpus: Spontaneous dialogue under sleep deprivation and drug treatment [C]. Proceedings of ICSLP'96. Philadelphia, PA, USA, 1996.

[59] Brill E. A corpus-based approach to language learning [D]. 1993, Department of Computer and Information Science, University of Pennsylvania.

[60] 夏新松,肖建国. 一种新的错误驱动学习方法在中文分词中的应用[J]. 计算机科学,2006,33(3):160 - 164.

[61] Zhou Y, Huang C, Gao J, Wu L. Transformation Based Chinese Entity Detection and Tracking [C]. Proceedings of the 2nd International Joint Conference on Natural Language Processing, 2005.

[62] 赵永贞,刘挺,王志伟,陈惠鹏,邵艳秋. 汉语文语转换系统中停顿指数的自动标注[J]. 中文信息学报,2004,18(5):48 - 55.

[63] Vapnik V N. 统计学习理论的本质[M]. 北京:清华大学出版社,2000.

[64] Cristianini N, Shawe-Taylor J. 支持向量机导论[M]. 北京:电子工业出版社,2004.

[65] Och F J, Ney H. The alignment template approach to statistical machine translation [J]. Computational Linguistics, 2004,30(4):417 - 449.

[66] Mart 铏 nez-Hinarejos C D, Bened 铏 J M, Granell R. Statistical framework for a spanish spoken dialogue corpus [J]. Speech Communication, 2008,50(11 - 12):992 - 1008.

[67] 蒋御柱,张朋柱,张兴学. 群体研讨支持系统中的智能可视化研究[J]. 管理科学学报,2009,12(3):1 - 11+43.

第 8 章

面向在线群体研讨的言语行为分类体系设计框架研究

8.1 引言

随着计算机和网络技术的发展，以 BBS、网络论坛、群件、即时通信工具、虚拟社区等为代表的计算机支持的协调工作（Computer Supported Collaborative Work，CSCW）和以计算机为媒介的交流（Computer Mediated Communication，CMC）已经渗透到了工作生活的方方面面，在不长的历史内产生了海量的研讨文本数据，并且这些数据目前仍以指数级的速度在增长。传统靠人工分析研讨文本的做法，不仅费时费力费钱，而且通常不能全天在线工作。因此迫切需要能够自动分析和处理群体研讨文本，如果能够自动分析这些研讨数据的言语行为关系并得到一些有益的结论，将是开创未来许多研究与应用的第一步。而引入言语行为并对其进行自动分类就是实现这类自动处理中关键的一个步骤。

言语行为理论[1]认为人们在以言行事。根据言语行为理论，我们说话的同时是在实施某种行为。因此，网络研讨平台上的发言对话可以被认为是一种言语行为的轮转。言语行为的自动分类对于机器理解和刻画研讨势态尤为重要。言语行为被用于识别说话者的意图，这对于确定答复的言语行为分类体系[2, 3]非常重要。言语行为识别还可以用于浅层解析，识别言语行为等价于在一个更高层面上理解了用户的发言[4]。如果机器能够辨别出发言的言语行为分类体系，就等于理解了用户基本的谈话意图，就可以据此来刻画研讨势态。因此，言语行为分类体系和言语行为自动分类研究对于对话系统（Dialogue System）、机器翻译和自动问答系统中问题的理解和问题的自动分类具有重要的意义。

进行言语行为分类的第一步是构建言语行为分类体系。目前国内关于言语行为自动化分析的研究还较少，而言语行为分类体系的缺乏是主要障碍。据笔者所知，目前还没有系统化的关于构建言语行为分类体系的方法论，因此本书试图研究提出面向在线群体研讨的言语行为分类体系构造方法论，并通过一个 E-learning 环境的语料来说明这一方法论的实施。

8.2　言语行为分类体系的研究框架

根据设计科学的研究模式，设计既是一个产品又是一个过程[14, 15]。Walls 等[15]提出了一个规划信息系统设计理论（Information Systems Design Theories, ISDTs）的模型。这一理论包含了指导一个 ISDT 设计产品的 4 个组成部分：核心理论（Kernel Theories）、元需求（Meta-requirments）、元设计（Meta-design）和可检验的假设（Testable hypotheseses）（见表 8 - 1）。其中，核心理论支配元需求，而元设计通过为 IT 人造物（IT Artifact）提供详细的设计说明来完成元需求。可检验的假设被用来检验元设计是否满足了元需求。

表 8 - 1　一个 ISDT 设计产品的组成部分[15]

1. 核心理论	来自自然或社会科学的力量支配设计需求
2. 元需求	描述符合核心理论的一系列目标
3. 元设计	描述假定可以满足元需求的一系列人造物
4. 可测试的假设	用来测试元设计是否满足元需求

基于 Walls 的模型，本书提出了一个言语行为分类体系研究框架（见表 8 - 2）。以言语行为理论（Speech Act Theory）为基础，首先提出了支持本研究的元需求和元设计，然后提出了假设来检验元设计是否有效地满足了所提的元需求。接下来的部分详述设计框架的每一部分。

表 8 - 2　面向研讨平台的言语行为分类体系设计研究框架

1. 核心理论	言语行为理论
2. 元需求	（1）辨别能力　（2）泛化能力
3. 元设计	（1）领域和语料的选择 （2）基准言语行为分类体系的选择 （3）语料试标注 （4）类别合并和拆分 （5）评估者间信度测试
4. 可测试的假设	所设计的言语行为分类体系符合元需求的能力

8.2.1 核心理论

言语行为理论认为人们在以言行事。根据言语行为理论，我们说话的同时是在实施某种行为，说话者说话时可能同时实施三种行为：言内行为(locutionary act)、言外行为(illocutionary act)和言后行为(perlocutionary act)。言内行为是说出词、短语和分句的行为，它是通过句法、词汇和音位来表达字面意义的行为。言外行为是表达说话者意图的行为，它是在说某些话时所实施的行为。言后行为是通过某些话所实施的行为，或讲某些话所导致的行为，它是话语所产生的后果或所引起的变化，它是通过讲某些话所完成的行为。

美国的哲学语言学家 Searle 扩充了 Austin 在言后行为上的工作[16]。他把言外行为分为五类，每一类行为都有一个共同的、普遍的目的。这五大类是：①阐述类：陈述或描述说话者认为是真实的情况；②指令类：试图使听话者做某些事情；③承诺类：说话者自己承诺未来要有一些行为；④表达类：表达对某一现状的感情和态度；⑤宣告类：通过说话引起骤变。每一类中的行为都有同样的目的，但具有同样目的的言外行为可能具有不同程度的言外之力。

8.2.2 基本需求

本研究满足核心理论的基本需求包括辨别能力和泛化能力两部分，下面介绍每部分的详细内容。

(1) 辨别能力。辨别能力用来衡量言语行为标签定义的清晰程度。言语行为标签定义越清晰，其辨别力越强；否则辨别力越弱。

(2) 泛化能力。泛化能力用来衡量一个言语行为分类体系推广到其他领域的难易程度。泛化能力越强的言语行为分类体系，其包含的类别标签越容易被重用到其他的领域。

8.2.3 基本设计

元需求直接来自于核心理论，而元设计的目标是引入一系列预期能满足元需求的人造物[15]。鉴于言语行为分类体系设计研究的特殊性，在本研究中引入的人造物不再是系统设计，而是流程设计，即言语行为分类体系设计的基本步骤和流程。下面分别介绍五项满足基本需求的流程设计。

(1) 领域和语料的选择。研讨平台是一个很广泛的概念，包括的具体领域有网络论坛、博客、微博、聊天室、即时聊天工具、群决策支持系统等。各种不同的平台有各自的特点和相应的信息组织模式。

（2）基础言语行为分类体系的选择。为了保证构建的言语行为分类体系的辨别能力和泛化能力，构建新的言语行为分类体系时一般要以前人提出的言语行为分类体系为基础。

（3）语料试标注。在语料试标注阶段，标注者首先阅读语料，然后根据自己的理解对语料进行试标注。试标注的时候，遇到前面已有类别无法解释的新发言时，标注者可以提出新的类别来让该发言有类可依。在试标注的过程中，标注者还可以尝试更改前面的标注。

（4）类别合并和拆分。由于在试标注过程中对无法归类的新发言一般采用随遇随标的方法，因此会产生很多新类别。这些类别在产生的时候是没有经过仔细考虑的，而且一般数量庞大，因此很多类别需要合并。另外，那些实例数特别少的类别（如少于 1%）要考虑和其他的类别合并。对于一些实例数特别多的类（如超过 50%），要考虑进一步拆分成两个或两个以上的类别。

（5）评估者间信度测试。为了说明一个言语行为分类是有效的，需要保证这个分类是客观存在并且可重复操作的，其中一个方法就是测量评估者间信度。评估者间信度给出了一个测量不同主观判断之间的同质性或一致性的值。当不同的评估者之间没有足够的一致性时，要么是因为指标设计有缺陷，要么是因为评估者没有很好地理解这个指标。

有很多统计指标可以用来确定评估者间信度，不同的统计指标适合不同类型的数据和指标。常见的指标有联合概率（joint-probability of agreement）[17]、科恩 Kappa（Cohen's kappa）[18]、弗雷斯 Kappa（Fleiss' kappa）[19]、评估者间相关性（inter-rater correlation）、一致性相关系数（concordance correlation coefficient）[20]和组内相关系数（intra-class correlation coefficient）[21]等。本研究采用科恩 kappa 指标来测量评估者间信度。假设两个评估者把 N 个东西分到 C 个互斥类，科恩 kappa 指标就是测量两个评估者间的一致程度[18]。一般认为 Kappa 值大于 0.75 时一致性较好；Kappa 介于 0.4 和 0.75 之间时一致性一般；Kappa 小于 0.4 时一致性较差。

需要说明的是，以上步骤（3）～（5）是一个迭代的过程，往往需要经过多次反复才能收敛到一个较为稳定的分类体系。

8.2.4　可测试的假设

可测试的假设是用来测试元设计是否满足了元需求[15]。在本研究中，关心的是设计的言语行为分类是否具有足够高的判别能力和通用能力。其中判别能力可以用评估者间信度来测量，泛化能力可以通过在将来的研究中从本领域向其他领域转移时言语行为类别的重用率来测量。

8.3 言语行为分类体系设计案例：以 E-learning 语料为例

8.3.1 语料简介

本案例所使用的语料数据来自一个叫做 PedaBot[22] 的在线研讨系统，在这个研讨系统内学生可以讨论与课堂内容相关的技术问题。PedaBot 系统是 phpBB 系统的一个变种，用户登入 PedaBot 系统后，可以像在正常的论坛一样发表帖子。帖子按照回复关系组织成 thread。用户在发言的时候有两种选择：创建一个新的主题或者回复一个已经存在的帖子。这样在一个主题内，用户发布的帖子就以树状的形式组织起来，除了根节点以外，其余每个帖子都有唯一的父节点。

PedaBot 是一个使用英语的研讨平台，美国南加州大学的 Viterbi 工程学院从 2004 年就开始使用 PedaBot 系统配合本科生和研究生的操作系统课程教学，鼓励学生在课后加入 PedaBot 系统讨论与课程相关的问题，并将学生在 PedaBot 系统中的表现作为考核学生成绩的一部分。从使用情况上看，PedaBot 主要是一个用于教学辅导的系统，学生提出自己不懂的问题或在作业中遇到的困难，其他同学和老师一起来讨论并解决这些问题。本研究一共收集了 2 个学期的研讨记录，包括 291 个 threads 和 1 135 条发言，参与研讨的学生为 168 人。

8.3.2 基础言语行为分类体系的选择

本书选择技术类网络论坛作为 PedaBot 语料的基础言语行为分类体系。Su Nam Kim [23] 发展的针对技术论坛的言语行为分类体系。这个类别包括 2 个大的分类(QUESTION, ANSWER)和 3 个单独类(RESOLUTION, REPRODUCTION, and OTHER)。进一步地，QUESTION 又包含 4 个子类(QUESTION, ADD, CONFIRMATION, CORRECTION)，而 ANSWER 包含 5 个子类(ANSWER, ADD, CONFIRMATION, CORRECTION, OBJECTION)。

除此之外，Joty 等[24]也发展了一套描述网络论坛的言语行为分类体系，包括 12 个类别(见表 8－3)。因此，本书打算以这些网络论坛领域的言语行为分类体系作为 E-learning 领域言语行为分类体系的基础。

表 8-3　Joty 等网络论坛中的言语行为分类体系[24]

Tag	Description	Tag	Description
S	Statement	QO	Open-ended question
P	Polite mechanism	AA	Acknowledge and appreciate
QY	Yes-no question	QR	Or/or-clause question
AC	Action motivator	R	Reject response
QW	Wh-question	U	Uncertain response
A	Accept response	QH	Rhetorical question

8.3.3　语料标注方法

本研究发展了一套类 XML 的语法来进行语料标注。使用类 XML 语法的好处是数据类型的数据的值可以自说明，方便将来计算机自动化处理。下面以一个 thread 的帖子为例说明标注方法。

```
<ANNOTATION_TILESET NO="1" "5423" CATEGORY="A. 3">
<RELATION_TILESET NO="1" "5423">
16341                  := [QCONF]
16347  ->  16341       := [NO_A]
16409  ->  16341       := [QCONF]
16412  ->  16409       := [NO_A]
</RELATION_TILESET>

<TILE_POST_TOPIC_ID
CATEGORY="A. 3">POST_ID=16341</TILE_POST_TOPIC_ID>
Subject:question about the exams
Body:Hi, <QCONF>I was wondering if</QCONF> the lowest exam score would be
dropped or not<QCONF>? </QCONF>
thanks

<TILE_POST_TOPIC_ID
CATEGORY="A. 3">POST_ID=16347</TILE_POST_TOPIC_ID>
Subject:Re:question about the exams
Body:<NO_A>no</NO_A>

<TILE_POST_TOPIC_ID
```

CATEGORY="A. 3">POST_ID=16409</TILE_POST_TOPIC_ID>

Subject:Re: question about the exams

Body:<QCONF>Not even if</QCONF> we ask really really nicely<QCONF>? </QCONF>

<TILE_POST_TOPIC_ID
CATEGORY="A. 3">POST_ID=16412</TILE_POST_TOPIC_ID>

Subject:Re:question about the exams

Body:<NO_A>nope. </NO_A> I'm mean. :twisted:

</ANNOTATION_TILESET>

标注者首先识别出每一个帖子的言语行为关系,并且在 RELATION_TILESET 中标出。例如,16347 -> 16341 :=[NO_A]表示 POST_ID 为 16347 的帖子回复了 POST_ID 为 16341 的帖子,并且 POST_ID 为 16347 的帖子对 POST_ID 为 16341 的帖子有一个 NO_A 的言语行为关系。又如 16341:=[QCONF]表示 POST_ID 为 16341 的帖子有一个 QCONF 的言语行为类别,但是没"->"的记号以及被回复帖子的 POST_ID,说明这是主题里的第一个帖子。

根据 Samuel 等的研究,特征短语(specific cue)在识别言语行为类别时是至关重要的[25]。为了在将来服务于自动化分类算法,本研究中不仅让标注者指出一个帖子属于哪种言语行为类别,还让标注者努力用类 XML 的语法来标记特征短语。例如,在 POST_ID 为 16341 的帖子中,<QCONF>I was wondering if</QCONF>表示"I was wondering if"被认为是 QCONF 的特征短语,并且这个短语被标注者用<QCONF>和</QCONF>括起来。类似的情况还有用<NO_A>和</NO_A>把"no"括起来,等等。

8.3.4 言语行为分类体系

在进行正式工作之前,语料中涉及系统问题的帖子(如报告磁盘空间配额不够)和幽默类的帖子被全部删除,因为它们和教学无关。我们聘请了 1 位本科生、3 位硕士生和 1 位博士生作为专家,在熟读语料之后,各自提出了一套分类体系。经过若干次充分的小组讨论之后,专家提出了一个初始的言语行为分类体系(如图 8-1所示),包含 4 大类、22 小类。其中 QUESTION 表示以任何形式提出问题,ANSWER 表示以任何形式回答所提问题,ACK 表示对提供的答案进行评价,ISSUE 用来描述遇到的一个难题。

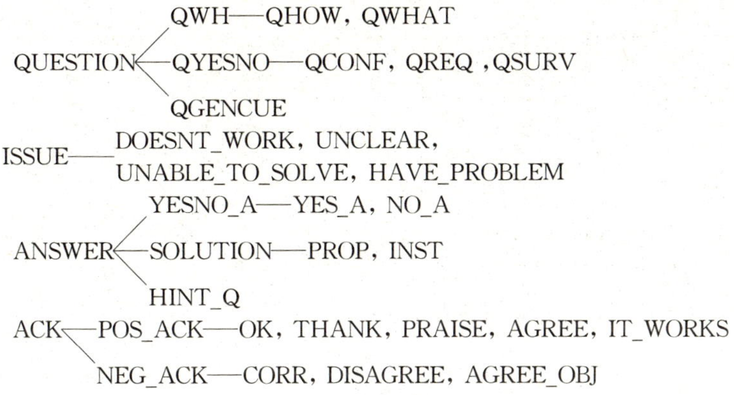

QUESTION — QWH—QHOW, QWHAT
QUESTION — QYESNO—QCONF, QREQ, QSURV
QUESTION — QGENCUE
ISSUE—DOESNT_WORK, UNCLEAR, UNABLE_TO_SOLVE, HAVE_PROBLEM
ANSWER — YESNO_A—YES_A, NO_A
ANSWER — SOLUTION—PROP, INST
ANSWER — HINT_Q
ACK — POS_ACK—OK, THANK, PRAISE, AGREE, IT_WORKS
ACK — NEG_ACK—CORR, DISAGREE, AGREE_OBJ

图 8-1　初始的言语行为分类体系

专家首先通过讨论确定了图 8-1 所示 22 个类别的定义和判定要点。然后从某学期的研讨记录中随机挑选了 100 个 thread 让 4 名标注者独立完成标注。标注完成后计算各类别的 Kappa 值,并统计各类别样本出现的次数。一批 Kappa 值不够高的类别(如 Q_GENCUE, CORR, DOESN'T_WORK, UNABLE_TO_SOLVE 等)考虑删除。同时,一批样本数量不够多的类别考虑与其他类别合并,如 QREQ 与 QCONF 合并。在这里我们没有发现需要拆分的类别。另外,ACK 被拆分为 POS_ACK 和 NEG_ACK,分别对应正向态度和反向态度。经过数轮的调整,最终给出的言语行为分类体系总结在表 8-4 中,包括 5 大类 18 小类。

表 8-4　最终的言语行为分类及各类别描述

高层类别	低层类别	描　　述
QUESTION	QWHAT	一类诸如"What is something?"的提问,问题可以包括定义、概念,等等。也包括询问时间、地点和原因等信息的提问。不包括询问建议和如何做的问题。注意,"What to do"这类问题应该属于 QHOW,而不属于 QWHAT。
	QHOW	询问如何做某项任务,或者如何才能完成某一目标的提问。也包括询问建议或可选方案的提问。通常是一个关于任务或过程的提问。
	QCONF	证实某个主意或看法的提问。也包括询问是否被允许做某事的提问,例如"Are we allowed to ...?","Should we ...?","Is it ok to ...?","I was wondering if ...",等等。
	QSURV	询问其他人是否也有同样的问题(issue)。

（续表）

高层类别	低层类别	描　述
ISSUE	UNCLEAR	发言者认为对某事不清楚或者糊涂。发言者认为某事缺乏理解或者不可理解。
	HAVE_PROBLEM	发言者认为自己遇到了一些问题或者感觉很奇怪。
ANSWER	PROP	发言者发表的看法、主意、建议或主张，但是对自己发表的意见不是很肯定。例如“I think ...”，“It should probably ...”，“I guess ...”，“It seems ...”，“My understanding is ...”等。发言者可能会也可能不会陈述对他所提看法、主意、建议或主张的不确定程度。通常来说，RPOP 的发言者是学生。
	INST	发言者给出的解决一个问题的建议或方法。发言者通常对自己发表的意见非常肯定。也包括老师或助教的指导。
	YES_A	对一个 yes/no 提问的肯定回答。如果回答表达了一种赞同的态度，那么应该被看作是 AGREE，而不应该是 YES_A。
	NO_A	对一个 yes/no 问题的否定回答。如果回答表达了一种不赞同的态度，那么应该被看作是 DISAGREE，而不应该是 NO_A。
	HINT_Q	用提问的方式给出解决问题的线索或暗示。
POS_ACK	OK	对前面的发言表示认可。
	THANK	对于前面发言者给出的建议致谢。注意：这里不包括在提问的时候期望回答的致谢。
	PRAISE	通常是老师对某个学生回答的评价。通常出现在一个帖子或句子的开始，或者紧跟在一个人名的后面。
	AGREE	发言者赞同前一个发言的观点。这里的前一个发言可能是提问或回答，对前一个发言的引用可能是显式的，也可能是隐式的。
	IT_WORKS	说明建议的方案奏效的陈述。
NEG_ACK	AGREE_OBJ	发言者对前一个帖子部分赞同。
	DISAGREE	发言者反对前一个发言的观点。这里的前一个发言可能是提问或回答，对前一个发言的引用可能是显式的，也可能是隐式的。

每一个大类代表一个高层言语行为类别，每一个小类代表一个低层言语行为类别。这样高层言语行为类别和低层言语行为类别构成具有层次关系的树状结

构，其中一个高层类别包含若干个低层言语行为类别分类的层次关系树体现了言语行为分类之间的逻辑层次关系，可以为言语行为分类提供一定的帮助。在低层言语行为的分类效果无法满意的时候，如果高层言语行为的分类效果令人满意，仍然可以用高层言语行为分类的结果，虽然会在一些细节上损失一些信息。同时，某些机器学习算法依赖前一个发言的言语行为类别作为特征来训练分类器，这时也可以选择对应的高层言语行为类别来避免规则过分依赖某一具体低层言语行为类别的问题。

8.3.5　辨别能力分析

基于表 8－4 所提的言语行为分类体系，本研究聘请了 1 位博士生、2 位硕士生和 1 位本科生各自独立地对随机选择的另 100 个 thread 共 432 个帖子进行标注，然后计算两两评估结果之间的科恩 Kappa 值。这 4 位标注者中有 2 位的母语是英语，1 位的母语是朝鲜语，另 1 个的母语是汉语。表 8－5 所示的是低层言语行为类别的评估者间 Kappa 值。

表 8－5　低层言语行为类别的评估者间信度(Kappa 值)

Speech Act	Kappa 值	Speech Act	Kappa 值
QWHAT	0.92 或更高	NO_A	0.85 或更高
QHOW	0.95 或更高	HINT_Q	1.0 或更高
QCONF	0.89 或更高	OK	1.0 或更高
QSURV	0.96 或更高	THANK	1.0 或更高
UNCLEAR	0.91 或更高	PRAISE	0.81 或更高
HAVE_PROBLEM	0.78 或更高	AGREE	0.75 或更高
PROP	0.65 或更高	IT_WORKS	0.93 或更高
INST	0.75 或更高	AGREE_OBJ	0.81 或更高
YES_A	0.92 或更高	DISAGREE	0.89 或更高

从表 8－5 中可以看到，所有低层言语行为类别的 Kappa 值除 PROP 外都超过了 0.7，并且 PROP 的 Kappa 值也接近 0.7，因此可以认为低层类别是定义良好的。其中 QHOW、QHOW、QSURV、UNCLEAR、YES_A、HINT_Q、OK、THANK 和 IT_WORKS 的 Kappa 值超过了 0.9；QCONF、NO_A、PRAISE、AGREE_OBJ、DISAGREE 的 Kappa 值超过了 0.8；HAVE_PROBLEM、

AGREE 的 Kappa 值超过了 0.7。Kappa 值在一定程度上反映了一个言语行为类别分类的难易程度。

表 8-6 所示为高层言语行为类别的评估者间 Kappa 值。

表 8-6 高层言语行为类别的评估者间信度(Kappa 值)

Speech Act	Kappa 值	Speech Act	Kappa 值
QUESTION	0.94 或更高	ACK_POS	0.87 或更高
ISSUE	0.88 或更高	ACK_NEG	0.85 或更高
ANSWER	0.72 或更高		

从表 8-6 中可以看到,所有高层言语行为类别的 Kappa 值都超过了 0.7,因此可以认为高层类别是定义良好的。除 ANSWER 外,其他的高层言语行为类别的 Kappa 值都超过了 0.85,即认为取得了较高的一致性。

8.3.6 泛化能力分析

本书所提的言语行为分类体系虽然是在 E-learning 的语料环境下提出的,但是很容易被移植到其他所有具备问答特性的在线研讨环境中。由于本研究所提出的言语行为分类体系体现了提问、回答和评价所必需的所有言语行为类别,因此从理论上说一个以在线问答讨论为目的的研讨平台都应该大致适用于这套言语行为分类体系。兼容的典型目标平台包括各类技术论坛(如 JavaEye, CSDN),邮件列表,各类讨论技术问题的聊天室和群(如 QQ 群)等。我们有理由相信,当本言语行为分类体系移植到其他问答研讨类平台时,只需要处理与该平台相关的特殊言语行为类型(如即时聊天平台中的招呼类言语行为),而与提问、回答和评价相关的言语类别只需要花很少的力气就可以顺利移植。

8.4 结论

本研究根据 Wall 的模型研究提出了面向在线群体研讨的言语行为分类体系设计框架。在这一研究中提出了构建言语行为分类体系的两大需求:判别能力和泛化能力。同时,本书以流程为人造物的观点,研究设计出一个包含五个关键步骤的迭代流程来满足设计需求。本书对于填补面向在线研讨言语行为分类体系构造方法论的空白,具有重要的理论意义。同时,本书以所提的框架体系为指导,研究提出了一个适合 E-learning 环境的言语行为分类体系。不仅验证了所提方法论的有效性,同时还为其他以问答讨论为目的的在线研讨平台开发言语行为分类系统提供了重要参考依据。

言语行为分析是大规模自动化处理言语文本的第一步,而言语行为分类体系在言语行为分析研究中又处于基础地位。对于目前国内言语行为分析研究的现状而言,缺乏一个有足够辨别能力和泛化能力的分类体系常常是研究面临的一个瓶颈。由于缺乏分类体系这一基础数据,很多自动化分析方法不能应用,这严重限制了言语行为自动分析这一研究方向的发展。从这个意义上说,本书对于促进国内研讨文本的言语行为自动化分析研究做了一点有益的尝试。

将来,我们计划以本书所提的框架体系为指导,研究即时通信领域和群决策支持系统领域的言语行为分类体系,从而进一步拓展该框架的应用领域。

参考文献

[1] Austin J L. How to do things with words [M]. Cambridge: Harvard University Press, 1962.

[2] Prasad R, Walker M. Training a dialogue act tagger for human-human and human-computer travel dialogues [C]. Proceedings of the 3rd SIGdial Workshop on Discourse and Dialogue. Philadelphia, Pennsylvania, 2002.

[3] Fernandez R, Ginzburg J, Lappin S. Using machine learning for non-sentential utterance classification [C]. Proceedings of the 6th SIGdial Workshop on Discourse and Dialogue. Lisbon, Portugal, 2005.

[4] Lendvai P, van den Bosch A, Krahmer E. Machine learning for shallow interpretation of user utterances in spoken dialogue systems [C]. Proceedings of the EACL-03 Workshop on Dialogue Systems: Interaction, Adaptation and Styles of Management. Budapest, Hungary, 2003.

[5] Allen J, Core M. Draft of DAMSL: Dialog act markup in several layers, 1997, Discourse Research Initiative. [EB/OL](2012 - 2 - 12) www. cis. udel. edu/～carberry/CIS-885/Papers/Allen-DAMSL-manual. pdf

[6] Levin L, Ries K, Thyme-Gobbel A, Lavie A. Tagging of speech acts and dialogue games in Spanish call home [C]. Proceedings of the ACL Workshop “Towards Standards and Tools for Discourse Tagging”. Somerset, NJ, 1998.

[7] Reithinger N, Maier E. Utilizing statistical dialogue act processing in Verbmobil [C]. Proceedings of the 33rd Annual Meeting of the Association for Computational Linguistics. Morristown, NJ, USA, Association for Computational Linguistics, 1995.

[8] Jurafsky D, Shriberg E, Biasca D. Switchboard SWBD-DAMSL Shallow-Discourse-Function Annotation Coders Manual, Draft 13. 1997, University of Colorado, Institute of

Cognitive Science. [EB/OL] (2012 - 2 - 12) http://www. psych. colorado. edu/ics/techpubs/pdf/97-02-part1. pdf

[9] Godfrey J J, Holliman E C, McDaniel J. SWITCHBOARD: Telephone speech corpus for research and development [C]. Proceedings of the IEEE International Conference on Acoustics, Speech, and Signal Processing, San Francisco, CA, USA, 1992.

[10] Gerassimenko O, Hennoste T, Koit M, R bis A, Strandson K, Valdisoo M, Vutt E. Annotated dialogue corpus as a language resource: an experience of building the Estonian dialogue corpus [C]. Proceedings of the 1st Baltic Conference on Human Language Technologies. Riga, Latvia, 2004.

[11] Fukada T, Koll D, Waibel A, Tanigaki K. Probabilistic dialogue act extraction for concept based multilingual translation systems [C]. The 5th International Conference on Spoken Language Processing (ICSLP - 1998). Sydney, Australia, 1998.

[12] Sung C L, Day M Y, Yen H C, Hsu W L. A template alignment algorithm for question classification [C], IEEE, 2008.

[13] 文勖，张宇，刘挺，马金山. 基于句法结构分析的中文问题分类 [J]. 中文信息学报，2006,20(2):33 - 39.

Wen Xu, Zhang Yu, Liu Ting, Ma Jinshan. Syntactic Structure Parsing Based Chinese Question Classification [J]. Journal of Chinese Information Processing, 2006,20(2):33 - 39. (in Chinese)

[14] Hevner A R, March S T, Park J, Ram S. Design science in information systems research [J]. MIS Quarterly, 2004,28(1):75 - 105.

[15] Walls J G, Widmeyer G R, El Sawy O A. Building an information system design theory for vigilant EIS [J]. Information Systems Research, 1992,3(1):36 - 59.

[16] Traum D R. Speech acts for dialogue agents, Foundations and Theories of Rational Agents, Anand Rao M W, Editor [A]. 1999, Kluwer Academic Publishers. 173 - 206.

[17] Uebersax J S. Diversity of decision-making models and the measurement of interrater agreement [J]. Psychological bulletin, 1987,101(1):140.

[18] Cohen J. Weighted kappa: Nominal scale agreement provision for scaled disagreement or partial credit [J]. Psychological bulletin, 1968,70(4):213.

[19] Shrout P E, Fleiss J L. Intraclass correlations: uses in assessing rater reliability [J]. Psychological bulletin, 1979,86(2):420.

[20] Lin L I. A concordance correlation coefficient to evaluate reproducibility [J]. Biometrics, 1989,45(1):255.

[21] Everitt B S. Making sense of statistics in psychology: A second-level course [M]. Oxford University Press, 1996.

[22] Kim J, Shaw E, Ravi S, Tavano E, Arromratana A, Sarda P. Scaffolding On-Line Discussions with Past Discussions: An Analysis and Pilot Study of PedaBot [C]. 9th International Conference on Intelligent Tutoring Systems (ITS 2008). Montreal, Canada, Springer, 2008.

[23] Kim S N, Wang L, Baldwin T. Tagging and linking web forum posts [C]. Proceedings of the Fourteenth Conference on Computational Natural Language Learning. Uppsala, Sweden, Association for Computational Linguistics Press, 2010.

[24] Joty S, Carenini G, Lin C Y. Unsupervised modeling of dialog acts in asynchronous conversations [C]. Proceedings of the 22nd International Joint Conference on Artificial Intelligence. Barcelona, catalonia (Spain).

[25] Samuel K, Carberry S, Vijay-Shanker K. Dialogue Act Tagging with Transformation-Based Learning [C]. Proceedings of COLING/ACL'98, ASSOCIATION FOR COMPUTATIONAL LINGUISTICS, 1998.

第 9 章

网络舆情冲突类言语行为分析研究

9.1 引言

互联网的迅猛发展，不仅极大地丰富了人们的信息来源，而且还为人们提供了思想交流与沟通的广阔空间，政府如何对网络舆情进行有效的引导，使和谐的网络环境为构建社会主义和谐社会发挥重要作用，已成为当前网络舆情管理工作的一个重要课题[1]。近年来，随着一系列典型事件的出现，有关网络舆论传播深度和广度的讨论正渐渐被相关部门所关注，如何妥善地对网络上传播的社会问题舆情进行有效把握和快速反应的课题也逐渐成为热点。

言语行为(speech act)分析是网络舆情分析中一个重要的环节。言语行为理论认为人们在以言行事。根据言语行为理论，我们说话的同时是在实施某种行为。因此，网络舆论可以被认为是一种大众言语行为的轮转。言语行为的自动分类对于机器理解和刻画研讨势态尤为重要。言语行为被用于识别说话者的意图，这对于确定答复的言语行为分类体系[2][3]非常重要。言语行为识别还可以用于浅层解析，识别言语行为等价于在一个更高层面上理解了用户的发言[4]。如果机器能够辨别出发言的言语行为分类体系，就等于理解了用户基本的谈话意图，就可以据此来刻画研讨势态。矛盾冲突是网络舆情监管需要重点关注的一类任务。认识冲突各方的人员组成、观点和力量对比，对于理解网络舆论矛盾冲突的本质和寻求问题的解决办法具有重要的意义。为了让机器能够自动识别和处理网络舆情中的矛盾冲突，研究分析网络舆情中的冲突类言语行为就是实现这类自动处理中关键的一个步骤。

自然语言理解(Natural Language Understanding，简称 NLU)研究如何让计算机理解和运用人类的自然语言(包括书面语言和口头语言)，使计算机懂得自然语言的含义[5]。最近 10 年，国外把会话言外之意的自动理解作为新兴的热点领域进行研究，其中重点攻关的是言语行为，指说话人在对话中传达出来的意图。国外会话行为自动识别研究是基于外语语言使用规律，以汉语会话为主要对象的研究尚未见报道，而中英文语言之间又存在着较大的差异，因此直接套用外语的言语行为分类研究将很难直接解决中国和中文环境下的问题。据此，本研究试图以网络舆情中的冲突类言语行为分析为例，初步尝试建立适合中文环境下的网络舆情言语行为分类体系，并发展相应的自动化分类算法，来填补这一研究上的空缺。

在下面的论述中，本书首先总结了前人在言语行为类别和自动分类方面的工作，接着构建了网络舆情冲突类言语行为类别，并提出了研究问题和假设。为了验证研究假设，我们设计并实现了一个言语行为自动分类系统，并通过实验评估所提的研究假设。最后进行了讨论并指出了将来进一步的研究方向。

9.2 文献综述

9.2.1 言语行为分类体系

一个言语行为体系由两个因素组成。首先，对言语行为标签的定义必须足够清晰，这样才有足够的辨别力。如果不是这样，人类标记者之间的一致性就会很低。另一方面，定义一个可以重用的分类体系可以提高效率，因为这样的分类体系可以很容易地应用到其他的问题和领域。如何在这两点之间达成一个折中，目前还没有定论。因此，很多项目会使用一部分已有的言语行为类别，并且自定义一些言语行为类别。国外已经对言语行为分类体系进行了一系列研究，并发展出了若干个经典的言语行为分类体系。

最流行的分类体系叫 DAMSL，最初被定义成通用的言语行为体系。其他的一些在特定语料上开发的分类体系，如 CallHome 或 VerbMobil，后来也变得流行。DAMSL 是 Dialogue Act Markup in Several Layers[6]的缩写。对话在四个不同的层次上被标注，分别是 communicative status，information level，forward-looking function 和 backward-looking function。值得注意的是，有些发言也许在一些层次上缺乏标签(tag)。例如，有的发言有 backward-looking function，但是 forward-looking function 缺失。对于大多数发言而言，communicative status 是没有标记的。它说明一个发言是否是不可解释的、废弃的或只是自言自语。自言自语的情况说明说话者不打算把他说话的内容传递给其他的对话参与者。information level 的标记提供对发言内容的抽象描述，包括 4 个类别：task fulfilling，task management，communication management 和 other level。Task fulfilling 指发言指向执行一项一般任务的对话，如问航班时间。Task management 指协调两个说话者之间活动的尝试，如提议更换当前的问题或议题。Communication management 指那些保持联络、感知和理解的常规短语，如问候(greetings)、结束语(closings)、致谢(acknowledgements)、拖延时间(如"let me see"等)、发言修复和误解等。Other level 说明发言不属于以上三种类型中的任何一种，如幽默和闲聊。Forward-looking function 对应于 Austin 的言外行为(illocutionary act)，特指发言要执行的那个动作。这个层次包括诸如声明(statement)、惊叫(exclamation)、信息请求(information request)等类别。backward-looking function 描述发言的回答部分，例如接受(acceptance)、拒绝(rejecting)、误解(misunderstanding)、全面辩答(full answer)等。

另一个基于 DAMSL 被广泛使用的分类体系叫 SWBD - DAMSL[7]，它基于 Switchboard corpus[8]。80%的类别以原始或修改版出现，只有一些类别被加入(例如 communicative status 中的"non-verbal" category)，而另一些 DAMSL 的类别则被进一步细分(例如"statement-non-opinion"和"statement-opinion")。为西班牙语对话语料 CallHome[9]设计的分类系统包括最初版本的 232 种言语行为标签。这体现了一般类别(如 statement/question)和一些更特殊描述(如是否发言描述了发言者的情感状态)的结合。通过把一些相似的言语行为分类体系合并，最初集合很快缩水。其中一个缩水的变种叫做 CallHome37，它将所有的 statement 和 back-channels 合并成一个类别，只包含 37 个类别。进一步地，CallHome37 被压缩成 CallHome10，它包含大约 8 种一般类别(statement，question，answer)，再加上一个 abandoned sentences 类别和一个 noise 类别。

在所有为单个项目设计的言语行为分类体系中，有一个叫 VerbMobil[10]。它也是一个单层标注体系，包含大概 33 个言语行为标签。这些从执行过的行为出发来表述发言，如 greet，give reason，reject，feedback positive 等。另一个为单一项目设计的分类体系是 Estonian Dialogue Corpus (EDiC)。这个分类系统包括两层标注，高层说明发言的一般类型(ritual，questions/answers，directive，additional information，repair 等)。总共有 12 种类型，其中 7 种存在配对标签(即一种对应开始，另一种对应回答)，5 种只有单个标签。低层则在更多的细节上描述发言。每个高层类型可能有好几个子类型，例如 rituals 可以进一步分成 greeting，thanking，apologizing 等，questions/answers 则可以进步分成 wh-questions，open and closed yes/no questions，refusal to answer，yes/no answers 等。在低层标注中，总共有 126 个标签，各类别在大小上差别很大。关于 EDiC 言语类别体系和语料的详细内容可以参见参考文献[11]。

目前可见的言语行为类别都是基于英语的规律研究和开发的，以汉语会话为主要对象的研究尚未见报道，而中文和英文之间存在较大的差异。例如，汉语重意合，而英语则重形合；英语是分析型的理性语言，而汉语是综合型的直感语言；英语是一种注重主语的语言，而汉语则是一种注重主题的语言。由于中文与英文在表现形式和语言风格上都有较大的差别，直接套用外语的言语行为分类研究将很难直接解决中国和中文环境下的问题。因此本研究打算在借鉴前人研究的基础上，以网络舆情中的冲突类言语行为分析为例，初步尝试建立适合中文环境下的网络舆情言语行为分类体系。

9.2.2　言语行为分类

许多机器学习算法都可以被用于言语行为分类。经典的方法包括隐马尔可夫模型[12]、贝叶斯分类器[13, 14]、人工神经网络[12, 15]、决策树[12, 16]、基于转换的学习(Transformation-based Learning, TBL)[17, 18]、基于记忆的学习(Memory-based Learning, MBL)[16][4]和支持向量机(Support Vector Machine, SVM)[19, 20]等。这些方法中使用最成功的两种方法是基于转换的学习和支持向量机。基于转换的学习是Eric Brill提出的，最早用于英文的词性标注，后来被用于言语行为分类。该算法获取的规则以带有一定激发环境(Triggering Environment)的转换式(Transformation)的形式存在，直观易懂，既不需要花费大量的存储空间，一定程度上又可避免数据稀疏问题。转换规则的学习是一个贪婪搜索的过程。

支持向量机是一种比较好地实现了结构风险最小化思想的方法，它的机器学习策略是保持经验风险值固定而最小化致信范围。支持向量机通过核函数将向量映射到一个更高维的空间里，在这个空间里建立有一个最大间隔超平面来将两类样本点分开。支持向量机被广泛应用于机器学习和模式识别，但是被应用于言语行为分类的研究还较少。

言语行为分析使用的特征集可以被分为两大类：linguistic resources 和 domain resources。其中 linguistic resources 又可以分为 language resources 和 processing resources(Cunningham, 2002)。

Linguistic resources 是用来表示不同信息类型的语言学特征。Language resources 是仅包含数据的资源，如词典(lexicon)、同义词典(thesaurus)和词表(word list)。这些自立式的特征可以独立于应用环境存在，并且具有很强的区分能力。然而，language resource 的构建常常是手工的，并且这些特征跨信息类型的泛化能力通常较差[21]。

Processing resource 要求某种计算算法的支持。Parts-of-speech tags，n-grams，statistical features（如 average word length）和 bag-of-words 都是 processing resources 的例子。Processing resource 特征中大多数都是和上下文相关的，它们根据文本语料的不同而不同。然而，抽取 processing resource 的过程大致是一样的，这使得 processing resource 跨信息类型的泛化能力很强。因此，像 bagof-words，part-of-speech tags 和 n-grams 这样的特征被广泛用来表示大量的信息类型，如 topics，events，opinions，style，and genres[21]。

Domain resources 是根据领域知识抽取的特征。领域知识可以是研讨平台中信息的组织结构特点，关于发言人的背景知识等。Domain knowledge resource 常常对应特定的研讨平台，因此跨平台的泛化能力通常较差，需要针对具体的平台具体分析。

通过结合使用 language resource、processing resource 和 domain resources 可以提高文本分类和分析的能力，因为 processing resources 可以提供全面的信息，language resources 可以提供特定类型的深层信息[22]，domain resources 提供了关于应用平台的领域知识。

如果特征集中包含的特征过多，很多算法需要首先进行特征选择才能有效处理。我们综述 3 种典型的特征选择算法：信息增益（IG）、熵加权的遗传算法（EWGA）和 SVMW。我们选择这 3 种特征选择算法是因为它们的有效性在诸多文本分类问题中已经被证实。文献[23]采用了信息增益（Information Gain，IG）的方法来进行特征选取（feature pruning）。我首先统计全部语料中出现过的所有特征（lexical 和 non-lexical 的），然后针对每一个特征计算 IG 值。所有的特征（lexical 和 non-lexical 的）平等参与竞争，其获胜的唯一标准就是具有较高的 IG 值。Koppel 等[24]提出了 Support Vector Machine Weight 算法。SVMW 算法直观地说，就是在错分文档中出现的最显著的特征权重应该变化最剧烈。乘法更新规则的一个著名的优点就是不相关的特征的权重会接近 0。所以通过循环迭代运行这个学习器，删除权重低的特征并再次运行，我们就可以达到特征选择的目的。Abassi 等[25]在一个 Web Forum 情感分类的研究中提出了用熵加权的遗传算法（Entropy Weighted Genetic Algorithm，EWGA）来进行特征选择，并且证明 EWGA 优于 IG 和 SVMW 特征选择算法。EWGA 算法使用 Information Gain 作为启发规则来决定不同言语行为特征的权重。遗传算法的初始种群、交叉和变异操作都会使用这些权重。特征选择可以减少训练时模型的输入维度，降低计算成本，同时去除噪音数据，因此特征选择正在成为机器学习的一个标准环节。

9.2.3　冲突类言语行为类别构建

本书选择的网络舆情问题是2008年发生的“李亚鹏机场殴打记者”事件及其引发的网络舆论。我们选择这个话题是因为其针对性强，矛盾双方突出，对立明显，在网络上成为当时网民关注的焦点。我们从天涯论坛和新浪论坛上分别找到一个关于该事件的研讨主题(thread)，将所有发言下载下来供进一步分析。在正式处理前，我们删除了一些与主题无关的发言(如广告帖)，处理以后我们以一共得到了1 467条发言(其中天涯论坛552条，新浪论坛915条)，共包含116 151个字符，平均每条发言包含72.9个字符(包括发言的作者、时间等消息头信息和引用的内容)。

我们招募了2位管理信息系统专业大四的本科生对语料进行标注。这2位本科生都有使用网络论坛的丰富经验，并且系统地学习了言语行为分析相关的知识。经过对语料的反复辨读和讨论，我们将所有语料的立场分为主观支持、客观支持、旁观者、客观反对以及主观反对5类。每一类的具体描述如表9-1所示。

表9-1　冲突类言语行为类别定义

类别	定　　义	Kappa值
主观支持	因为个人情感或好恶，仅凭借自身的主观推测，对事件本身的理性分析不足，导致带有强烈主观倾向的支持	0.83
客观支持	指发言者就事论事，根据事实和逻辑分析来选择自己的立场，不掺杂自身的情感倾向或情感倾向不作为重要的立场判断标准，并选择支持的立场	0.75
旁观	对事件本身报以关注，但并不选择自己的立场	0.93
客观反对	指发言者就事论事，根据事实和逻辑来选择自己的立场，不掺杂自身的情感倾向或情感倾向不作为重要的立场判断标准，并选择反对的立场	0.78
主观反对	指发言者因为个人情感或好恶，仅凭借自身的主观推测，对事件本身的理性分析不足，导致带有强烈主观倾向的反对	0.85

按照上述5个类别，2位标注者各自独立地对全部1 467条发言进行了类别标注，然后计算不同标注者之间的一致程度(用Kappa值来表示，如表9-1所示)。结果显示评估者间信度(inter-rater reliability)的Kappa值介于0.75和0.93之间，说明这些类别是客观存在并且定义良好的。

9.3 研究问题和假设

由于文献综述表明中文环境下网络舆情言语行为分析的研究还非常少，因此我们想知道对于这种分类问题是否可以被某种机器算法学习到。另外，前人关于言语行为分类的研究很少使用多种特征相结合的方法，因此我们想知道更多的特征是不是可以进一步帮助人们更好地识别冲突类言语行为。基于以上研究空缺，我们提出了以下的研究假设：

H1：与最简单的 majority class 相比，通过引入提示词(cue phrase)是否可以提高识别的效果？

H2：通过 n-grams 的方法是否可以进一步提高识别的效果？

H3：通过引入句法特征是否可以进一步提高识别效果？

H4：通过引入结构特征是否可以进一步提高识别效果？

9.4 研究设计

9.4.1 系统总述

我们提出的言语行为系统设计如图 9－1 所示。该系统主要由特征抽取和分类器两部分组成。

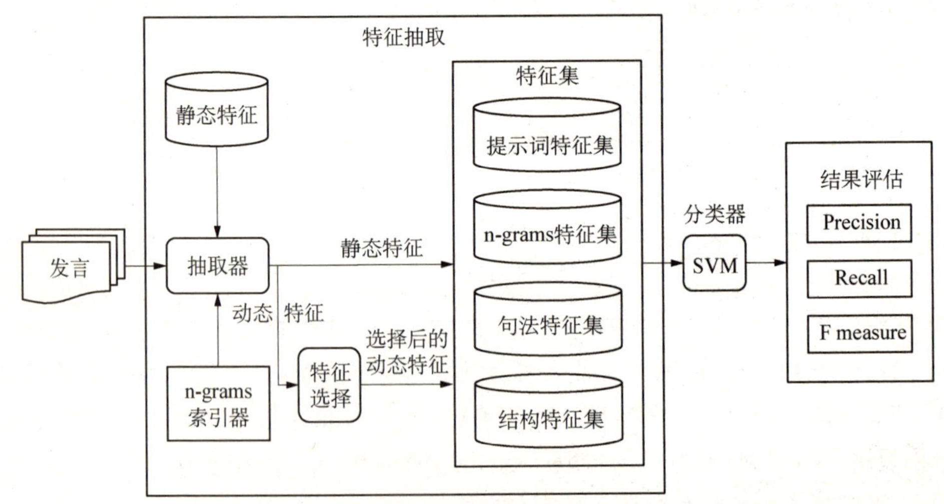

图 9－1　言语行为分类系统设计

9.4.2　特征抽取

特征抽取涉及静态特征和动态特征两大类，这两类特征都总结在表9-2中。所谓静态特征是特征总数是固定不变的，而动态特征的特征总数取决于处理语料的情况。对静态特征而言，特征抽取只是简单地从发言文本中找到该特征的取值，从而将文本表示为特征向量；对于动态特征而言（如n-grams），这还涉及一个索引和特征选择的问题。

表9-2　言语行为分类所用特征

特征组	特征类别	描　　述	特征数(静态/动态)
提示词	提示词	人类专家给出的每一个类别的提示词	静态
词法特征	n-grams	发言中连续出现的n个字	动态
句法特征	叹号数量	发言中感叹号出现的次数	静态
	问号数量	发言中问号出现的次数	静态
	错别字个数	发言中出现错别字的个数	静态
结构特征	包含URL	发言中是否包含网址(URL)	静态
	引用前文	发言中是否引用前人的发言	静态
	发言长度	发言包含的字数	静态
	段落数	发言包含的段落数	静态

下面我们对每一类特征进行详细介绍。

(1) 提示词特征。提示词是人类专家给出的每一个类别的提示词。提示词来源于人类专家的知识和对语料本身的理解，一般来说识别效率比较高，但是生成这些提示词比较费时。

(2) 词法特征。词法特征这里仅包含n-grams。N-grams是连续的n个字符，在自然语言处理中是最常用的一类特征。这里我们选择unigram，bigram和trigram(即连续的1/2/3个字符)。N-grams是一类动态特征，其数量取决于语料情况(但一般都非常庞大)。由于数量庞大，通常使用n-grams时不可避免地需要进行特征选择。

(3) 句法特征。句法特征在句子的层次考察一些语言特征，在本研究里我们包括了叹号数量、问号数量和错别字密度3个特征。我们认为叹号数量和问号数量体现了发言感情的强弱色彩，错别字密度则在一定程度上与作者的文化水平和网络读写能力有一定的正相关关系，而这个可能进一步地与作者的理性程度有关。

(4) 结构特征。结构特征又分为篇章结构和系统结构。其中篇章结构包括发言长度和段落数，系统结构包括是否包含 URL 和是否引用前文。我们认为这些特征与作者的文化水平和网络读写能力有一定的正相关关系，而这个可能进一步地与作者的理性程度有关。

9.4.3 特征选择

对于动态特征(如 n-grams 和错别字)，还需要进行特征选择。我们用信息增益(Information Gain, IG)的方法来选择特征。IG 作为一种有效的方法已经广泛应用于许多文本分类的研究[26]。而且与其他基于搜索的技术[27]相比，这种方法的计算效率很高。假设特征 F 有 n 个取值，那么根据 F 的不同取值我们可以对整个训练集 I 进行一次划分：即我们可以得到关于 I 的互不重叠的子集 I_1, I_2, $\cdots$, I_n，并且 $I_1 \cup I_2 \cup \cdots \cup I_n = I$。

假设 Y 代表训练集，F 为某一特征，根据信息增益的定义：

$$IG(Y \mid F) = H(Y) - H(Y \mid F) \tag{9.1}$$

其中 $H(Y)$是 Y 的信息熵，其定义如(9.2)所示：

$$H(Y) = -\sum_{j=1}^{m} p_j \log_2 p_j \tag{9.2}$$

而 $H(Y|F)$是在给定 F 情况下 Y 的条件熵，其定义如公式(9.3)所示：

$$H(Y \mid F) = \sum_{j=1}^{n} \mathrm{Pr}ob(F = v_j) H(Y \mid F = v_j) \tag{9.3}$$

公式(9.3)中 n 是特征 F 的取值数，v_j 是特征 F 的第 j 个取值。我们首先为每一个候选特征 F 计算信息增益，然后将这些特征按照信息增益进行排序，并选取前 n 个特征作为筛选后的特征。在本研究中我们取 n=200，因为这个维度能够包含主要特征，并且支持向量机处理起来也非常方便。

9.4.4 分类器

支持向量机方法是建立在统计学习理论的 VC 维理论和结构风险最小原理基础上的，根据有限的样本信息在模型的复杂性(即对特定训练样本的学习精度)和学习能力(即无错误地识别任意样本的能力)之间寻求最佳折中，以期获得最好的推广能力。支持向量机在解决很多分类问题的研究中都取得了很好的效果，因此本书采用支持向量机作为分类器。在具体实现时，我们选择 LibSVM 软件包(http://www.csie.ntu.edu.tw/～cjlin/libsvm/)来进行 SVM 分类。

由于 SVM 算法最初是为二值分类问题设计的，当处理多类问题时，就需要构造合适的多类分类器。目前，构造 SVM 多类分类器的方法主要有两类：一类是直接法，直接在目标函数上进行修改，将多个分类面的参数求解合并到一个最优化问题中，通过求解该最优化问题"一次性"地实现多类分类。这种方法看似简单，但其计算复杂度比较高，实现起来比较困难，只适合用于小型问题中；另一类是间接法，主要是通过组合多个二分类器来实现多分类器的构造，这里我们采用有一对一法(one-versus-one 或者 pairwise)。其做法是在任意两类样本之间设计一个 SVM，因此 k 个类别的样本就需要设计 k(k－1)/2 个 SVM。当对一个未知样本进行分类时，最后得票最多的类别即为该未知样本的类别。

9.5 系统评估

9.5.1 评估指标

我们使用 F 值(F measure)来测量言语行为分类算法的效果。我们将人类标注者标注的结果作为实际的结果，将算法标注的结果作为观察到的结果。根据两类错误的定义，我们记 tp(true positive)为所有被标记为真的发言中实际为真的发言数，tn(true negative)为所有被标记为假的发言中实际为假的发言数，fp(false positive)为所有被标记为真的发言中实际为假的发言数，fn(false negative)为所有被标记为假的发言中实际为真的发言数。精度(precision)和召回率(recall)的定义如公式(9.4)和公式(9.5)所示。

$$precision = \frac{tp}{tp + fp} \tag{9.4}$$

$$recall = \frac{tp}{tp + fn} \tag{9.5}$$

对于 F 值，我们采用最常见的 F_1 值(也称为均衡的 F 值，因为其中精度和召回率有相同的权重，如公式(9.6)所示)。

$$F_1 = 2 \cdot (precision \cdot recall)/(precision + recall) \tag{9.6}$$

9.5.2 实验结果

表 9-3 显示了使用所有 4 种特征集的情况下言语行为分类结果。我们采用 10-fold cross validation 的方法来跑语料数据，最后分类器的性能是在所有 10 份测试数据上性能的平均值。由于我们的分类器为每一个类别可以计算一个 F 值，在表 9-3 中看到的结果是在所有类别上 F 值的加权平均。

表 9-3 使用不同特征集进行言语行为分类时的 F 值

特征	F 值	特征	F 值
基准(majority class)	0.412	n-grams+句法特征	0.715
提示词	0.651	n-grams+句法特征+结构特征	0.737
n-grams	0.683		

使用基准(majority class，即把所有的发言都分为出现频率最高的类别)时，我们可以获得分类器的 F 值为 0.412。这说明我们的分类问题是一个难度适中的问题，与前人研究的很多问题的起始难度相当[28, 29]。

使用人类专家手工构造的提示词(cue phrase)可以获得一个非常迅速的性能提升，构造出来的分类器 F 值为 0.651，因此假设 H1 成立。与后面各种特征集的分类结果对比，提示词带来的性能改进是最大的。这说明我们的分类任务可能非常依赖词法(lexical)层次上的特征。

使用 n-grams 作为特征，构造出来的分类器 F 值为 0.683，因此 H2 成立。这说明 n-grams 比手工构造的提示词具有更大的优势，这可能是因为手工构造的提示词不甚完备，人类专家可能会漏掉一些非常重要的词语。因为 n-grams 与提示词在性质上大致重合，而 n-grams 的性能要好过提示词，因此在下面的实验中我们仅保留 n-grams 作为特征。

使用 n-grams+句法特征构造出来的分类器 F 值为 0.715，因此 H3 成立。这说明句法特征具有 n-grams 无法捕捉到的一些信息，并且这些信息对言语行为分类是有效的。这部分信息主要来自于句法特征反映出来的用户的文化水平和网络读写能力。

使用 n-grams+句法特征+结构特征构造出来的分类器 F 值为 0.737，因此 H4 成立。这说明结构特征具有另一些 n-grams 和句法特征所无法捕捉到的信息，并且这些信息对言语行为分类是有效的。这部分信息主要来自于结构特征反映出来的用户的文化水平和网络读写能力。

从以上结论我们可以看出，用本章所提方法可以初步对网络舆情冲突类言语行为获得一个较为满意的分类结果(使用 n-grams＋句法特征＋结构特征做特征集时，F 值为 0.737)。同时，本章的实验结果说明，通过使用多种特征相结合的方法，可以获得更好的分类结果。据我们所知，本章中提出的句法特征和结构特征是首次引用到网络舆情言语行为分类中来。在本研究中我们证实了它们的积极作用。

9.6　结论

研究网络舆情冲突类言语行为分析对于机器大规模自动识别和分析网络舆情中的矛盾冲突具有重要意义。由于国外言语行为分类体系和自动识别研究是基于外语语言使用规律的，而中英文语言之间又存在着较大的差异，因此直接套用外语的言语行为分类研究将很难解决中国和中文环境下的问题。为了填补这一研究空白，本章以网络舆情的冲突类言语行为分析为例，首先初步尝试建立了一个适合中文网络论坛环境的冲突类言语行为分类体系。紧接着研究提出了相应的自动化分类算法，并比较了不同特征集(提示词、n-grams、句法特征和结构特征)解决分类问题时的效果。实验结果表明，本章所提方法可以获得一个较为满意的分类效果，同时也证实新引入的句法特征和结构特征在解决言语行为分类问题上具有积极效果。

当然本章的研究还有很多可以改进的地方，比如尝试使用其他的机器学习方法，以及考虑使用用户特征(前一个发言的用户最常使用的发言类别，这在用户多次发言的情况下可能会是一个有用的特征，我们已经观察到这是一个常见的现象)，以及在验证假设的时候使用更加严格的统计方法(如 bootstrap 的方法，用 t 检验来证实假设)，这些在未来的研究中我们都会加以关注和改进。

网络舆情中的言语行为分析对于拓展言语行为理论的应用领域，认识冲突各方的人员组成、观点和力量对比，进而让机器具备大规模自动化分析和识别网络舆情中的矛盾冲突具有重要意义。机器能够自动识别网络舆情的言语行为类别，意味着机器自动刻画舆情状态，进而为舆情干涉提供辅助方法成为可能。另外，本研究虽然着眼于网络舆情的言语行为分类，但是其中运用的方法为解决在中文环境下其他类型研讨(如网络聊天室、即时聊天工具、博客等)文本言语行为分类问题也提供了参考依据。

参考文献

[1] 徐晓林,王子文.关于把握网络舆情主导权问题研究[J].管理世界,2010(4):183-184.

[2] Prasad R, Walker M. Training a dialogue act tagger for human-human and human-computer travel dialogues [C]. Proceedings of the 3rd SIGdial Workshop on Discourse and Dialogue. Philadelphia, Pennsylvania, 2002.

[3] Fernandez R, Ginzburg J, Lappin S. Using machine learning for non-sentential utterance classification [C]. Proceedings of the 6th SIGdial Workshop on Discourse and Dialogue. Lisbon, Portugal, 2005.

[4] Lendvai P, van den Bosch A, Krahmer E. Machine learning for shallow interpretation of user utterances in spoken dialogue systems [C]. Proceedings of the EACL-03 Workshop on Dialogue Systems: Interaction, Adaptation and Styles of Management. Budapest, Hungary, 2003.

[5] 冯志伟. 自然语言的计算机处理 [M]. 上海:上海外语教育出版社,1996.

[6] Allen J, Core M. Draft of DAMSL: Dialog act markup in several layers, in *Unpublished manuscript* [R]. 1997, Discourse Research Initiative.

[7] Jurafsky D, Shriberg E, Biasca D. Switchboard SWBD-DAMSL Shallow-Discourse-Function Annotation Coders Manual, Draft 13 [R]. 1997, University of Colorado, Institute of Cognitive Science.

[8] Godfrey J J, Holliman E C, McDaniel J. SWITCHBOARD: Telephone speech corpus for research and development [C]. Proceedings of the IEEE International Conference on Acoustics, Speech, and Signal Processing, San Francisco, CA, USA, 1992.

[9] Levin L, Ries K, Thyme-Gobbel A, Lavie A. Tagging of speech acts and dialogue games in Spanish call home [C]. Proceedings of the ACL Workshop "Towards Standards and Tools for Discourse Tagging". Somerset, NJ, 1998.

[10] Reithinger N, Maier E. Utilizing statistical dialogue act processing in Verbmobil [C]. Proceedings of the 33rd Annual Meeting of the Association for Computational Linguistics. Morristown, NJ, USA, Association for Computational Linguistics, 1995.

[11] Gerassimenko O, Hennoste T, Koit M, R bis A, Strandson K, Valdisoo M, Vutt E. Annotated dialogue corpus as a language resource: an experience of building the Estonian dialogue corpus [C]. Proceedings of the 1st Baltic Conference on Human Language Technologies. Riga, Latvia, 2004.

[12] Wright H. Automatic utterance type detection using suprasegmental features [C]. Proceedings of the 5th International Conference on Spoken Language Processing. Sydney, Australia, 1998.

[13] Grau S, Sanchis E, Castro M J, Vilar D. Dialogue act classification using a Bayesian approach [C]. Proceedings of the 9th International Conference Speech and Computer, 2004.

[14] Keizer S, op den Akker R, Nijholt A. Dialogue act recognition with Bayesian networks for

Dutch dialogues [C]. 3rd SIGdial Workshop on Discourse and Dialogue. Philadelphia, USA, 2002.

[15] 李欣苗,张朋柱,张兴学. 团队创新信息关系的自动识别方法及其应用[J]. 管理科学学报, 2007,10(5):28-39.

[16] Levin L, Langley C, Lavie A, Gates D, Wallace D, Peterson K. Domain specific speech acts for spoken language translation [C]. Proceedings of the 4th SIGdial Workshop on Discourse and Dialogue. Sapporo, Japan, 2003.

[17] Samuel K, Carberry S, Vijay-Shanker K. Dialogue Act Tagging with Transformation-Based Learning [C]. Proceedings of COLING/ACL'98, ASSOCIATION FOR COMPUTATIONAL LINGUISTICS, 1998.

[18] Samuel K, Carberry S, Vijay-Shanker K. Automatically selecting useful phrases for dialogue act tagging [C]. Proceedings of the 4th Conference of the Pacific Association for Computational Linguistics. Waterloo, Ontario, Canada, 1999.

[19] Kim J, Li J, Kim T. Identifying Student Online Discussions with Unanswered Questions [C]. The Fifth International Conference on Knowledge Capture (K-CAP 2009). Redondo Beach, California, USA, 2009.

[20] Kim J, Kim T, Li J. Identifying Unresolved Issues in Online Student Discussions: A Multi-Phase Dialogue Classification Approach [C]. The 14th International Conference on Artificial Intelligence in Education (AI-ED2009). Brighton, UK, 2009.

[21] Pang B, Lee L, Vaithyanathan S. Thumbs up?: sentiment classification using machine learning techniques [C]. Proceedings of the ACL Conference on Empirical Methods in Natural Language Processing. Philadelphia, PA, Association for Computational Linguistics, 2002.

[22] Cunningham H. GATE, a general architecture for text engineering [J]. Computers and the Humanities, 2002,36(2):223-254.

[23] Yang Y, Pedersen J O. A comparative study on feature selection in text categorization [C]. Proceedings of the Fourteenth International Conference on Machine Learning, 1997.

[24] Koppel M, Argamon S, Shimoni A R. Automatically categorizing written texts by author gender [J]. Literary and Linguistic Computing, 2002,17(4):401-412.

[25] Abbasi A, Chen H, Salem A. Sentiment analysis in multiple languages: Feature selection for opinion classification in Web forums [J]. ACM Transactions on Information Systems, 2008,26(3):12.

[26] Forman G. An extensive empirical study of feature selection metrics for text classification [J]. The Journal of Machine Learning Research, 2003,3: 1289-1305.

[27] Dash M, Liu H. Feature selection for classification [J]. Intelligent data analysis, 1997,1(3):131-156.

[28] Kim S N, Wang L, Baldwin T. Tagging and linking web forum posts [C]. Proceedings of the Fourteenth Conference on Computational Natural Language Learning. Uppsala, Sweden, Association for Computational Linguistics, 2010.

[29] Wang L, Lui M, Kim S N, Nivre J, Baldwin T. Predicting Thread Discourse Structure over Technical Web Forums [C]. Proceedings of the 2011 Conference on Empirical Methods in Natural Language Processing. Edinburgh, Scotland, UK, Association for Computational Linguistics Press, 2011.

第 10 章

基于多阶段转换学习的群体研讨文本言语行为分类

10.1　背景

群体支持系统(Group Support Systems，GSS)是一个用来支持群体智能协作任务的基于计算机的信息系统，由联网的计算机和特殊软件组成，通常还包含一个大的公共显示屏[1,2]。在GSS环境下，由于匿名(anonymity)、并行(parallel)贡献以及发言的自动化记录等特征，20个成员的群体在1个小时内常常会产生几百条甚至上千条发言，并且观点各异，常常超过人们处理信息的能力。传统靠人工分析研讨文本的做法，不仅费时费力费钱，而且通常不能全天在线工作。因此迫切需要能够自动分析和处理群体研讨文本，而言语行为分类就是这类自动处理中有可能实现并且具有应用价值的一个。从更广泛的意义上讲，以BBS、网络论坛、即时通讯工具、虚拟社区等为代表的计算机支持的协调工作(Computer Supported Collaborative Work，CSCW)和以计算机为媒介的交流(Computer Mediated Communication，CMC)已经渗透到了我们工作生活的方方面面，在不长的历史内产生了海量的研讨文本数据，并且这些数据目前仍以指数级的速度在增长。如果能够自动分析这些研讨数据的言语行为关系并得到一些有益的结论，将是开创未来许多研究与应用的第一步。

根据言语行为理论(Theory of Speech Act)，我们说话的同时即在实施某种行为，言语行为(Speech Act)就是说话者意图的一个缩写(例如支持和反对)。如果我们将研讨文本看作是一种特殊的人类对话，那么根据言语行为理论，我们就可以定义一系列的言语行为来描述不同发言(message)之间的关系。通过识别发言之间的言语行为关系，我们就可以刻画群体当前的研讨状态，从而作出适当的干涉来帮助群体更好地进行研讨。

在下面的论述中，本章首先简要总结了前人工作并在分析 Zeno 研讨模型的基础上，提出了适合群体研讨语料的言语行为分类体系。接着将算法分解成预处理、产生潜在规则集、选择最优规则、测试和分阶段转换学习几个步骤分别加以详细介绍。最后评估了该方法的效果，并讨论了结论、局限性和进一步的研究方向。

10.2 言语行为类别

言语行为理论最初是由英国哲学家约翰·奥斯汀在 20 世纪 50 年代提出的。言语取效不仅是文字句法的语义问题，而且还涉及语用问题。因此，言语行为理论已成为当今语用学的重要内容之一。

言语行为关系的定义与所使用的语料以及言语行为分类的目的有关。在本研究中，群体支持系统是一个以 Zeno 研讨模型[12]为基础设计的专门适合研讨的系统。根据群体研讨的 Zeno 模型，一个任务导向型的研讨可以分解成以下 3 类元素：议题(issue)、方案(alternative)和主张(proposition)。这 3 类元素通过发言关系形成一个研讨树。一个需要被解决的问题称为议题(issue)，通常一个研讨树的根节点是一个议题。一个议题可以有子议题，子议题又可以有其他的子议题。一个子议题可以出现在研讨树的任何位置。针对议题提出的解决办法称为方案(alternative)，针对一个议题可以提出多个方案。方案不一定是议题的直接后继，方案可以出现在议题的子研讨树的任何位置。针对方案或主张提出的倾向性的观点称为主张(proposition)。主张可以是肯定的(positive)，也可以是否定的(negative)。研讨者可以表达对方案的主张，也可以表达对其他主张的主张。针对议题、方案或主张的进一步说明称为阐述(elaboration)。阐述仅仅是提供更多的信息，并没有提出新的议题、方案或主张。

在 Zeno 模型的基础上，我们将群体研讨的言语行为分为议题、方案、支持、反对、阐述 5 类。为了证实这个分类体系的客观性，我们聘请了 2 位硕士生和 1 位博士生，让每个标注者(annotator)对 1 次会议共 153 个发言(message)进行独立标注，然后计算不同标注者之间的一致程度(用 Kappa 值来表示，见表 10－1)。结果显示评估者间信度(inter-rater reliability)的 Kappa 值介于 0.72 和 0.93 之间，说明这些类别是客观存在并且定义良好的。

表 10－1　各言语行为类别的评估者间信度

Speech Act	描　　述	Kappa 值
议题（ISSUE）	一个需要被解决的问题称为议题（issue），通常一个研讨树的根节点是一个议题。一个议题可以有子议题，子议题又可以有其他的子议题。一个子议题可以出现在研讨树的任何位置。	0.75 或更高
方案（ALTER）	针对议题提出的解决办法称为方案（alternative）。针对一个议题可以提出多个方案。方案不一定是议题的直接后继，方案可以出现在议题的子研讨树的任何位置。	0.68 或更高
支持（POS_PROP）	针对方案或主张（proposition）提出的肯定性的观点（positive proposition）。	0.91 或更高
反对（NEG_PROP）	针对方案或主张（proposition）提出的否定性的观点（negative proposition）。	0.93 或更高
阐述（ELAB）	针对议题、方案或主张的进一步说明称为阐述（elaboration）。阐述仅仅是提供更多的信息，并没有提出新的议题、方案或主张。	0.72 或更高

根据 Samuel 等的研究，特征短语（specific cue）在识别言语行为类别时是至关重要的[7]。为了进一步提高分类的精度，我们让标注者（human annotator）对语料进行手工标注。手工标注者不仅应该指出该发言属于哪个言语行为，还应该尽可能地标出特征短语。例如：

圣诞节我们去<ISSUE>哪里</ISSUE>玩呢<ISSUE>？</ISSUE>

首先，标注者识别出这是一个议题（ISSUE），因为发言者是提出一个问题，希望大家来讨论解决。然后，标注者认为“哪里”和“?”属于议题类的特征短语，因此使用类似 XML 的语法将“哪里”和“?”括起来（如上所示）。这样程序在解析这个被标注的发言时，就可以提取到其中议题（ISSUE）类的特征短语了。

在研讨语料中还有少量的与研讨任务无关的发言（如闲聊、幽默等）。因为本研究的目的是识别和任务导向有关的言语行为类别，所以我们将这些噪音数据删除。在删除了这些噪音数据后，我们一共标记了 10 次会议共 2 357 条发言（message）。每次会议三分之二的数据被用作训练数据，另外三分之一的数据被用作测试数据。

10.3 基于转换学习的言语行为分类

10.3.1 特征选取

在归纳前人研究的基础上，我们根据语料特征，提出了以下 5 个特征。

1）特征短语

特征短语即对识别一个言语行为类别有突出作用的短语。例如很多议题类都以问题的形式出现，因此问号对识别议题类有突出作用，这样问号就成为议题类的特征短语。

程序在解析每一条被标注过的发言时，会为每一个言语行为类别取得对应的特征短语。将特征短语进行分词处理后，可以得到特征短语集合 W_1，如公式 10.1 所示。

$$W_1 = \{w_1, w_2, \cdots, w_n\} \tag{10.1}$$

根据集合的定义，W_1 中所有元素都是唯一的。

根据标注者的经验，我们注意到某些不连续词（短语）的组合对于识别言语行为非常有效，例如将“哪里”和“?”联合起来就是识别议题类很好的标识。但是由于在语料中“哪里”和“?”是分开标注的，因此在 W_1 中会出现两者的组合（“哪里?”）。为了包含这种情况，我们引入了二元词 W_2（W_1 中元素的二元组合）和三元词 W_3（W_1 中元素的三元组合），其定义如公式 10.2 和公式 10.3 所示。

$$W_2 = \{\{w_i, w_j\} \mid w_i, w_j \in W_1, i \neq j\} \tag{10.2}$$

$$W_3 = \{\{w_i, w_j, w_k\} \mid w_i, w_j, w_k \in W_1, i \neq j \neq k\} \tag{10.3}$$

根据集合的定义，W_1、W_2 和 W_3 中所有的元素都是唯一的，并且$\{w_i, w_j\}$和$\{w_i, w_j, w_k\}$中的元素没有顺序关系（即$\{w_i, w_j\}$和$\{w_j, w_i\}$被认为是相同的）。我们将 W_1、W_2 和 W_3 中所有的元素都加入特征短语集。

2）前一个发言的言语行为类别

由于研讨文本是一种特殊的人类对话，因此当前发言的言语行为一定与前一个发言的言语行为有关系。例如，如果当前发言的言语行为是议题，那么下一个发言的言语行为是方案或阐述的可能性就很大。所以我们选择前一个发言的言语行为类别作为特征。

3）下一个发言的言语行为类别

根据 Samuel 等的研究，后一个发言的言语行为类别对于识别当前发言的言语行为类别也有一定的作用。在一个实时系统中，可能无法取得下一个发言的言语行为类别。但是在本研究中，因为是在研讨结束后分析所有的研讨文本，所以我们仍然把下一个发言的言语行为类别作为一个特征。

4）发言者变换

所谓发言者变换是指前一个发言和后一个发言的发言者是不是同一个人。如果前后发言的发言者是同一个人，则很有可能是对前述发言内容的进一步阐述。

5）发言长度

所谓发言长度即发言包含字符数的多少。我们将发言长度分为 Short（1～5 个字），Medium（5～30 个字）和 Long（30 个字以上）。发言的长度对于判断发言的言语行为分类也具有重要作用。有的言语行为类别的发言长度通常比较短，如支持类和反对类；而有的言语行为类别的发言长度则通常比较长，如阐述类。

10.3.2 算法实现

1）预处理

为了方便后续处理并提高算法的整体运行速度，我们进行了一系列的预处理工作。这里列出几个主要的预处理操作：

（1）中文分词。中文处理因为其独特性，一般需要先进行分词处理。基于词典的方法（dictionary approach）、基于语言学的方法（linguistic approach）和基于统计的方法（statistic approach）是中文分词的 3 种代表性的方法。本研究对分词的要求不是很高，因此我们采用了基于前向最大匹配（Forward Maximum Matching，FMM）的辞典法，使用搜狗互联网词库（http://www.sogou.com/labs/dl/w.html）作为分词用的词典。搜狗辞典互联网词库来自于对 SOGOU 搜索引擎索引到的中文互联网语料的统计分析，统计所进行的时间是 2006 年 10 月，涉及的互联网语料规模在 1 亿页面以上。统计出的词条数约为 15 万条高频词，除标出这部分词条的词频信息之外，还标出了常用的词性信息。

（2）句子切分。句子是表达言语行为的最小单位。当我们匹配二元词和三元词时，应该在一个句子内进行匹配而不是在一个发言（message）内匹配。因为我们对句子切分的精度要求不是很高，因此我们使用换号号（“\r\n”）、中文句号（“。”）、英文句号（“.”）、中文问号（“？”）、英文问号（“?”）、中文感叹号（“！”）、英文感叹号（“!”）来识别一个中文句子的结束。由于同步群体研讨中口语化的短句很多，发言长度普遍较短，这进一步降低了句子切分的难度。实验证明，这种简单的句子切分算法可以达到 87.7%的准确率。

(3) 替换。替换主要分为两类。第一类是对正则表达式中的元字符(metacharacter)进行替换。因为在本研究中使用正则表达式来处理字符串，所以需要过滤掉正则表达式中的元字符(如“{”、“[”、“]”、“\”、“|”、“(”、“)”等)。另一类是对同类符号进行替换，其目的是增加支持一个规则的实例数。例如，在一个讨论课程安排的群体研讨中，一周中的七天是经常使用的词，用户常常谈到“星期一”、“星期二”、……、“星期天”。如果我们要抓住这一信息，必须产生 7 条规则(从“星期一”到“星期天”各一条)。然而，如果将“星期一”到“星期天”合并成 #CATEGORY_DAY#，则只需要一条规则，而且支持这条新规则的数据是以前的 7 倍。这样合并后的规则就有更大的机会被选入最优规则序列(optimal rule sequence)。类似的替换还有将阿拉伯数字替换成 #CATEGORY_INTEGER#，将网址替换成 #CATEGORY_URL# 等。

2) 产生潜在规则集

基于转换的学习首先根据标记过的训练语料生成一个模型，这个模型就是由一系列规则组成的最优规则序列(optimal rule sequence)。与以前的研究不同，在本研究中我们为每一个言语行为类别训练一个分类器。例如，在本研究中对于支持类(positive proposition)我们一共产生了 15 条规则，前 5 条规则如表 10-2 所示。

表 10-2　系统产生的规则(样例)

序号	规则前件	规则后件
规则 1	Includes “是的”	POS_PROP
规则 2	Includes “可以” Previous SA is POS_PROP Poster change is Yes	POS_PROP
规则 3	Includes “好” Message length is Short	POS_PROP
规则 4	Includes “支持” Next SA is LAST_NONE Message length is Short	POS_PROP
规则 5	Includes “不错” Previous SA is ALTER Poster change is Yes Message length is Medium	POS_PROP

例如，规则 1 认为如果发言包含关键短语"是的"，那么这个发言的言语行为是支持类(POS_PROP)。规则 2 认为如果发言包含关键短语"可以"，前一个发言的言语行为是支持类(POS_PROP)，并且发言者发生了变化，那么这个发言的言语行为是支持类(POS_PROP)。

从以上例子我们可以看到，规则由 2 个部分组成：前件(*RuleLHS*)和后件(*RuleTAG*)。前件是所有特征的组合，后件则是言语行为标签(SA tag)。规则的表示如公式 10.4 所示：

$$RuleLHS \Rightarrow RuleTAG \tag{10.4}$$

Where $RuleLHS \in (F1 \times F2 \times F3 \times F4 \times F5)$, $RuleTAG \in \{all\ SA\ tags\}$

其中 *RuleLHS* 是所有所有特征($F1$、$F2$、$F3$、$F4$、$F5$)的笛卡尔积中的一个元素，*RuleTAG* 则是言语行为类别集合中的一个元素。

由于所有特征的笛卡尔积是一个非常庞大的空间，因此在实现的时候我们必须获得其有限子集。我们根据以下两规则来获得特征子空间：

- 所有的规则都必须在训练集中出过。
- 根据以前的研究显示，特征短语($F1$)是最重要的特征，因此我们强迫所有的规则都必须至少包含特征短语($F1$)。

3) 选择最优规则

选择最优规则就是从潜在规则集中挑选最优规则进入最优规则序列，也称为训练阶段。在训练阶段，我们将潜在规则集中的每一条规则在所有的训练语料上进行测试并计算其得分。在训练开始时，最优规则序列是一个空集。在每一轮迭代中，我们选择得分最高的规则进入最优规则序列，同时将这条规则从潜在规则集中删除。当新一轮选出的最优规则的得分同上一轮迭代的得分相比没有显著改进(即小于一个阀值)时，训练(迭代)结束。

因为所有的训练语料都经过人工标记，因此我们可以获得训练集和测试集中每一个发言的言语行为。我们把人工识别出来的所有发言的言语行为称为黄金标记(gold tag)。在训练阶段，程序从黄金标记中获得前一个和后一个发言的言语行为类别信息，同时使用黄金标记来计算规则得分。

定义得分有很多种方法，在本研究中我们使用信息增益(Information Gain)。信息增益的定义如公式 10.5 所示：

$$IG(Y \mid X) = H(Y) - H(Y \mid X) \tag{10.5}$$

其中 $H(Y)$ 是 Y 的信息熵，$H(Y|X)$ 是在给定 X 情况下 Y 的条件熵，其定义分别如公式 10.6 和公式 10.7 所示：

$$H(Y) = -\sum_{j=1}^{m} p_j \log_2 p_j \tag{10.6}$$

$$H(Y \mid X) = \sum_j Prob(X = v_j) H(Y \mid X = v_j) \tag{10.7}$$

根据两类错误的定义，我们记 tp(true positive)为所有被标记为真的发言中实际为真的发言数，tn(true negative)为所有被标记为假的发言中实际为假的发言数，fp(false positive)为所有被标记为真的发言中实际为假的发言数，fn(false negative)为所有被标记为假的发言中实际为真的发言数(见表 10-3)。

表 10-3　关于两类错误的分类

		实际的结果	
		positive	negative
观察到的结果	positive	tp(true positive)	fp(false positive)
	negative	fn(false negative)	tn(true negative)

我们记所有的发言的集合为 I，对于一个给定的言语行为类别，我们首先用公式 10.8 计算 I 的信息熵。

$$\begin{aligned} H(I) &= -\sum_{j=1}^{2} p_j \log_2 p_j \\ &= -\frac{tp+fn}{tp+fp+tn+fn} \log_2 \frac{tp+fn}{tp+fp+tn+fn} - \\ &\quad \frac{fp+tn}{tp+fp+tn+fn} \log_2 \frac{fp+tn}{tp+fp+tn+fn} \end{aligned} \tag{10.8}$$

假设分类器将集合 I 分成两个子集 I_1 和 I_2，我们用公式 10.9 计算给定分类器 C 后集合 I 的条件熵。

$$\begin{aligned} H(I \mid C) &= \sum_{j=1}^{2} Prob(C = v_j) H(I \mid C = v_j) \\ &= Prob(C = v_1) H(I \mid C = v_1) + Prob(C = v_2) H(I \mid C = v_2) \\ &= -Prob(C = v_1) \sum_{j=1}^{2} p_{1j} \log_2 p_{1j} - Prob(C = v_2) \sum_{j=1}^{2} p_{2j} \log_2 p_{2j} \end{aligned}$$

$$=-\frac{tp+fn}{tp+fp+tn+fn}\left(\frac{tp}{tp+fp}\log_2\frac{tp}{tp+fp}+\frac{tp}{tp+fp}\log_2\frac{tp}{tp+fp}\right)$$
$$-\frac{fp+tn}{tp+fp+tn+fn}\left(\frac{tn}{tn+fn}\log_2\frac{tn}{tn+fn}+\frac{fn}{tn+fn}\log_2\frac{fn}{tn+fn}\right) \quad (10.9)$$

最后我们用公式 10.10 计算信息增益(Information Gain)。

$$IG(I \mid C) = H(I) - H(I \mid C) \quad (10.10)$$

因为所有的规则是叠加后产生效果的,因此用信息增益来定义得分时,我们得到的得分实际上是所有规则叠加后的信息增益。在每一轮挑选中,使信息增益增长最快的规则将被选入最优规则序列。

4) 将规则应用到测试集

将最优规则序列中的规则运用到测试集的过程也称为测试。在测试阶段,黄金标记仅仅被用来计算分类精度,不能被用来获得前一个和后一个发言的言语行为类别。前一个和后一个发言的言语行为类别只能从学习到的标记(learned tag)中获取。在测试开始的时候,learned tag 全部为空。我们依次取出最优规则序列中的每一条规则,应用于测试集中所有发言。如果规则适用于某条发言,就更新 learned tag。这样随着规则被应用,learned tag 就被相应地更新(转换),直到用完最优规则序列中的所有规则。

我们使用精度(precision)和召回率(recall)两个指标来评价系统的性能。精度和召回率的定义如公式 10.11 和公式 10.12 所示。

$$precision = \frac{tp}{tp+fp} \quad (10.11)$$

$$recall = \frac{tp}{tp+fn} \quad (10.12)$$

其中 tp, fp 和 fn 在表 10.3 中有定义。

5) 分阶段转换学习

我们为每一个言语行为类别单独训练一个分类器,并且在训练阶段使用黄金标签来获得前一个和后一个发言的言语行为类别。因此训练后得到的规则(previous SA 和 next SA 字段)可能会包含对其他类别言语行为的引用,但是当这些引用了其他类别言语行为的规则应用于测试集时,它们永远都不会被触发。这是因为我们为每一个单独的言语行为类别建造一个 0～1 分类器,因此在测试阶段一个发言只可能被标记成这种言语行为类别，而其他类别的言语行为都不会出现。

解决这一问题的办法就是分阶段转换学习。我们注意到有一些 SA 类别是比较容易识别的，它通常只依赖特征短语等自身特征，一般不需要使用诸如 previous SA 和 next SA 这样的高级特征。因此这样的类别可以相对独立地以较高的精度先被识别出来。当这些类被识别出来以后，语料被转换成部分标注的语料。在此基础上，我们再对那些难以识别、依赖于 previous SA 和 next SA 的类别进行识别。因此分阶段学习的核心问题是确定不同类别的学习（运行）顺序，我们综合考虑以下两个特征来判断一个类别的学习优先级：

- 单独运行时的分类精度和召回率
- 规则的对外依赖程度

一个类别对另一个类别的依赖程度由公式 10.13 确定。

$$Dependency_{i,j} = \frac{N_{i,j}}{N_i} \tag{10.13}$$

其中 $N_{i,j}$ 是类 i 的最优规则集中引用类 j 的规则数，N_i 是类 i 的最优规则集中所有的规则数。$Dependency_{i,j}$ 是一个介于 0 和 1 之间的数。需要注意的是，一个类别对所有类别的依赖性之和并不为 1，因为并不是所有的规则都包含对 previous SA 或 next SA 的引用，即不一定满足 $\sum_j N_{i,j} = N_i$。同时，$Dependency_{i,j}$ 也不一定满足对称性，即不一定满足 $Dependency_{i,j} = Dependency_{j,i}$，$i \neq j$。

一个类别的对外依赖程度由公式 10.14 确定：

$$Dependency_i = \sum_{j \neq i} Dependency_{i,j} \tag{10.14}$$

那些单独运行时分类精度和召回率都较高而规则的对外依赖程度低的类别将首先学习（运行）。当一个类别运行后，再用类似的方法从剩余类别中选择下一个运行的类别，直到所有的类别都运行完毕。

10.4 实验结果

我们首先在所有言语行为类别上独立运行一次分类器，其分类精度和召回率如表 10－4 所示，所有类别间的依赖关系和所有类别的对外依赖性如表 10－5 所示。

表 10-4　各言语行为类别独立运行在测试集上的结果

SA 类别	精度(precision)	召回率(recall)
议题(issue)	0.81	0.87
方案(alternative)	0.41	0.65
支持(positive proposition)	0.56	0.82
反对(negative proposition)	0.63	0.78
阐述(elaboration)	0.44	0.72

表 10-5　所有类别间依赖关系和所有类别的对外依赖关系

	议题	方案	支持	反对	阐述	对外依赖性
议题	0	0.1	0.03	0.02	0.07	0.13
方案	0.11	0	0.13	0.07	0.01	0.32
支持	0	0.15	0.23	0.27	0.01	0.66
反对	0	0.14	0.21	0.19	0.04	0.58
阐述	0.18	0.16	0.01	0.01	0	0.36

从表 10-5 中可以看到，对外依赖性最弱的是议题类，其次是方案和阐述类，最强的是支持和反对类。结合各言语行为类别的分类精度和召回率，经过几次试算，我们确定了如下的运行次序：议题类、方案类、阐述类、反对类、支持类。用这个次序运行所有类别后，得到在测试集上的最终结果如表 10-6 所示。

表 10-6　各言语行为类别在测试集上的最终结果

SA 类别	精度(precision)	召回率(recall)
议题(issue)	0.81	0.87
方案(alternative)	0.53	0.70
支持(positive proposition)	0.78	0.85
反对(negative proposition)	0.71	0.81
阐述(elaboration)	0.61	0.75

从测试集上的最终结果我们可以看出，基于转换学习的方法能够较好地解决群体研讨文本的言语行为分类问题。对于议题类别和表达主张的类别(支持和反

对)，识别结果已经达到了一个较为理想的水平，这对于自动刻画群体研讨的状态，自动识别出共识点和争论点[13]，具有重大意义。议题类由于特征比较明显(多以问句的形式出现)，因此获得了比较高的精度和召回率。方案和阐述类是最难的两个类，因为一般这两个类的发言内容较长，而且特征短语不是很明显。

10.5 结论

群体研讨文本的言语行为分类是拓展群体支持系统研究遇到的关键问题，而本研究就是为解决这一问题所进行的首次尝试。我们首先在分析 Zeno 研讨模型的基础上，提出了适合群体研讨语料的言语行为分类体系。接着采用基于转换学习的办法，通过引入多阶段转换学习的概念，初步解决了群体研讨文本言语行为分类的问题，并且在议题类别和一些表达主张的类别(如支持和反对)上取得了较好的分类效果。

当然，在研究过程中我们也发现基于转换学习的方法的一些缺陷。比如使用转换学习的方法，规则模板的设计非常重要。由于规则模板是事先设计的，不能通过自学习来完善，因此规则模板的设计非常具有技巧性，本研究中的规则模板就是在综合前人研究结果、观察语料并反复试算的基础上得到的。

群体研讨文本的言语行为分类对于拓展群体支持系统，进而研究和发展群体研讨的自动主持人系统具有重要意义。机器能够自动识别出群体研讨的言语行为类别，意味着机器自动刻画群体研讨状态，进而提供有效干涉以提高群体绩效成为可能。在此基础上，我们才有可能研究并开发群体研讨的自动主持人，自动监视研讨情况，为群体及时提供必要的帮助(如检索历史研讨记录和相关文档，提示研讨者应注意某些冷僻的观点，自动识别当前研讨冲突的焦点并检索外部信息等)。另外，本研究虽然着眼于群体研讨文本的言语行为分类，但是其中运用的方法为解决在中文环境下其他类型研讨(如网络聊天室、即时聊天工具等)文本言语行为分类问题提供了参考依据。

参考文献

[1] Jessup L M, Valacich J S. Group support systems: new perspectives [M]. New York: McMillan Publishing Company, 1992.

[2] Nunamaker J F, Dennis A R, Valacich J S, Vogel D R, George J F. Electronic meeting systems to support group work: theory and practice at Arizona [J]. Communication of the

ACM, 1991(7):40 - 61.

[3] Brill E. Transformation-based error-driven learning and natural language processing: a case study in part-of-speech tagging [J]. Computational Linguistics, 1995(4):543 - 565.

[4] 夏新松,肖建国.一种新的错误驱动学习方法在中文分词中的应用[J].计算机科学,2006(3):160 - 164.

[5] Zhou Y, Huang C, Gao J, Wu L. Transformation Based Chinese Entity Detection and Tracking [C]. *Proceedings of the 2nd International Joint Conference on Natural Language Processing*. 2005.

[6] 赵永贞,刘挺,王志伟,陈惠鹏,邵艳秋.汉语文语转换系统中停顿指数的自动标注[J].中文信息学报,2004(5):48 - 55.

[7] Samuel K, Carberry S, Vijay-Shanker K. Dialogue Act Tagging with Transformation-Based Learning [C]. *Proceedings of COLING/ACL'98*. 1998.

[8] Reithinger N, Klesen M. Dialogue Act Classification Using Language Models [C]. *5th European Conference on Speech Communication and Technology*. 1997. Rhodes, Greece: ISCA.

[9] Lager T. The μ-TBL System: Logic Programming Tools for Transformation-Based Learning [C]. *Proceeding of the Third International Workshop on Computational Natural Language Learning (CoNLL-99)*. 1999. Bergen.

[10] Carletta J, Isard S, Doherty-Sneddon G, Isard A, Kowtko J C, Anderson A H. The reliability of a dialogue structure coding scheme [J]. Computational Linguistics, 1997(1): 13 - 31.

[11] 李欣苗,张朋柱,张兴学.团队创新信息关系的自动识别方法及其应用[J].管理科学学报,2007(5):28 - 39.

[12] Gordon T F, Karacapilidis N. The Zeno argumentation framework [C]. *International Conference on Artificial Intelligence and Law*. 1997.

[13] 蒋御柱,张朋柱,张兴学.群体研讨支持系统中的智能可视化研究[J].管理科学学报,2009,12(3):1 - 11+43.

第 11 章

基于多阶段和分层方法的言语行为分类研究

11.1 背景

在面向在线研讨的言语行为分类研究中，许多学者认为前指发言类型（即与当前发言形成回复关系的前一条发言的言语行为类别，previous SA）是一个非常重要的特征[1,2]。例如，如果前一条发言的言语行为是问题，那么下一个发言的言语行为是回答的可能性就很大。但是由于在测试集上前指发言类型是未知的，因此如何合理利用前指发言的类型信息就成为一个非常关键的问题。

一个值得关注的现象是很多言语行为分类体系都是分层的，比如 Gerassimenko 等发展的 Estonian Dialogue Corpus (EDiC)[3] 和 Su Nam Kim 发展的针对技术论坛的言语行为分类体系[4]。在分层体系中，一个高层言语行为类别可能会包含若干个低层言语行为类别。例如，Question 可能进一步包括 wh-question，how-question，yes-no-question 等几种类型。通常高层类型的分类准确率要比低层类别高，这是因为高层类别包含更少的类型数量，因此错分的概率会降低。因此，本章关注的第一个问题是，通过引入分层的言语行为分类体系，让前指发言的类型依赖于高层类型（意味着更加抽象的类型信息和更加准确的分类结果）是否会比低层类型（意味着更加具体的类型信息但是更加不准确的分类结果）更好。

现在很多机器学习算法（如支持向量机）本质上都是一个二元分类器，因此需要为每一个类型分别构造一个分类器，而不能同时标记所有的类型。由于分类器必须串行工作，因此前一个分类器输出结果的精度就会影响第二个分类器的分类效果。另外，各类别对其他类别的依赖程度也不一样，无依赖的分类器应该先于有依赖的分类器运行。因此本章关注的第二个问题是分类器的运行顺序问题。

综上所述，本章研究前指发言类型信息应用于言语行为分类时遇到的两个关键问题：

Q1：前指发言类型的高低层次是否对分类结果有影响？如果有，如何优选？

Q2：分类器的运行顺序是否对分类结果有影响？如果是，如何优选分类器运行顺序？

为了回答这两个研究问题，本章首先以一个 E-learning 语料为例构造了一个分层的言语行为分类体系，然后设计了一组实验，来检验前指发言类型的高低层次和分类器的运行顺序对分类效果的影响，并进一步提出了一种基于多阶段分层的方法来确定合适的前指发言层次和分类器运行顺序。最后，在盲测集上检验了所提方法的效果。

11.1.1　分层的言语行为分类体系

有很多言语行为分类体系都具有分层的特性。例如 Gerassimenko 等发展的 Estonian Dialogue Corpus (EDiC)[3]包括两层标注，高层说明发言的一般类型(ritual, questions/answers, directive, additional information, repair 等)。低层则在更多的细节上描述发言。每个高层类型可能有好几个子类型，例如 rituals 可以进一步分成 greeting, thanking, apologizing 等，questions/answers 则可以进一步分成 wh-questions, open and closed yes/no questions, refusal to answer, yes/no answers 等。在低层标注中，总共有 126 个标签，各类别在大小上差别很大。

Su Nam Kim[4]发展的针对技术论坛的言语行为分类体系。这个类别包括 2 个大的分类(question, answer)和 3 个单独类(resolution, reproduction 和 other)。进一步地，question 又包含 4 个子类(question, add, confirmation 和 correction)，而 answer 进一步包含 5 个子类(answer, add, confirmation, correction 和 objection)。除此之外，Joty 等[5]也发展了一套描述网络论坛的言语行为分类体系，包括陈述(Statement)、礼貌用语(Polite mechanism)、一般疑问(Yes-no question)、行为动机(Action motivator)、特殊疑问(Wh-question)、接收回复(Accept response)、开放式问题(Open-ended question)、致谢(Acknowledge and appreciate)、从句问题(or-clause question)、拒绝回复(Reject response)、不确定回复(Uncertain response)和口头提问(Rhetorical question)共 12 个类别。

11.1.2　基于转换的学习

基于转换的学习(Transformation-based Learning, TBL)首先由 Brill[6]引入。

由于它克服了传统人工获取规则的局限，自动地从训练语料库中学习反映语言学知识规则，因此迅速在中文分词[7]、实体识别[8]和停顿指数预测[9]中得到应用并获得成功。TBL 算法基于一个规则集，通过将这个规则集依次应用于数据来将一些标签转换为另一些标签。

规则是由监管训练的方式得到的。给定一个标记过的训练语料，首先从模板产生所有可能的规则，然后用迭代的方式来选择最高：每一轮中那些能够使精度提高最快的规则被选中。这个过程一直持续到某一个停止条件得到满足，而最常见的停止规则是引入任何新的规则对目标函数都没有明显的改善。

Samuel 等在 1998 年将基于转换学习的方法用于解决会话行为标记（dialogue act tagging）问题[10]。Samuel 等使用的是在 Reithinger 和 Klesen（1997）[11]的研究中所用过的语料，定义了 18 种不同的会话行为（dialogue act），训练集包括 143 个对话共 2 701 条发言，测试集包括 20 个对话共 328 条发言。为了提高算法的效率，他们提出用蒙特卡罗法来随机选择规则，并取得了良好的效果。Samuel 等报告在测试集上的分类准确率为 75.12%，最高准确率为 77.44%。进一步地，Samuel 等[10]将结合蒙特卡洛优化的 TBL 算法应用于 VerbMobil 语料来识别言语行为类别。除了常规使用的 TBL 特征（如临近的发言和言语行为类别）外，他们还使用发言者信息、标点信息、特征词等作为特征。他们取得了 75%的精度（precision）。

11.1.3 支持向量机

支持向量机[12, 13]是一种比较好的实现了结构风险最小化思想的方法，它的机器学习策略是保持经验风险值固定而最小化致信范围。支持向量机通过核函数将向量映射到一个更高维的空间里，在这个空间里建立有一个最大间隔超平面来将两类样本点分开。

Ravi 和 Kim[14]使用了支持向量机对 PedaBot 语料进行了言语行为分类。他们使用的类别比较简单，只包含问题类（QC）和回答类（AC），在 QC 和 AC 上分别获得了 83%和 73%的准确率。Cohen 等[15]进行了根据发送者的意图（如请求开会、传递信息等）对邮件进行言语行为分类的研究，并且对比了机器学习方法。研究结果显示，对于 E-mail 分类问题，SVM（支持向量机）在 Proposal、Commitment 和 Meet 类别上效果最好，而 DT（决策树）在 Request、Directive 和 Commissive 类别上效果更好。类似的，Surendran 和 Levow[16]结合线性支持向量机和隐马尔可夫模型在 MapTask 语料上进行言语行为分类，并且获得了比前人研究更好的结果。

11.2　言语行为分类体系

为了充分利用分层言语行为分类的优势，本章以 E-learning 语料为例构造一个包含高层和低层两个层次的言语行为分类体系。本案例所使用的语料数据来自一个叫做 PedaBot 的在线研讨系统，在这个研讨系统内学生可以讨论与课堂内容相关的技术问题。PedaBot 系统是 phpBB 系统的一个变种，用户登入 PedaBot 系统后，可以像正常的论坛一样发表帖子。帖子按照回复关系组织成 thread。用户在发言的时候有两种选择：创建一个新的主题或者回复一个已经存在的帖子。这样在一个主题内，用户发布的帖子就以树状的形式组织起来，除了根节点以外，其余每个帖子都有唯一的父节点。

在进行正式工作之前，语料中涉及系统问题的帖子（如报告磁盘空间配额不够）和幽默类的帖子被全部删除，因为他们和教学无关。我们聘请了 1 位本科生、3 位硕士生和 1 位博士生作为专家，经过若干次充分的小组讨论之后，最终给出的言语行为分类体系总结在表 11 - 1 中，包括 5 大类 18 小类。

表 11 - 1　分层的言语行为分类体系（括号里为科恩 Kappa 值）

高层类别	低层类别	描　　述
QUESTION (0.94)	QWHAT (0.92)	一类诸如“what is something”的提问，问题可以包括定义、概念，等等。也包括询问时间、地点和原因等信息的提问。不包括询问建议和如何做的问题。注意，“what to do”这类问题应该属于 QHOW，而不属于 QWHAT。
	QHOW (0.95)	询问如何做某项任务，或者如何才能完成某一目标的提问。也包括询问建议或可选方案的提问。通常是一个关于任务或过程的提问。
	QCONF (0.89)	证实某个主意或看法的提问。也包括询问是否被允许做某事的提问，例如“Are we allowed to ... ?”，“Should we ... ?”，“Is it ok to ... ?”，“I was wondering if ... ”，等等。
	QSURV (0.96)	询问其他人是否也有同样的问题(issue)。
ISSUE (0.88)	UNCLEAR (0.91)	发言者认为对某事不清楚或者糊涂。发言者认为某事缺乏理解或者不可理解。

（续表）

高层类别	低层类别	描　　述
	HAVE_PROBLEM（0.78）	发言者认为自己遇到了一些问题或者感觉很奇怪。
ANSWER（0.86）	PROP（0.65）	发言者发表的看法、主意、建议或主张，但是对自己发表的意见不是很肯定。例如“I think ...”，“It should probably ...”，“I guess ...”，“It seems ...”，“My understanding is ...”等。发言者可能会也可能不会陈述对他所提看法、主意、建议或主张的不确定程度。通常来说，RPOP 的发言者是学生。
	INST（0.75）	发言者给出的解决一个问题的建议或方法。发言者通常对自己发表的意见非常肯定。也包括老师或助教的指导。
	YES_A（0.92）	对一个 yes/no 提问的肯定回答。如果回答表达了一种赞同的态度，那么应该被看作是 AGREE，而不应该是 YES_A。
	NO_A（0.85）	对一个 yes/no 问题的否定回答。如果回答表达了一种不赞同的态度，那么应该被看作是 DISAGREE，而不应该是 NO_A。
	HINT_Q（1.0）	用提问的方式给出解决问题的线索或暗示。
POS_ACK（0.87）	OK（1.0）	对前面的发言表示认可。
	THANK（1.0）	对于前面发言者给出的建议致谢。注意：这里不包括在提问的时候期望回答的致谢。
	PRAISE（0.81）	通常是老师对某个学生回答的评价。通常出现在一个帖子或句子的开始，或者紧跟在一个人名的后面。
	AGREE（0.75）	发言者赞同前一个发言的观点。这里的前一个发言可能是提问或回答，对前一个发言的引用可能是显式的，也可能是隐式的。
	IT_WORKS（0.93）	说明建议的方案奏效的陈述。
NEG_ACK（0.85）	AGREE_OBJ（0.81）	发言者对前一个帖子部分赞同。
	DISAGREE（0.89）	发言者反对前一个发言的观点。这里的前一个发言可能是提问或回答，对前一个发言的引用可能是显式的，也可能是隐式的。

有很多统计指标可以用来确定评估者间信度，本研究采用科恩 kappa。假设两个评估者把 N 个东西分到 C 个互斥类，科恩 kappa 就是测量两个评估者间一致程度[17]，即：

$$k = \frac{p_0 - p_e}{1 - p_e} \tag{11.1}$$

其中 $p_0 = \sum_i p_{ii}$，称为观测一致率，$p_e = \sum_i p_{i.} p_{.i}$，称为期望一致率，即两次检验结果由于偶然机会所造成的一致率。其中 $p_{i.} = R_i/N$，$p_{.i} = C_i/N$，R_i 和 C_i 分别为第 i 个格点所对的行合计和列合计，N 为总例数。当两个评估者完全一致时，$p_0 = 1$，此时 Kappa 值为 1。当观测一致率大于期望一致率时，Kappa 值为正数，且 Kappa 值越大，说明一致性越好。当观察一致率小于期望一致率时，Kappa 值为负数，这种情况一般来说比较少见。根据边缘概率的计算，Kappa 值的范围值应在−1～1 之间。一般认为 Kappa 值大于 0.75 时一致性较好；Kappa 介于 0.4 和 0.75 之间时一致性一般；Kappa 小于 0.4 时一致性较差。

标注者间信度(科恩 Kappa 值)标注在每个类别后面的括号里。所有高层言语行为类别的 Kappa 值都超过了 0.85，因此可以认为高层类别是定义良好的。所有低层言语行为类别的 Kappa 值除 PROP 外都超过了 0.7，并且 PROP 的 Kappa 值也接近 0.7，因此可以认为低层类别是定义良好的。其中 QHOW、QHOW、QSURV、UNCLEAR、YES_A、HINT_Q、OK、THANK 和 IT_WORKS 的 Kappa 值超过了 0.9；QCONF、NO_A、PRAISE、AGREE_OBJ、DISAGREE 的 Kappa 值超过了 0.8；HAVE_PROBLEM、AGREE 的 Kappa 值超过了 0.7。Kappa 值在一定程度上反映了一个言语行为类别分类的难易程度。总共标记了 1 116条发言，其中三分之二用于训练集，三分之一用于盲测集。

11.3　特征选取

在归纳前人研究的基础上，根据语料特征，本章提出了 6 个用于言语行为分类的特征(见表 11－2)。

表 11－2　言语行为分类所用特征

特征名称	描述	例子
F1：n 元语法及其位置	unigram，bigram，trigram，two-unigram，three-unigram 和 unigram-bigram 及出现的位置	“where”，“where is”，“where is my ”，“ what...?”，“ what is...?”，begin，end，begin & end，other

（续表）

特征名称	描述	例子
F2：发言在 thread 中的位置	是不是第一个帖子，是不是最后一个帖子等	第一个帖子、最后一个帖子、既是第一个又是最后一个帖子
F3：前一个发言的言语行为类型	当前发言回复的帖子的言语行为类型	QUESTION、ISSUE、QWHAT、QHOW
F4：发言者类型	关于发言者身份的信息	学生（S）、老师（I）
F5：发言者变换	前一个发言和后一个发言的发言者是不是同一个人	变换（Y）和不变换（N）
F6：发言长度	发言包含字符数的多少	Short（1～5 个字），Medium（5～30 个字）和 Long（30 个字以上）

1）n 元语法及其位置

本研究中的 n 元语法包括 unigram，bigram，trigram，two-unigram，three-unigram 和 unigram-bigram。Unigram，bigram 和 trigram 是自然语言处理中最常用的特征，因此在本研究中也把它们作为特征。同时还注意到，不连续的词（短语）的组合对于识别言语行为非常有效，例如将“what”和“?”联合起来就是识别 QWHAT 很好的标识。但是由于在语料中“what”和“?”是分开标注的，仅仅用 unigram，bigram 和 trigram 都无法抓住这一特征。因此引入了 two-unigram，three-unigram 和 unigram-bigram 来抓住同一句子内不同特征短语之间交叉产生的特征。典型的例子有“where|_|?”，“does|_|?”等。

仅仅有 n 元语法还不够，因为 n 元语法处于不同位置时，具有不同的含义。例如，当“thank”位于句子开头时很可能具有 THANK 的言语行为关系，但是位于句子的其他位置（如中间或结尾）时则一般没有 THANK 的言语行为关系。在本研究中区分两种 n 元语法位置，第一种是 n-gram 在句子中的位置，另一种是 n-gram 所在的句子在整个帖子中的位置。

2）发言在主题中的位置

指示发言在主题中所处的位置，如是否第一个主题的第一个帖子，是否主题的最后一个帖子等。位置对识别某些言语行为类别比较有效。例如，主题中的第一个帖子一般都是问题类（QUESTION）的言语行为，而 THANK 或 OK 类的言语行为一般都出现在靠近主题结尾的位置，用来结束一个主题的讨论。

3）前指发言的言语行为类别

指示当前发言回复的帖子的言语行为类型。例如，如果一个帖子包含问题类(QUESTION)的言语行为，那么下一个帖子的言语行为是回答类(ANSWER)的可能性就很大。

4）发言者信息

关于发言者身份的信息。一个学生给的回答通常都不是很肯定，因此是PROP 的可能性较大；而老师给的回答通常是 INST 的可能性很大，并且 PRAISE 通常是老师用来表扬学生的，学生的发言不大可能包含言语行为类别 PRAISE。在本研究中，仅仅区别学生(S)和老师(I)。

5）发言者变换

指示前一个发言和后一个发言的发言者是不是同一个人。本研究识别两种发言者变换的情况：变换(Y)和不变换(N)。

6）发言长度

指示发言包含字符数的多少。本研究将发言长度分为 Short(1～5 个字)，Medium(5～30 个字)和 Long(30 个字以上)。

11.4　基于分阶段和分层方法的言语行为分类方法

基于分阶段和分层的言语行为分类方法本质上是一个通过实验优选结构参数的方法。该方法通过设计和执行一组实验来观察各结构参数对分类结果的影响程度，并通过不断剪枝来确定最优的结构参数。假设有一个分层的言语行为类别体系，一共有 m 个高层言语行为类别和 n 个低层言语行为类别。对于一个给定的高层言语行为类别 SAH_i，$(i=1, \cdots, m)$，有 n_i 个对应的低层言语行为类别$\{SAL_j \mid j=1, \cdots, n_i\}$，并且 $\sum_{i=1}^{m} n_i = n$。基于分阶段和分层的言语行为分类方法包含以下 3 个步骤：

(1) 确定每一个高层类别和低层类别的分类难度。这一步的目的是获得各类别分类的难易程度，以便尽量让容易分类的分类器先运行。

(2) 分别确定高层言语行为分类和低层言语行为分类时的最优前指层次。这一步的目的是通过探索语料数据的结构特点，获得最优前指层次信息，以便让分类器充分利用分层言语行为体系的好处。

(3) 用基于转换的学习方法获得不同言语行为类别之间的依赖关系，并结合

(1)的结果，从而让准确和无依赖的分类器先运行，让不准确和有依赖的分类器后运行。

为了避免分类器串行工作时分类准确程度的干扰，以上实验在测试集上运行时都是从金标(golden tag)而不是从分类器的输出(learned tag)获取 previous SA 信息。下面通过一个例子来说明这一方法的使用过程。

11.4.1 参数选择的实验设计

为了优选分类器运行顺序和前指发言的层次，本章设计了一个 2×2 的实验(见表 11-3)。这个实验对分类的言语行为层次以及 previous SA 的层次这 2 个变量进行组合。本研究使用 10-fold cross-validation 的方法来测试每一组模型的优劣，交差验证得分(F_1 值)最高的一组对应的模型就是最优模型。

表 11-3 参数选择的实验设计

分组	对高层/低层类别分类	Previous SA 的层次
第 1 组	高层类别	高层类别
第 2 组	高层类别	低层类别
第 3 组	低层类别	高层类别
第 4 组	低层类别	低层类别

根据两类错误的定义，记 tp(true positive)为所有被标记为真的发言中实际为真的发言数，tn(true negative)为所有被标记为假的发言中实际为假的发言数，fp(false positive)为所有被标记为真的发言中实际为假的发言数，fn(false negative)为所有被标记为假的发言中实际为真的发言数。那么精度、召回率的定义如公式 11.2 和公式 11.3 所示。

$$precision = \frac{tp}{tp + fp} \tag{11.2}$$

$$recall = \frac{tp}{tp + fn} \tag{11.3}$$

F_1 值是精度和召回率的加权平均，其定义如公式 11.4 所示。

$$F_1 = 2 \cdot (precision \cdot recall)/(precision + recall) \tag{11.4}$$

机器学习算法采用支持向量机模型，选择 LibSVM 软件包(http://www.

csie. ntu. edu. tw/～cjlin/libsvm/)。LibSVM 支持很多种工作方式，根据任务的特点，选择 C-SVC(C-Support Vector Classification)，核函数选择径向基函数(RBF)。该模型包含两个参数：C 和 γ。C 是错误项惩罚参数，用来调节目标函数中模型结构复杂度与经验风险之间的比重，因此又称为调整因子。γ 对应径向基函数中需要确定的参数，它反映了训练数据的范围或分布，又称为宽度参数。给定训练数据后，通过 LibSVM 自带的 grid search 脚本来获得最优参数 C 和 γ。

11. 4. 2　各类别分类的难易程度

各言语行为分类器的平均分类效果(F_1 值)如表 11－4 所示。由于表 11－4 的内容较多，为了方便读者阅读，将表 11－4 中的数据画成柱状图(见图 11－1)。

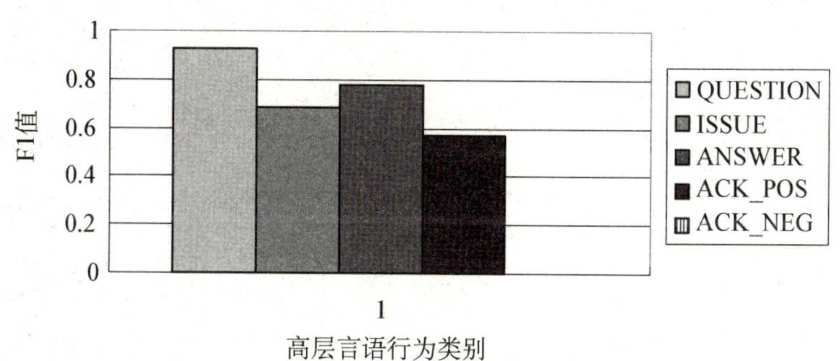

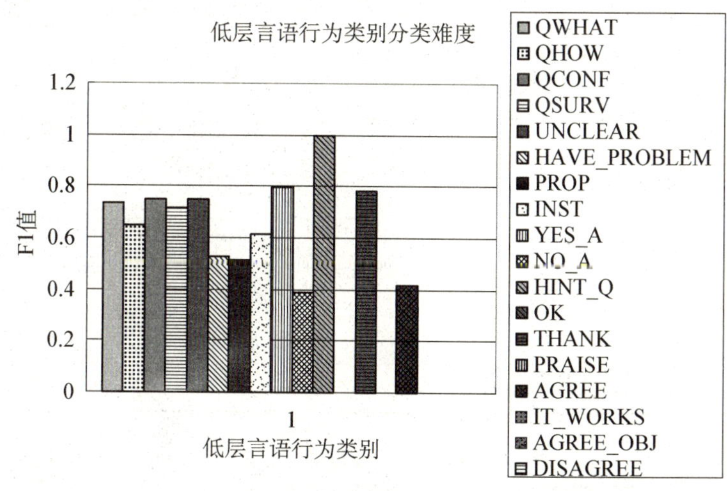

图 11－1　言语行为各类别分类难度统计图

从表 11－4 中可以看到，最容易分类的高层类别是 QUESTION($F_1=0.9278$)，这是一个非常不错的结果。QUESTION 容易分类，是因为 QUESTION 通常包含问号，并且通常整个 thread 的第一个 post 就包含 QUESTION(这是 PedaBot 语料特点决定的)。其次最容易分类的高层类别是 ANSWER($F_1=0.7762$)，这是因为 ANSWER 数量庞大，通常跟在 QUESTION 后面的就是 ANSWER。ISSUE($F_1=0.6842$)的分类效果是基本满意的。ACK_POS 的平均 F_1 值为 0.569 2，属于不太容易分类的高层类别。ACK_NEG 由于样本数量严重不够，因此不能正确分类。

表 11－4　言语行为各类别的分类难易程度

高层类别	F_1 值	低层类别	F_1 值
QUESTION	0.927 8	QWHAT	0.733 3
		QHOW	0.65
		QCONF	0.746 5
		QSURV	0.714 3
ISSUE	0.684 2	UNCLEAR	0.748 9
		HAVE_PROBLEM	0.529 05
ANSWER	0.776 2	PROP	0.513 25
		INST	0.614 95
		YES_A	0.798
		NO_A	0.388 9
		HINT_Q	1
ACK_POS	0.569 2	OK	0
		THANK	0.784 6
		PRAISE	0
		AGREE	0.419 9
		IT_WORKS	0
ACK_NEG	0	AGREE_OBJ	0
		DISAGREE	0

对于低层言语行为类别，YES_A、HINT_Q、QCONF、QWHAT 的平均 F_1 值都超过了 0.7，算容易分类的低层类别。YES_A 和 HINT_Q 比较容易分类主要

是因为这两种言语行为类型的变化形式较少，训练集中出现的情况基本都覆盖了测试集中出现的情况。QCONF 和 QWHAT 比较容易分类是因为这两种言语行为类型的训练样本较多，而且变化形式也相对较少。THANK、UNCLEAR、QHOW 的平均 F_1 值虽然没有 0.7，但是超过了 0.6，算比较容易分类的低层类别。这些类别的样本数比起 QCONF、QWHAT 来有所减少，而且变化形式相对增加。

INST、PROP、AGREE、HAVE_PROBLEM、NO_A 属于比较难分类的低层类别。这些类别，有的是因为变化形式太多(如 INST 和 PROP)，而有的则是因为训练集中样本数量太少(如 AGREE、HAVE_PROBLEM 和 NO_A)。NO_A 本来看上去应该是一个容易分类的类别，但是不幸的是说 NO 的方式太多(很多委婉的方式)。OK、PRAISE、IT_WORKS、AGREE_OBJ 和 DISAGREE 由于样本数量严重不够，因此不能止确分类。

11.4.3　前指发言的层次

表 11－3 中各组配置下的言语行为分类结果如表 11－5 所示。表 11－5 中将第 1 组和第 2 组的结果进行比较，将第 3 组和第 4 组的结果进行比较，并将效果较好的用黑体显示。表 11－5 的结果显示，第 1 组全面好于或等于第 2 组。因此可以认为，对高层言语行为分类 previous SA 使用高层类别更为合理。这个结论是符合常识的，因为高层类别的分类不需要引用更加细致的低层类别。

表 11－5　不同的前指发言层次下言语行为分类结果(F_1 值)

高层言语行为分类			低层言语行为分类		
类别	第 1 组 (前指高层)	第 2 组 (前指低层)	类别	第 3 组 (前指高层)	第 4 组 (前指低层)
QUESTION	**0.927 8**	0.927 8	QWHAT	**0.733 3**	**0.733 3**
			QHOW	0.5	**0.8**
			QCONF	**0.746 5**	**0.746 5**
			QSURV	**0.714 3**	**0.714 3**
ISSUE	**0.684 2**	0.684 2	UNCLEAR	**0.777 7**	0.72
			HAVE_PROBLEM	**0.558 1**	0.5

（续表）

高层言语行为分类			低层言语行为分类		
类别	第 1 组（前指高层）	第 2 组（前指低层）	类别	第 3 组（前指高层）	第 4 组（前指低层）
ANSWER	**0.820 9**	0.731 5	PROP	**0.553 8**	0.472 7
			INST	**0.635 3**	0.594 6
			YES_A	**0.818 2**	0.777 8
			NO_A	**0.444 4**	0.333 3
			HINT_Q	**1**	**1**
ACK_POS	**0.638 3**	0.5	OK	**0**	**0**
			THANK	**0.8**	0.769 2
			PRAISE	**0**	**0**
			AGREE	**0.476 2**	0.363 6
			IT_WORKS	**0**	**0**
ACK_NEG	**0**	**0**	AGREE_OBJ	**0**	**0**
			DISAGREE	**0**	**0**

对比第 3 组和第 4 组的结果，发现除了 QHOW 以外，第 3 组全面好于或等于第 4 组。这意味着对低层言语行为分类仍然是 previous SA 使用高层类别更为合理。这意味着使用粗糙的高层类别作为前指发言的类型会获得更好的效果。

使用低层言语行为类别作为 previous SA 效果不好的原因，可能是容易让模型过分依赖某一特定的低层言语行为类别。例如 QWHAT 可能导致一个 PROP 的回答，QHOW 也可能导致一个 PROP 的回答，如果使用低层次言语行为类别（如 QWHAT 和 QHOW）作为 previous SA，则需要 2 条规则才能捕捉到这一信息，增加了模型的复杂程度，从而降低了其泛化能力；而如果使用高层言语行为类别（如 QUESTION）作为 previous SA，则只需要 1 条规则就可以捕捉到这一信息，并且增加了支持这一规则的实例数量。有鉴于此，在后续的研究中无论对高层还是低层类别进行分类时，都使用高层类别作为 previous SA。

11.4.4 确定分类器运行顺序

通过在模板中包含前指发言类型的槽，基于转换的学习算法输出的规则可以包含对前指发言类型的引用[18]。例如，下面的例子就是基于转换的学习算法生成的一条规则：

Rule1::IF cue-phrase=("I am guessing")

& previous SA = QUESTION

=> PROP

这个规则说明如果包含短语"I am guessing"，并且前一个发言的类型是QUESTION，那么这条发言就被判断为 PROP。在这条规则中包含了对前指发言类型 QUESTION 的引用，当基于转换学习算法输出一条这样的规则时，就认为PROP 类型对 QUESTION 有一次依赖。

通过基于转换学习输出的规则集，以及各类别分类的难易程度，可以画出高层言语行为类别的路径依赖图(如图 11－2 所示)。图中的椭圆表示言语行为类别，连接椭圆的边表示言语行为关系间的依赖关系，而边上标注的数字则表示类别依赖关系在规则集中出现的次数。同时，还标明了每个高层类别分类的难易程度(F_1值)。例如，在图中可以看到从 QUESTION 有一个指向 ANSWER 的边，并且标有数字 3。这说明 ANSWER 依赖于 QUESTION(或者说 QUESTION 必须先于ANSWER 被识别)，并且这种依赖关系在规则集中出现了 3 次。图 11－2 中没有孤立点，除了 ACK_NEG 存在自身依赖外，没有其他任何循环依赖现象(即两个不同的言语行为类别相互依赖)。因此可以较容易地确定高层类别分类为如下顺序：QUESTION→ISSUE→ANSWER→ACK_POS→ACK_NEG。

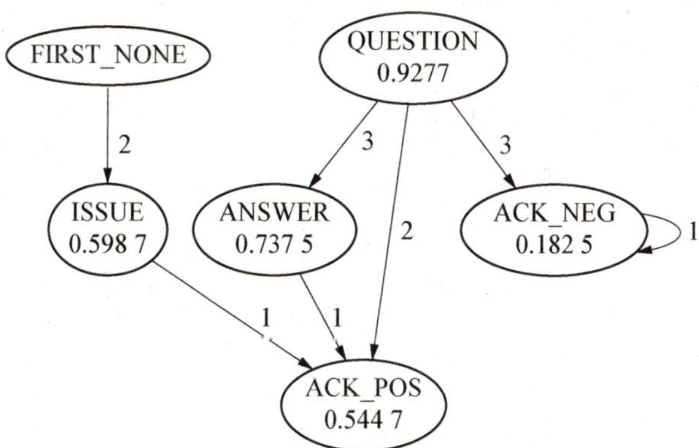

图 11－2　高层言语行为类别的路径依赖关系图

由于我们决定在低层言语行为分类中引用高层言语行为类别，因此在这里不再给出低层言语行为类别的路径依赖图。实际运行时让高层言语行为分类器先全部运行完,再运行低层语行为类别分类器。低层类别之间在运行顺序上没有要求。

11.5 系统评估

为了验证本章所提的基于多阶段和分层的言语行为分类方法的有效性,本研究在盲测集上将多阶段分层法与多个基准方法进行比较。盲测集是在前面的训练中从未见过的数据,占整个语料的大约三分之一。对于高层言语行为分类,比较以下两种基准算法:①不使用 previous SA;②高层 previous SA+随机顺序(即 previous SA 选择高层言语行为类型,但是分类器运行顺序按照随机方式进行)。类似地,对于低层言语行为分类,比较以下两种基准算法:①不使用 previous SA;②低层 previous SA+随机顺序(即 previous SA 选择低层言语行为类型,但是分类器运行顺序按照随机方式进行)。机器学习算法采用支持向量机模型。表 11-6 展示了几种不同参数配置下的分类结果。

表 11-6 不同的前指发言层次下言语行为分类结果(F_1 值)

高层言语行为分类				低层言语行为分类			
类别	不使用 previous SA	高层 previous SA+随机顺序	多阶段分层法	类别	不使用 previous SA	低层 previous SA+随机顺序	多阶段分层法
QUESTION	**0.927 8**	**0.927 8**	**0.927 8**	QWHAT	**0.733 3**	**0.733 3**	**0.733 3**
				QHOW	**0.8**	**0.8**	**0.8**
				QCONF	**0.746 5**	**0.746 5**	**0.746 5**
				QSURV	**0.7**	**0.7**	**0.7**
ISSUE	**0.684 2**	**0.684 2**	**0.684 2**	UNCLEAR	**0.761 9**	**0.761 9**	**0.761 9**
				HAVE_PROBLEM	**0.524 1**	**0.524 1**	**0.56**
ANSWER	0.721 2	0.789 2	**0.820 9**	PROP	0.432 6	0.473 9	**0.507 9**
				INST	0.522 7	0.602 1	**0.631 6**
				YES_A	0.652 6	0.7	**0.814 8**
				NO_A	0.2	0.333	**0.4**
				HINT_Q	**1.0**	**1.0**	**1.0**

（续表）

高层言语行为分类				低层言语行为分类			
类别	不使用 previous SA	高层 previous SA＋随机顺序	多阶段分层法	类别	不使用 previous SA	低层 previous SA＋随机顺序	多阶段分层法
ACK_POS	0.452 1	0.527 3	**0.6**	OK	0.333 3	0.5	**0.666 7**
				THANK	0.6	0.736 1	**0.8**
				PRAISE	**0**	**0**	**0**
				AGREE	**0.363 6**	**0.363 6**	**0.363 6**
				IT_WORKS	**0**	**0**	**0**
ACK_NEG	**0**	**0**	**0**	AGREE_OBJ	**0**	**0**	**0**
				DISAGREE	**0**	**0**	**0**

从表 11－6 所示的结果可以看出：

（1）言语行为分类中前指言语行为类型对提高言语行为分类的效果具有重要作用。通过加入前指发言类型这一特征，可以提高 ANSWER 和 ACK_POS（及其对应低层类别）的分类效果。HINT_Q 和 AGREE 是其中的特例，因为它的样本数量特别少，而且不依靠前指发言类型来识别。对于 QUESTION 和 ISSUE（及其对应的低层类别），引入前指发言类型这一特征对提高发言效果没有帮助。这是因为这些类别通常处于路径依赖关系图的起始位置，因此不依赖于其他任何类别。

（2）在 E-learning 的语料上，通过构造合理的分层言语行为分类体系，前指发言这一特征使用高层类别比使用低层类别能获得更好的分类效果。由于目前很多言语行为分类体系都是分层的，这一发现为提高分类效果提供了一种思路。

（3）分类器的运行顺序对于提高分类效果也有重要影响。基于多阶段分层法确定的运行顺序可以获得与随机顺序相同或更好的分类效果。

11.6　结论

为了解决言语行为分类中应用前指发言类型的问题，本章研究提出了一种基于多阶段和分层方法的言语行为分类算法。首先构造一个分层的言语行为分类体系，然后用一个例子说明了基于分阶段和分层方法来选择前指发言类型和分类器运行顺序的方法。最后评估了所提方法的有效性。

本研究在 E-learning 语料上验证了前指发言类型这一特征用于言语行为分类的有效性，发现前指发言类型的高低层次和分类器的运行顺序对分类效果都有较为显著的影响。本研究所提的基于多阶段分层的方法可以给出一个优选的前指发言层次和分类器运行顺序。在盲测集上的运行结果证实了这组优选的参数能够稳定一致地提高 E-learning 语料上各言语行为类别的分类效果。

在本研究中，有一些类别（如 PRAISE、IT_WORKS、AGREE_OBJ、DISAGREE 等）由于样本数量太少，严重影响了分类的效果。对于这类样本数量特别少的类别，需要谨慎处理。如果这个类别有特殊的语言学或管理上的意义，那么是需要保留的；否则就可以考虑将它们进行合并以增加实例数量。

当然，本研究也有一定的局限性。例如，系统评估时使用了在盲测集上一次运行的简单方法，因此减少了评估样本的数量，并且得到的结论不具有严格的统计推断意义。将来的研究可以考虑采用类似 boot-strapping 的方法，采用随机抽样的原则来反复产生训练集和测试集（如产生 50 组训练集和测试集）。在每一组训练集和测试集上运行本章所述的方法，最终的性能是在这 50 组测试集上的平均性能。boot-strapping 方法得到的结论具有严格的统计推断意义，但是对于本研究而言由于非常费时而难以完成，因此可以作为后续研究考虑的一个内容。

言语行为自动分类研究对于对话系统、机器翻译和自动问答系统中问题理解和意图判断具有重要的意义。言语行为的自动分类对于机器理解和刻画研讨势态尤为重要。如果机器能够辨别出发言的言语行为分类体系，就等于理解了用户基本的谈话意图，就可以据此来刻画研讨势态并做出适当的反应。因此，未来的研究可以通过和具体的应用领域相结合，解决很多管理上的问题。例如，通过识别出电子会议中用户发言的言语行为，就可以自动判断会议的研讨态势（如共识点、争议点、分歧点[19]），对会议进行干涉[20]，甚至自动生成会议摘要。另一个研究方向是考虑将变参数贝叶斯模型（如 Dirichlet 过程）应用于言语行为分类。由于这类算法是非监督学习算法，不需要人工构建言语行为分类体系[21]并标注语料，因此具有很大的吸引力。

参考文献

[1] Crook N, Granell R, Pulman S. Unsupervised classification of dialogue acts using a Dirichlet process mixture model [C]. The 10th Annual Meeting of the Special Interest

Group in Discourse and Dialogue（SIGDIAL 2009）, Association for Computational Linguistics, 2009.

[2] Feng D H, Shaw E, Kim J, Hovy E. An intelligent Discussion-Bot for answering student queries in threaded discussions [C]. Proceedings of the 11th international conference on Intelligent User Interfaces. Sydney, Australia, ACM Press, 2006.

[3] Gerassimenko O, Hennoste T, Koit M, R bis A, Strandson K, Valdisoo M, Vutt E. Annotated dialogue corpus as a language resource: an experience of building the Estonian dialogue corpus [C]. Proceedings of the 1st Baltic Conference on Human Language Technologies. Riga, Latvia, 2004.

[4] Kim S N, Wang L, Baldwin T. Tagging and linking web forum posts [C]. Proceedings of the Fourteenth Conference on Computational Natural Language Learning. Uppsala, Sweden, Association for Computational Linguistics Press, 2010.

[5] Joty S, Carenini G, Lin C Y. Unsupervised modeling of dialog acts in asynchronous conversations [C]. Proceedings of the 22nd International Joint Conference on Artificial Intelligence. Barcelona, catalonia (Spain), 2011.

[6] Brill E. A corpus-based approach to language learning [D]. Department of Computer and Information Science, University of Pennsylvania. 1993,

[7] 夏新松,肖建国.一种新的错误驱动学习方法在中文分词中的应用[J].计算机科学,2006,33(3):160-164.

[8] Zhou Y, Huang C, Gao J, Wu L. Transformation Based Chinese Entity Detection and Tracking [C]. Proceedings of the 2nd International Joint Conference on Natural Language Processing, 2005.

[9] 赵永贞,刘挺,王志伟,陈惠鹏,邵艳秋.汉语文语转换系统中停顿指数的自动标注[J].中文信息学报,2004,18(5):48-55.

[10] Samuel K, Carberry S, Vijay-Shanker K. Dialogue Act Tagging with Transformation-Based Learning [C]. Proceedings of COLING/ACL'98, ASSOCIATION FOR COMPUTATIONAL LINGUISTICS, 1998.

[11] Reithinger N, Klesen M. Dialogue Act Classification Using Language Models [C]. 5th European Conference on Speech Communication and Technology. Rhodes, Greece, ISCA, 1997.

[12] Vapnik V N. 统计学习理论的本质[M].北京:清华大学出版社,2000.

[13] Cristianini N, Shawe-Taylor J. 支持向量机导论[M]. 北京:电子工业出版社,2004.

[14] Ravi S, Kim J. Profiling Student Interactions in Threaded Discussions with Speech Act Classifiers [C]. Proceedings of AI in Education Conference, 2007.

[15] Cohen W W, Carvalho V R, Mitchell T M. Learning to classify email into "speech acts" [C]. 2004 Conference on Empirical Methods in Natural Language Processing (EMNLP-2004). Barcelona, Spain, 2004.

[16] Surendran D, Levow G A. Dialog act tagging with support vector machines and hidden Markov models [C]. Ninth International Conference on Spoken Language Processing

(INTERSPEECH - 2006). Pittsburgh, Pennsylvania, 2006.

[17] Cohen J. Weighted kappa: Nominal scale agreement provision for scaled disagreement or partial credit [J]. Psychological bulletin, 1968,70(4):213.

[18] 李嘉,张朋柱,邓莎莎,原海英.基于多阶段转换学习的群体研讨文本言语行为分类[J].系统管理学报,2012(01):126-132.

[19] 蒋御柱,张朋柱,张兴学.群体研讨支持系统中的智能可视化研究[J].管理科学学报,2009,12(3):1-11+43.

[20] 李嘉,张朋柱,邓莎莎,原海英.群体支持系统中的自动主持人研究[J].管理科学学报,2010,13(12):34-45.

[21] 李嘉,张朋柱,李欣苗.面向在线群体研讨的言语行为分类体系设计框架研究[J].现代图书情报技术,2012(2):1-9.

第12章

群体研讨支持系统中研讨主题自动聚类及其可视化研究

12.1 背景

群体研讨支持系统(Group Argument Support Systems, GASS)[1]是一个以综合集成方法论[2]为指导的、以解决半结构化和非结构化问题为目的的群体支持系统[3]。理论和实践证明这个“以计算机为媒介的群体交流”[4]环境能够提高群体产出[5,6],使群体在较短时间内产生大量有价值的观点,同时也常常导致“信息过载”[7-10]和“知识断层”[11,12]。在GASS环境下,由于匿名(anonymity)、并行(parallel)贡献以及发言的自动化记录等特征,20个成员的群体在1个小时内常常会产生几百条甚至上千条发言,并且观点各异,常常超过人们处理信息的能力。群体决策理论通常将方案产生阶段和方案选择阶段分开,在头脑风暴后需要将用户发言提炼为备选方案。手工处理这些发言信息不仅费时费力,而且由于效率低下,往往成为群体决策过程中的一个瓶颈。因此对发言信息的自动化聚类就可以减轻人类分类者的负担并显著提高分类速度。另外,由于信息过载和认知惯性,群体在研讨过程中往往难以认识当前的研讨势态,在某一局部问题上过于纠缠而忽略了其他更重要的问题,即陷入所谓的“局部最优”。在电子会议的过程中通过对研讨主题实时聚类,可以减轻用户的信息过载,使用户对当前的研讨势态有一个清晰的把握,同时也方便主持人对研讨实时引导。因此,发言信息的自动化聚类就成为有效支持“电子化会议”并提高群体效率的一个重要途径。

在GASS的研讨主题聚类中,由于其独特的中文输入环境和特殊的研讨信息组织模式,使得普通的文本聚类技术难以直接应用于GASS自动主题聚类。因此本章提出了一种适合GASS环境的研讨主题聚类方法,该方法通过信息清洗、文本分析和基于自组织神经网络(Self-Organization Map, SOM)的聚类等方法自动产生一系列有意义的研讨主题,以可视化的方式帮助用户更快地了解群体的研讨内容,同时也可以帮助主持人在会后迅速将发言信息汇总为备选方案。

在下面的论述中,本章首先介绍了 GASS 中研讨发言的特征及其对自动化聚类的挑战,然后回顾了相关的研究,并在此基础上给出了我们的解决方案,最后评估了工具的效果,并讨论了研究结论和进一步的研究方向。

12.2 GASS 中自动化研讨主题聚类的挑战

Chen[8, 13]、Furnas[14, 15]等从不同角度识别出"计算机支持"的群体协作环境下文本处理需要面对的一些问题:

1) 研讨领域独立(Domain Independent)

群体支持系统(Group Support Systems, GSS)可以支持不同种类的群体协作,可以支持不同领域的研讨任务。GASS 中可以研讨的问题各种各样,从宏观经济决策到区域发展规划,从公司长期战略管理到新产品的设计。研讨发言领域的多样性使得我们不能采用一些依赖于具体领域的自动化技术,如"有导师"(Supervision)的神经网络技术,如后向传播算法等,只能采用"无导师"的聚类技术,如 Hopfield[16]、自组织映射神经网络(Self-Organization Map, SOM)[17, 18]。

2) "噪音"输入(Noise Inputs)

由于时间压力以及研讨成员本身的中文输入水平的限制,GASS 的发言常常有大量的"噪音"输入,出现大量的错别字(词)、不完整的句子等,如"怕黄山"应为"爬黄山",因此在聚类之前需要过滤掉这些"噪音"。正是这些噪音的存在使得基于自然语言处理的文本分析和聚类技术难以应用,而基于信息检索技术的聚类方法则更为有效。

3) 词汇问题(Vocabulary Problems)

由于群体成员的不同背景、表达习惯等,一方面,不同的成员对同一词语可能有不同的定义,另一方面,群体成员常常会用不同的词语表达同一个概念。Furnas 等[14, 15]研究 5 个不同的领域中词语选择时发现,两个不同的用户选择相同的词语表达同一个概念只有 20%的可能性。选择词汇的多样性带来的是索引的冗余(redundancy),影响索引的一致性和准确性[13]。同时,由于鼓励创新、发散,而不审查发言,故一些研讨发言将会很粗糙。在大群体中,这一问题将更加严重。减轻这一问题的有效方法就是概念空间,即在表示相同或相似概念的词语之间建立关系。

4）“口语化”(Oral Input)

GASS 采用的信息组织方式和研讨模式适合“群体辩论”，这一方面可以增加系统的易用性，有利于群体接受、使用、表达自己的观点和态度，另一方面也导致出现大量的“口语化”文本：无特殊主题含义、仅仅表达态度或感情的词语，如“我顶”、“支持”、“反对”、“咋们”、“不错”、“俺支持”、“我们去”等。在文本聚类时需要采用特殊的方法过滤掉这些无主题意义的词语。

12.3　相关研究

聚类作为一种自动化程度较高的无监督机器学习方法，近年来在信息检索、多文档自动文摘等领域获得了广泛的应用。文档聚类算法的输出一般为文档集合的一个划分，这种划分的形式也有可能是一个层次结构（如 AHC 算法）或者二维平面图（如 SOM 神经网络）。聚类描述是帮助用户迅速确认生成的文档类相关与否的重要信息。Hearst 和 Pedersen 等人[19] 利用聚类关键词来形成类别描述。Leouski 和 Croft 等人[20]则提出用关键词短语（名词短语）来进行类别描述，因为关键词短语比词表达的信息更加丰富。他们主要根据词的文档频率来评价词的重要性。华盛顿大学的 Zamir 和 Etzioni 等人开发的 Grouper（http://www.cs.washington.edu/research/clustering）也从文档集合中抽取关键词短语来作为类别描述。新加坡国立大学的 Dell Zhang[21]提出一种基于语义的层次在线信息检索聚类系统 SHOC，对 Zamir 和 Etzioni 的工作进行了扩展。该系统实现了关键词短语的自动抽取和基于概念的正交聚类，而且可以同时支持中文和英文两种语言。

基于 SOM 神经网络的聚类方法由 T. Kohonen[22]首先提出。SOM 可以将高维空间的数据转化为二维空间，并且输入文档彼此之间的相似性在二维离散空间得到很好地保持，另外该方法还具有对噪声不敏感和聚类质量较高的特点。研究表明，SOM 在输出层神经元得到充分利用时聚类质量明显优于 k-means，使得这种方法成为一种值得关注和进一步研究的文档聚类方法。目前基于 SOM 的文档聚类方法在数字图书馆等领域得到了较好的应用。传统 SOM 的网络结构、神经元的数目和分布在训练之前需要预先确定，因而难以做到对输入数据的自适应性，并且输入数据的层次关系也无法体现。层次 SOM 特征图则克服了这一问题，其关键思想由 Miikkulainen 于 1990 年提出，可以表示输入数据的层次关系。但是该模型中构成层次图的不同 SOM 的大小和层次的深度必须预先指定。因此为了获得理想的结果，必须了解输入数据的结构，这影响了聚类的无指导特性。文献[23]提出的 GH-SOM 模型对层次 SOM 进行了改善。在 GH-SOM 中，层次的深度和每一层的神经元数目都可以自适应的调整，使得灵活性大大增强。将 SOM 应用在文档聚类的文献还有[24, 25]等。

随着互联网的飞速发展，以 BBS、网络论坛、即时通讯工具、虚拟社区等为代表的计算机支持的协调工作(Computer Supported Collaborative Work, CSCW)和以计算机为媒介的交流(Computer Mediated Communication, CMC)已经渗透到了我们工作生活的方方面面，对这些文本发言的处理成为文本聚类新的研究热点。文献[26, 27]首先对 BBS 上的帖子线索进行 k-means 聚类，聚为一类的线索被认为有相同的话题。然后采用 BP 神经网络算法对聚类得到的各个话题进行热度分类，其中使用了相关性分析来消除影响因子的冗余。文献[28]考虑到媒体关注度，使用 tf-idf 算法对多个 BBS 及新闻网站进行了热点话题的挖掘。文献[29]在非增量 Single-Pass 聚类的基础上，应用 BBS 特有的点击数和回复数进行热度排序，采用基于标题特征词提取的话题归并，归并同一主题而不同角度的话题。文献[8]报道了使用改进的 tf-idf 来对电子会议的发言进行聚类，但是聚类的结果不具备可视化的特点。为了减轻用户的信息过载，帮助用户直观地认知当前研讨状态，本研究我们选择了 SOM 的方法来对研讨发言进行聚类。同时由于中文环境的特殊性和群体支持系统(GASS)独特的信息组织结构，目前还没有在中文环境下用 SOM 来对群体研讨发言进行自动聚类的研究。

12.4 自动化研讨主题聚类的解决方案

根据上面的讨论，我们采用的方案如图 12－1 所示，包括自动索引的文本分析方法和聚类分析两个部分，下面分别介绍各部分具体的实现。

12.4.1 自动索引

12.4.1.1 中文分词

中文分词即是找出有意义的最长语义单元[30]。中文分词有很多成熟的算法，我们这里使用前向最大匹配法(Forward Maximum Matching, FMM)。在本研究中，我们采用了搜狗互联网词库(http://www.sogou.com/labs/dl/w.html)作为分词用的字典。

12.4.1.2 停词表的建立及停词处理

停词表包括 2 个部分：一部分是常见的、没有特殊语义的词语，如“因为”、“所

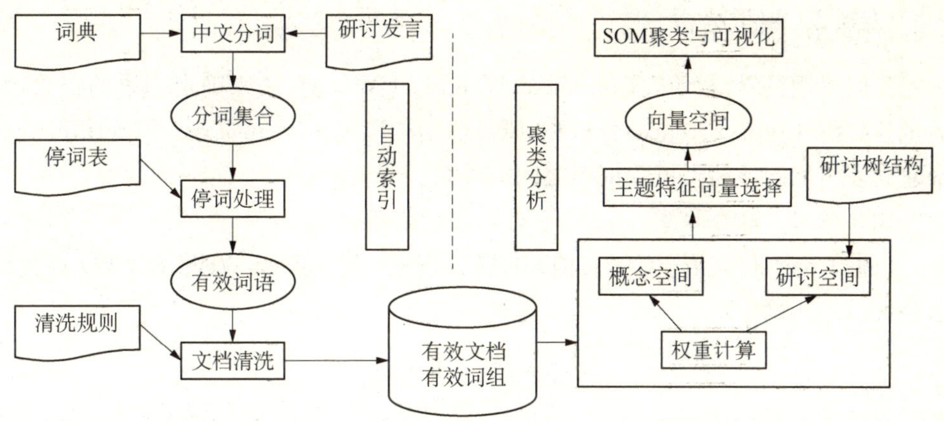

图 12-1 自动研讨主题聚类解决方案

以”、“应用”等，一共收录500多个；另一部分是特别针对我们系统的。由于研讨系统本身的研讨模式及信息组织方式，出现了大量的表明态度、立场、感情等意义的词，这些词语对主题识别没有作用，但出现频率高，需要剔除。我们首先通过Nutch从新浪网的新闻栏目（http://news. sina. om. cn）以专题“布什表示反对改变台海现状”（http://news. sina. com. cn/z/hjt07cfadly/index. shtml）为起始URL“爬回”5 000个新闻网页，并根据页面上的标签“【发表评论】”抓回与其相关的网友评论。BBS中出现的高频词常常为1个字、2个字或3个字，故我们采用“1-Gram”、“2-Gram”和“3-Gram”方法对“爬回”的新闻网页和评论信息进行中文分词，剔除掉前一部分停词表中的词语后，将评论中特有的高频词（即在评论信息中高频而在新闻中不高频的词语，如“顶”、“沙发”、“我顶”、“支持”、“反对”、“8错”等）作为停词表的一部分，共收录300多个停用词。

12.4.1.3 文档清洗

由于GASS中的噪音输入、口语化、出现大量超短和表达感情色彩的发言，故有大量发言对主题聚类是没有作用的，需要进行清洗。文档清洗根据以下2个原则进行：

（1）词语的清洗：单个中文字一般没有特殊的语义，故分词结果中只保留长度大于1的词语；在文档集合中只出现1次的词语对聚类没有贡献，应该清除。

（2）无效文档：没有有效词语的文档应该清除；超短的文档（少于5个字）应该清除。文档经过分词、停词和清洗后，就可以作为聚类分析的输入了。

12.4.2 聚类分析

我们采用"联合权重"(Combined Weight，CW)的算法来确定词语的权重，并通过"同现"(Co-occurrence)分析和"研讨树结构"(Argument Tree Structure)分析来建立表示相同或相似概念词语之间的关系。

12.4.2.1 联合权重

根据 Chen[8]，词语 j 对于文档 i 的联合权重(Combined Weight，CW)d_{ij} 可以由公式(12.1)确定：

$$d_{ij} = tf_{ij} * \log df_j \tag{12.1}$$

其中：tf_{ij} 为词语频率(Term Frequency，TF)，表示词语 j 在文档 i 中出现的次数；df_j 为文档频率(Document Frequency，DF)，表示在 n 个文档的集合中出现词语 j 的文档数量(由于我们是为了识别群体研讨共同关注的主题，故采用 Chen [1994]相同的方法，采用"文档频率"，而不是信息检索领域中常用的"反文档频率"(Invest Document Frequency，IDF)，即 $\log \frac{n}{df_j}$。

12.4.2.2 建立概念空间

通过"同现(co-occurrence)"分析，我们可以形成一个"概念空间"。在这个空间中，每一个词语代表一个节点；在任意两个节点间可能存在一条边把两个节点连接起来；而这条连接两个节点的边上被赋予了一个"聚类权重"$CCW(T_j, T_k)$。词语 T_j 与词语 T_k 之间的基于概念的"聚类权重"$CCW(T_j, T_k)$由公式(12.2)给出：

$$CCW(T_j, T_k) = \frac{\sum_{i=1}^{n} d_{ijk}}{\sum_{i=1}^{n} d_{ij}} \tag{12.2}$$

词语 T_k 与词语 T_j 之间的基于概念的"聚类权重"$CCW(T_k, T_j)$由公式(12.3)给出：

$$CCW(T_j, T_k) = \frac{\sum_{i=1}^{n} d_{ijk}}{\sum_{i=1}^{n} d_{ik}} \tag{12.3}$$

其中，d_{ij}、d_{ik} 分别表示词语 T_j、T_k 对文档 i 的联合权重；d_{ijk} 表示词语 T_j、T_k

同时出现时对文档 i 的联合权重，计算公式如公式(12.4)所示：

$$d_{ijk} = tf_{ijk} * \log df_{jk} \tag{12.4}$$

其中，tf_{ijk} 表示在文档 i 中词语 T_j、T_k 同时出现的次数；df_{jk} 表示在 n 个文档的集合中词语 T_j、T_k 同时出现的文档数。

12.4.2.3　研讨结构分析

由于 GASS 采用树状信息组织结构，故在研讨树的"同一支"上常常讨论相似的概念，并且两个研讨发言越接近，则出现的词语关系越密切。故通过对研讨树结构的分析，可以建立词语及词语之间关系的网状结构，从而词语 T_j、T_k 之间的基于研讨树结构的"聚类权重"$TCW(T_j, T_k)$如公式(12.5)所示：

$$TCW(T_j, T_k) = \sum_{st_i \in subTree(T_j, T_k)} \frac{1}{dist_i(T_j, T_k)} \tag{12.5}$$

其中 $subTree(T_j, T_k)$表示词语 T_j、T_k 在研讨树同一分支同时出现的分支集合；$dist_i(T_j, T_k)$表示词语 T_j、T_k 在分支 st_i 上的距离，其计算规则为：词语 T_j、T_k 所在研讨发言为直接"父—子"关系，则为 1，为"父—孙"关系，则为 2，依次类推。

12.4.2.4　基于主题分析的特征向量选择

在建立概念空间并分析研讨树结构之后，我们得到了一个网状结构：这个网状结构以关键词为结点，以关键词之间的相似权重为关系。网状结构中"连通(表示有权重大于某一阈值的关系)"的关键词常常是表示相同或相似概念的不同词语，故我们可以把关键词网络划分为若干个连通子图，每个子图之间的语义关系相对独立，而同一个子图内部的词语属于同一个主题特征。仅包括单个关键词或单个文本中的多个关键词的连通图对聚类没有贡献，故我们去掉这些主题特征，在其余的每个"连通图"中取一个关键词作为特征向量的一个结点，记作 baseVector。下面以该向量为基础，建立文档的基于主题特征的向量空间，作为 SOM 的输入。

12.4.2.5　建立基于主题的文档向量空间

用基于主题的特征向量表示文档，得到基于概念的文档向量空间(Concept-based Vector Space)。每个文档用该基准向量表示，包括两个部分：一是没有建立词语概念关联的基础向量，记作 VectorSpace(i)，在该向量中，基准词语在文档中出现过，则取值为 1，否则取值为 0；二是基于"同现"分析和"研讨树结构"分析的概念空间的词语关联，从而得到基于概念的向量空间：每个基准词语 T_b 通过 $CCW(T_j, T_k)$、$TCW(T_j, T_k)$与文档 i 建立基于概念的关联，从而得到文档 i 基于概念

的向量空间 $CVS(i)$（如公式 12.6 所示）：

$$CVS(i) = \mathrm{VectorSpace}(i) \otimes CCW(T_j, T_k) \otimes TCW(T_j, T_k) \oplus \mathrm{baseVector} \tag{12.6}$$

其中：baseVector 表示基准向量，⊗表示“乘积”作用。

12.4.2.6 SOM 聚类与可视化

研讨发言通过基于概念的向量空间转化为 SOM 的输入。一个发言就是一个 SOM 的输入向量，而向量的每个分量则对应一个特定的词语，对应的值为特定词语表示该研讨发言的能力。我们使用 15＊10 的表格，共 150 个单元格，作为 SOM 的输出节点。训练的主要过程如下：

1）初始化

首先将输入节点与各个输出节点之间的权重初始化为 0 到 1 之间的一个随机数，并初始化邻域大小为 8，即考虑最佳匹配单元周围的 8 个节点。

2）寻找最佳匹配单元(Best Match Unit)

对于每个输入，计算输入向量与每个输出节点之间的距离，计算公式如公式(12.7)所示：

$$distance_j = \sum_{i=1}^{N} (x_i(t) - w_{ij}(t))^2 \tag{12.7}$$

其中：$x_i(t)$是在 t 时刻的输入节点 i 的值；$w_{ij}(t)$表示 t 时刻输入节点 i 到输出节点 j 的权重；N 表示输入节点的数量，即向量空间的维度；距离最小的输出节点 j^* 为“最佳匹配单元”，并作为需要调整权重的邻域的中心。

3）更新邻域

以最佳匹配单元 j^* 为中心，调整输入节点到其定义的领域范围内所有输出节点之间的权重。新权重的计算基于简单的误差修正函数如公式(12.8)所示：

$$w_{ij^*}(t+1) = w_{ij^*}(t) + \eta(t)(x_i(t) - w_{ij}(t)) \tag{12.8}$$

其中：$\eta(t)$为调整系数，是一个 0 到 1 范围内的值，并随着训练时间推移，其值不断变小。另外，邻域的大小也是随着时间的推移不断缩小的。详细的算法可以参考 Kohonen[17, 18, 22]，Hiotis[31] 和 Caudill[32]。

4）块融合并添加类标签

在迭代结束后，将 N 个输入节点中，到输出节点权重最大的输入节点所代表的基准词语作为输出节点的标签。然后将相邻且标签相同的地图块进行融合，最终的主题聚类如图 12-2 所示。

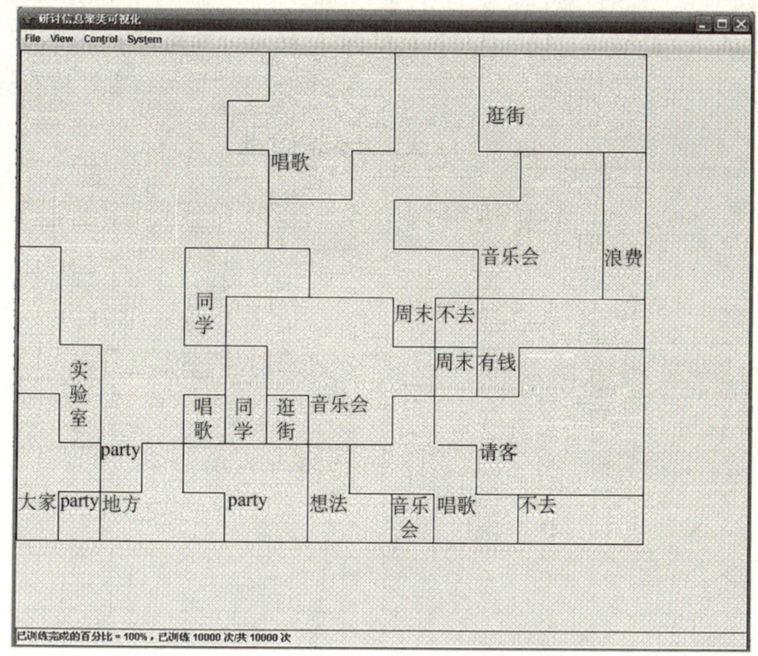

图 12-2　主题聚类结果示意图

12.5　系统评估

12.5.1　实验设计

本实验的数据来源于[1]，一个班的同学围绕怎样过圣诞节这个主题进行研讨。由于大量的研讨发言是以其父节点的内容作为背景的，许多研讨发言在离开了研讨树结构之后难以理解，故我们首先从清洗之后得到的有效研讨文本中抽出研讨树结构中前三层的发言(共 103 条)，并随机挑选出其中的 80 条发言作为实验数据(这样做主要是为了减少实验人员理解的负担并节约时间)。

首先，我们将这 80 条发言的标题和详细内容进行合并，用表格的形式打印出来作为人工分类的原始数据。然后我们邀请 2 位研究生(1 位博士研究生和 1 位硕士研究生，研究方向均为群体支持系统和信息检索)，要求他们将研讨主题人工聚成 8 到 10 个类。他们分别花费 42 分钟和 57 分钟，最终都给出了 10 个主题，详细信息如表 12－1 所示。人工聚类结果中的“文档对”(在同一类目中出现的任意两个文档形成一个文档对)集合分别记作 MC1 和 MC2。在 MC1 和 MC2 中同时出现的“文档对”作为正确的匹配，在 MC1 和 MC2 任意一个集合中出现的“文档对”作为人工聚类中可能的匹配。人工聚类的结果作为自动聚类结果评估的基准。

表 12－1　人工人类结果汇总

实验人员 1	文档数量	实验人员 2	文档数量
逛街	8	周末/逛街	9
唱歌	13	看电影/唱歌	12
师姐/party	14	师姐/party/氛围	17
宿舍/上网	5	上网	3
约会	8	GG/约会	10
大吃一顿	10	请客/吃饭	13
音乐会	5	Disney	2
度假村	6	聚会	7
教堂	3	数人	2
其他	8	其他	5

聚类结果评价采用如下 3 个指标：聚类错误率(Clustering Error，记作 CE)、聚类全面率(Clustering Recall，记作 CR)和聚类准确率(Clustering Precision，记作 CP)评价自动化聚类的结果，考察的基本对象为“文档对”。各个指标的计算公式如下所示(公式 12.9、12.10、12.11)：

$$CE = \frac{E_i + E_m}{P_t} \tag{12.9}$$

其中：CE 指聚类错误率，表示错误关联与遗漏关联的和与文档集合中所有可能的文档对的数量的比值；E_i 指错误关联，指在 SOM 聚类结果中出现而在人工分类中没有出现的文档对的数量；E_m 指遗漏关联，指在人工分类中出现而在聚类结果中没有出现的文档对的数量；P_t 指文档集合中所有可能的文档对的数量，设文档总数为 N，则 $P_t = C_N^2 = \frac{N*(N-1)}{2}$，本试验中，$N = 80$，$P_t = 3\,160$。

$$CR = \frac{T_a - E_i}{T_m} \tag{12.10}$$

其中：CR 指聚类准确率，表示正确关联数与人工分类中文档对的数量的比值；T_a 指聚类结果中所有可能的文档对的数量；T_m 指人工分类中所有可能的文档对的数量；E_i 同上。

$$CP = \frac{T_a - E_i}{T_a} \tag{12.11}$$

其中：CP 指聚类全面率，表示正确关联数与聚类结果中所有可能的文档对的数量的比值；T_a、E_i 同上。

12.5.2　实验结果与讨论

SOM 聚类共花费了 72 秒(2.8 GHz CPU，768 MBs RAM)。两个实验人员中出现的可能“文档对”的数量作为 T_m 的值，SOM 聚类中出现的可能“文档对”的数量为 T_a 的值。实验结果如表 12－2 所示，SOM 聚类可以达到 0.28 的聚类准确率，0.35 的聚类全面率，产生 0.83 的聚类错误率。

表 12－2　实验结果汇总

指标	P_t	T_m	T_a	E_i	E_m	CE	CR	CP
值	3 160	727	564	527	2 103	0.83	0.35	0.28

其中：P_t 指文档集合中所有可能的文档对的数量；T_a 指聚类结果中所有可能的文档对的数量；T_m 指人工分类中所有可能的文档对的数量；E_i 指错误关联，指在 SOM 聚类结果中出现而在人工分类中没有出现的文档对的数量；E_m 指遗漏关联，指在人工分类中出现而在聚类结果中没有出现的文档对的数量；CE 指聚类错误率；CR 指聚类全面率；CP 指聚类准确率；计算方法参见 5.1 节。

较高的聚类全面率(CR)可能是由于我们采用了树结构分析，更深刻地刻画了相同主题的各个词语之间的关系。例如“请客”与“大吃一顿”是两个不同的词语，也没有在同一个研讨发言中出现，所以在普通的概念空间无法建立它们之间的关系；但是它们出现在同一研讨树分支上，因此在我们的聚类算法中它们能够很好地聚类到一起，表示“请客/吃饭”这个主题。另外，我们建立基于概念的文档向量空间模型也在一定程度上提高了聚类全面率。较高的聚类错误率(CE)和较差的聚类准确率(CP)则可能主要是因为中文文本分析以及研讨发言太短、口语化倾向严重以及每个发言文本中有效文本太少等原因造成的。

12.6 结论及进一步的研究方向

本研究设计并开发了 GASS 中研讨主题自动聚类及可视化工具，通过文档清洗、文本分析，以及基于 SOM 的主题自动聚类，达到减少信息过载增强群体认知能力的目的，并可以帮助主持人在会后将发言信息自动汇总为备选方案。在该过程中，我们从海量的评论信息和新闻文档中挖掘出电子化支持的群体中常常出现的特征词语，以此为基础，并结合通常意义的停词表，剔除无主题意义的词语，以辅助有效地识别出有效的中文词语或词组。在建立概念空间和分析研讨树结构的基础上，将相同或相似主题的词语表示成一个网状结构，以它们的关系大小作为关联权重。在此基础上，扩展了向量空间模型，给出了文档的基于概念的向量空间模型，作为 SOM 的输入，通过 SOM 的学习机制，得到一系列有意义的研讨主题。实验结果表明该工具可以达到 0.28 的聚类准确率，0.35 的聚类全面率，产生 0.83 的聚类错误率。

Email、BBS、Blog 等基于计算机的沟通环境下的文本与 GASS 环境下的文本具有相似的特征，而这类系统中，其讨论是基于主题的，并存储着大量的“经验”、“知识”，本章提出的方法为挖掘其中的“知识”提供了一种有效的参考。如何扩展该工具，使之能够广泛应用于计算机媒介的沟通环境，将是我们下一步的研究重点。

参考文献

[1] 蒋御柱，张朋柱，张兴学. 群体研讨支持系统中的智能可视化研究——共识评价、预测及分析技术[J]. 管理科学学报，2009.

[2] 钱学森，于景元，戴汝为. 一个科学的新领域——开放的复杂巨系统及其方法论[J]. 自然杂志，1990(1)：3－10.

[3] DeSanctis G, Gallupe R B. A foundation for the study of group decesion support systems [J]. Management Science, 1987(5)：589－609.

[4] Trauth E M, Jessup L M. Understanding computer-mediated discussions: positivist and interpretive analysis of Group Support Systems use [J]. MIS Quarterly, 2000(1)：43－79.

[5] Nunamaker J F, Dennis A R, Valacich J S, Vogel D R, George J F. Electronic meeting systems to support group work [J]. Communication of the ACM, 1991(7)：40－61.

[6] Connolly T, Routhieaux R L, Schneider S K. On the effectiveness of group brainstorming: test of one underlying cognitive mechanism [J]. Small Group Research, 1993: 490－503.

[7] Grise M, Gallupe R B. Information overload: addressing the productivity paradox in Face-to-Face electronic meetings [J]. Journal of Management Information Systems, 2000(3): 157 - 185.

[8] Chen H, Hsu P, Orwig R, Hoopes L, Nunamaker J F. Automatic concept classification of text from electronic meetings [J]. Communication of the ACM, 1994(10):56 - 73.

[9] Gallupe R B, Cooper W H. Brainstorming electronically [J]. Sloan Management Review, 1993(1):27 - 36.

[10] Hiltz S R, Turoff M. Structuring computer-mediated communication systems to avoid information overload [J]. Communication of the ACM, 1985(7):680 - 689.

[11] 程少川,孙景乐,卢明德. 群体决策争议的支持模式研究[J]. 系统工程学报,2001(5):366 - 370.

[12] 孙景乐,张朋柱. 一种互补的研讨框架的设计与实现[J]. 系统工程学报,2001(5):360 - 365.

[13] Chen H. Collaborative systems: solving the vocabulary problem [J]. Computer, 1994(5): 58 - 66.

[14] Furnas, G. W., Gomez, L. M., Dumais, S. T., Landauer, T. K. Statistical semantics: Analysis of the potential performance of keyword information systems [J]. Bell System Technical Journal (Special Issue on Human Factors in Computer Systems), 1983(6): 1753 - 1806.

[15] Furnas G W, Landauer T K, Gomez L M, Dumais S T. The vocabulary problem in human-system communication [J]. Communications of the ACM, 1987(11):964 - 971.

[16] Hopfield J J. Neural Networks and Physical Systems with Emergent Collective Computational Abilities [J]. Proceedings of the National Academy of Sciences of the United States of America, 1982(8):2554 - 2558.

[17] Kohonen T. Self-organization and associative memory [M]. New York: Springer-Verlag, 1989.

[18] Kohonen T. Self-Organization Maps [J]. Proc of IEEE, 1990(9):1464 - 1480.

[19] Leuski A, Allan J. Improving interactive retrieval by combining ranked lists and clustering [C]. Paris, France: Proceedings of RIAO 2000, 2000.

[20] Leouski A V, Croft W B. An Evaluation of Techniques for Clustering Search Results [R]. Department of Computer Science, University of Massachusetts, 1996.

[21] Zhang D, Dong Y. Semantic, Hierarchical, Online Clustering of Web Search Results [C]. Hangzhou, China: Proceedings of the 6th Asia Pacific Web Conference (APWEB), 2004.

[22] Kohonen T. Self-organized formation of topologically correct feature maps [J]. Biological Cybernetics, 1982(1):59 - 69.

[23] Dittenbach M, Merkl D, Rauber A. The Growing Hierarchical Self-Organizing Map [C]. Como, Italy: Proceedings of the International Joint Conference on Neural Networks (IJCNN' 2000), 2000.

[24] Lin X, Soergel D, Marchionini G. A self-organizing semantic map for information retrieval

[C]. Chicago, Illinois: Proceedings ACM SIGIR International Conference in Informaiton Retrieval (SIGIR' 91), 1991.

[25] Lagus K, Honkela T, Kaski S, Kohonen T. Self-organizing maps of document collections: A new approach to interactive exploration [C]. Portland, Oregon: Proceedings International Conference Knowledge Discovery and Data mining (KDD' 96), 1996.

[26] You L, Huang X, Wu L, Yu H, Wang J, Nishino F. Exploring Various Features to Optimize Hot Topic Retrieval on WEB [C]. Dalian, China: Proceedings of the 1st International Symposium on Neural Networks (ISNN' 04), 2004.

[27] You L, Du Y, Ge J, Huang X, Wu L. BBS Based Hot Topic Retrieval Using Back-Propagation Neural Network [C]. Hainan Island, China: Proceedings of the 1st International Symposium on Natural Language Processing (IJCNLP' 04), 2005.

[28] Ye H, Cheng W, Dai G. Design and Implementation of On-Line Hot Topic Discovery Model [J]. Wuhan University Journal of Natural Sciences, 2006(1):21 - 26.

[29] 邱立坤,程葳,龙志祎,孙娇华,孙茂松. 面向 BBS 的话题挖掘初探[C]. 全国第八届计算语言学联合学术会议,2005.

[30] Kwok K L. Comparing representations in Chinese information retrieval [C]. Philadelphia, PA: Proceedings of the 20th annual International ACM SIGIR Conference on Research and Development in Information Retrieval (SIGIR' 97), 1997.

[31] Hiotis A. Inside a self-organizing map [J]. AI Expert, 1993(4):3843.

[32] Caudill M. A little knowledge is a dangerous thing (neural nets) [J]. AI Expert, 1993(6): 1622.

第 13 章

总结与展望

13.1 主要工作和贡献

随着信息化的发展和互联网的普及，在线通讯和协作变得越来越流行。除了经典的群体决策支持系统、电子会议系统、群件，以及群体研讨支持系统，越来越多的新形式的群体协作工具涌现出来。这些新型群体协作平台包括即时通讯工具(如 QQ、微信)、微博、网络论坛、在线社区、BBS、Mooc 等。这都说明群体研讨是一种广泛且正在快速增长的社会现象，分散在世界各地的人们可以通过在线工具交换信息，实现群体协作。

在这样一个大的背景下，信息系统领域关于群体研讨支持系统的相关研究一直在持续。本书的作者遵循着设计科学的基本方法，通过设计新型的群体研讨支持系统及相关文本处理方法，试图让支持群体研讨的系统变得更加自动化和智能化。本书收录的 11 个章节，都是最近 5 年来在这条道路上探索的成果。

本书的主要研究工作和创新点包括：

(1) 清楚地整理了群体决策中与任务相关的所有要素，包括群体决策任务的分类体系、群体任务的实现方案、群体决策任务绩效的测量指标，以及与群体任务类型相关的理论。

群体任务在群体决策的相关研究中具有非常重要的地位，然而国内的相关综述一直缺乏，导致对群体决策进行研究时难以选择正确的理论、分类、实现方案和绩效测量指标。因此，第 2 章整理的与群体决策任务相关的所有要素，对于澄清群体决策任务的相关概念，提高国内群体决策相关研究的质量，具有重要意义。

(2) 研究设计了一种适合 Web 2.0 环境的新型群体支持系统。识别出了 Web 2.0 环境下群体支持系统的 4 种新需求：适合海量数据的信息组织结构、提供研讨统计分析和摘要的工具、支持多平台多应用访问和增强的用户体验。为了增强用户体验，新系统在用户表现层采用了 Flex 结合 JSP 的技术，并使用了 MVC 的模式和多层结构的软件体系。为了适应海量数据，提出了一种线性＋树状的新型信息组织结构。为了提供多种统计分析和自动摘要工具，设计了方案研讨气泡图、发言关系图、自动研讨报告生成等工具。实验结果表明，用户对其中 3 项功能（信息组织结构、方案气泡图和研讨报告）都给予了较高的有用性评价。同时，与传统群体支持系统 GASS 相比，使用新型群体支持系统可以提高感知的决策效果。

群体研讨的研究与使用群体研讨支持系统紧密相关。然而，研究群体研讨的学者目前面临的一个重要问题是，长期以来无新系统可用，这是妨碍这一领域研究进步的一个重要因素。现有的群体支持系统都是在 Web 1.0 的时代开发的，这些群体支持系统的典型应用模式是小规模群体（如不超过 10 个人的专家），在安装了特定客户端的 PC 上进行群体决策。由于没有考虑到应对海量研讨信息，以及 Web 2.0 环境下多样化的接入手段和软硬件平台，这些传统的群体支持系统很难满足 Web 2.0 时代对在线群体研讨的要求。随着 Web 2.0 的流行，用户对体验的要求也越来越高。因此，第 3 章研究开发的新型群体支持系统，是对群体研讨研究的一次重要支持，意味着最近 10 年来技术进步的主要成果都可以被融入新版本的群体研讨支持系统中来，给这一领域的研究增添了活力。

(3) 揭示了外部信息刺激与群体创新绩效之间的关系。本研究识别出了针对群体研讨的 2 种基本干涉机制：内容干涉（外部信息刺激的相关性）和过程干涉（刺激时机），并且探讨了这 2 种机制对群体创新绩效的影响。实验结果表明，提供相关刺激比提供无关刺激更能活跃研讨气氛，也更有利于提高用户的感知易用性。但是主意的创新性与外部刺激的相关性无关，只与外部刺激的提供方式有关。研讨过程中的任何刺激（不管刺激的相关性如何），对于提高群体的创新性都有正向作用。

长期以来，创新都是一个组织乃至国家的重要议题。如何支持群体活动中的创新行为，也成为群体研讨支持系统研究的一个重要目的。然而，前人关于外部信息刺激的相关研究，主要关注的是内容干涉，很少涉及过程干涉。第 4 章的结论表明，恰恰是过程干涉具有比内容干涉更加稳定的刺激效果。这一研究结论对研究群体创新的相关学者具有很强的借鉴意义，它开辟了一条刺激群体创新的新路径：过程干涉。这意味着除了长期以来关注的内容干涉，过程干涉对刺激群体创新也有大有作为的空间。

(4) 研究了在线群体研讨的最优信息组织结构。基于任务—技术匹配的观点，发展出一套基于匹配分析的方法，从沟通、协调组织和信息处理 3 个维度阐述了任务和信息组织结构之间的匹配关系，并将其用于预测不同任务—技术匹配环境下的研讨绩效。实验结果表明，对主意产生型任务，采用线性结构的研讨平台比采用树状结构的研讨平台具有更高的研讨绩效；对于决策型任务，采用树状结构的研讨平台比采用线性结构的研讨平台具有更高的研讨绩效。

虽然在线研讨平台已经广泛应用并受到学术界的大量关注，它的信息组织结构却还是停留在非常原始的阶段。关于哪一类信息组织结构更适合在线研讨的研究一直很少，仅有的一些研究也很零散，并且研究结果难以统一，因此非常需要一个可以系统化地解释在线群体研讨中最优信息组织结构的理论。第 5 章的研究结论不仅解决了哪种信息组织结构更加适合哪种研讨任务的问题，所展示的匹配分析的理论和方法还具有一定的扩展性，当有新类型任务到来或新技术被发明时，我们就可以用这种方法去分析新任务和新技术的匹配性，进而预测群体的绩效。

(5) 研究设计了一种适合模糊型任务的信息组织结构。从任务—技术匹配的角度分析，发现模糊型任务不能被现有的线性或树状信息组织结构有效支持，因此研究提出了一种新型线性＋树状信息组织结构。这种新型结构能够在沟通、协调组织和信息处理 3 个维度上提供高水平的支持，从而满足模糊型任务的需求。实验结果表明，对于模糊型任务，采用线性＋树状结构的研讨平台比采用线性结构或树状结构的研讨平台具有更高的决策效率，更好的决策效果，以及更高的决策过程满意度。

模糊型任务虽然在组织中广泛存在，但是在线研讨环境下支持模糊型任务的信息组织结构研究还很少。模糊型任务由于具有结果多样性和解决方案的多样性，同时还可能存在冲突的相互依赖性和解决方案/结果的不确定性，因此在沟通、协调组织和信息处理 3 个维度上都有较高的要求。这意味着现有的线性信息组织结构和树状信息组织结构均不能很好地支持模糊型任务。基于任务—技术匹配分析，我们展示了一种理论引导的人造物设计方法，设计一种新型的在线决策研讨平台，并且针对模糊型任务证实了其有效性。在目前设计科学中基于理论的设计方法和设计实践都还很欠缺的情况下，第 6 章可以为这类研究树立典范。

(6) 对言语行为自动分类的研究进行了系统综述，包括言语行为的基本理论、言语行为的分类体系、可以用于言语行为分类的特征(语言学资源、处理资源和领域资源)、特征选择方法、言语行为分类算法(有监督学习方法、无监督学习方法)，以及言语行为分类的评价方法。

根据言语行为理论，我们可以定义一系列的言语行为来描述不同发言之间的关系。言语行为的自动分类对于机器理解和刻画研讨势态尤为重要。如果机器能够辨别出发言的言语行为分类体系，就等于理解了用户基本的谈话意图，就可以据此来刻画研讨势态并做出适当的反应。因此，言语行为自动分类研究是群体研讨文本分析方法的一个重要基础，对识别用户意图、判断研讨态势乃至实现研讨干涉，都具有重要意义。然而，国内关于言语行为自动分析的研究一直较少。第 7 章的研究对于介绍这一重要研究领域及相关重要概念和方法，促进国内相关研究的进展，具有重要意义。

(7) 提出了一套面向在线群体研讨的言语行为分类体系构建方法论。第 8 章以信息系统设计理论为指导，研究提出言语行为分类体系的设计需求，并以流程为人造物的观点，研究设计出一个包含 5 个关键步骤的迭代流程来满足设计需求。进一步以 E-learning 环境语料为案例，研究提出了一个适合在线问答研讨的言语行为分类体系，并验证了该体系的辨别能力和泛化能力。

言语行为分类对于大规模自动化处理研讨文本，实现面向群体研讨平台的自动化辅助具有至关重要的意义。缺乏言语行为分类体系及其构造方法论，已经成为国内言语行为自动化分析研究的一个主要障碍。本章提出的是一套言语行为分类体系的构造方法论，理论上可以用于任何一个语料场景。由于目前构建普适的言语行为分类体系不太现实，如何构建与领域相关的言语行为分类体系就显得特别重要。因此，本研究提出的方法论对于推广言语行为分析的应用范围，具有重要意义。

(8) 第 9 章提出了一套适合网络舆情冲突环境下的言语行为分析方法。首先初步尝试建立了一个适合中文网络论坛环境的冲突类言语行为分类体系。紧接着研究提出了相应的自动化分类算法，并比较了不同特征集(提示词、n-grams、句法特征和结构特征)解决分类问题时的效果。实验结果表明，本章所提方法可以获得一个较为满意的分类效果，同时也证实新引入的句法特征和结构特征在解决言语行为分类问题上具有积极效果。

网络舆情的监管是在线群体研讨的一个重要应用领域，而矛盾冲突又是网络舆情的一个重要特点，因此研究网络舆情冲突环境下的言语行为分析方法具有重要意义。国外言语行为分类体系和自动识别研究是基于英语使用规律的，以汉语为主要对象的研究尚未见报道，而中英文语言之间又存在着较大的差异，因此直接套用外语的言语行为分类研究将很难解决中国和中文环境下的问题。本章研究提出的一套方法将有效解决了中文环境下的网络舆情言语行为分类问题，对于实现中文环境下的网络舆情的自动识别和监管，具有重要意义。

(9) 第 10 章提出了一种基于多阶段转换学习的群体研讨文本言语行为分类方法。在 Zeno 研讨模型的基础上，提出了一种适合群体研讨语料的言语行为分类体系。采用基于转换学习的办法，通过引入多阶段转换学习的概念，初步解决了群体研讨文本言语行为分类的问题，并且在议题类别和一些表达主张的类别(如支持和反对)上取得了较好的识别效果。

基于群体支持系统的研讨是一种典型的研讨语料，对它的言语行为分析具有代表意义。由于在群体研讨支持系统的环境下，群体能够在很短时间内产生大量研讨文本，远远超过了人们对信息处理的能力。因此，迫切需要一种能够自动分析和处理群体研讨文本的方法，言语行为分类就是这类方法中有可能实现并且具有应用价值的一个。研究群体研讨文本的言语行为分类对于拓展群体支持系统，进而研究和开发自动主持人系统具有重要意义。同时，本研究也为在中文环境下解决其他类型研讨(如网络聊天室、即时聊天工具等)文本的言语行为分类问题提供了参考依据。

(10) 充分利用前指发言类型(即与当前发言形成回复关系的前一条发言的言语行为类别)，第 11 章提出了一种基于多阶段和分层方法的言语行为分类方法。由于在测试集上前指发言类型是未知的，因此如何合理利用前指发言的类型信息就成为一个非常关键的问题。本章以 E-learning 语料为例，证实了发言类型的高低层次和分类器的运行顺序对分类效果都有较为显著的影响，并提出了一个基于多阶段分层的分类方法，可以给出一个合理的前指发言层次和分类器运行顺序。在盲测集上的运行结果证实了这组优选的参数能够稳定一致地提高 E-learning 语料上各言语行为类别的分类效果。

前指发言类型是言语行为分析中的一个重要特征，但是其潜力还未被充分挖掘。本研究利用不同层次前指言语行为类别具有不同分类精度的特点，提出了一种分层的言语行为分类方法。这种方法充分利用了分层体系的特点，对于改进和提高言语行为分类方法的效果，具有重要意义。

(11) 第 12 章提出了一种针对群体研讨支持系统的研讨主题自动聚类及可视化方法。这一方法包括自动索引和聚类分析两大部分。其中，自动索引包括中文分词、停词表的建立、停词处理和文档清洗共 4 个步骤；聚类分析进一步涉及联合权重、建立概念空间、研讨结构分析、基于主题分析的特征向量选择、建立基于主题的文档向量空间、SOM 聚类与可视化等步骤。通过引入研讨结构分析，修正了传统的仅基于主题词相似性的 SOM 聚类方法。基于 SOM 方法的好处是，在实现聚类的同时也完成了可视化的过程。

群体研讨支持系统中由于匿名、并行输入及自动化记录群体发言的特征，常常出现信息过载的问题，使得用户难以正确认识研讨态势。因此，一种可以帮助用户减轻认知负担的自动化方法就特别有用。针对研讨文本的自动化聚类及可视化展示，可以把用户从信息过载中有效解放出来，让用户快速认识到当前研讨可以分为哪几个主题，并通过可视化的方法理解每个主题的相对大小和位置关系。这种方法对于头脑风暴后整理研讨思路，或者帮助一个新进入的用户理解研讨态势，都具有重要的应用价值。

13.2 进一步研究展望

针对群体研讨支持系统及其文本分析方法的研究，既具有重要的理论价值，也具有重要的现实意义。除了本书中包含的这些研究内容，未来这一领域的研究还可以重点关注以下方向：

(1) 继续沿着自动化和智能化的道路深入前进，研究设计更加自动化和智能化的群体研讨支持系统及其研讨文本分析方法。例如，基于言语行为分析的结果，研究可以自动判断研讨态势的群体研讨支持系统，并且系统可以根据研讨态势的发展趋势，自动向用户施加干涉。进一步发展言语行为分析、聚类分析之外的其他研讨文本分析方法，如情感分析方法、观点分析方法；进一步利用最新出现的机器学习算法来提高研讨文本的分析效果，如利用 LDA(Latent Dirichlet Allocaiton)和 DP(Dirichilet Process)的方法进行主题分析，利用深度学习(Deep Learning)的方法进行分类和聚类分析。

(2) 和更多的具体领域(例如电子商务、电子政务和电子健康)相结合，使得从抽象、纯粹的群体支持系统及其文本分析方法的研究，变成更加具体、更有实际应用领域和应用价值的研究。例如，在电子商务领域存在大量的针对产品的评论和研讨信息，如何针对电子商务领域设计更好的研讨信息结构，帮助用户发表更加有用(helpful)的评论；如何从用户评论中挖掘出产品在不同方面(如手机屏幕、电池、声音等)的优缺点，以及人们对这些不同方面的态度。在电子健康领域，也存在大量针对医院、医生、药品和医疗设备的评论。用户在社区中如何提问才能得到高质量和快速的回复？如何在众多的评论中识别出那些高质量(高相关性、准确性、及时性)的知识？这些都是和具体领域紧密结合的有趣的研究问题。

群体研讨本身是一个非常重要的社会现象，渗透到了我们工作和生活的方方面面。因此针对群体研讨的研究，本身具有非常大的影响力和适用范围。未来关于群体研讨支持系统及其文本分析方法的研究，会更加深入，与具体领域更多结合，从而得到更多、更有用的研究成果。

索 引